同济人文社科丛书（第七辑） 丛书主编 江波

大数据时代云端翻转课堂模式下的口译教学探索

许文胜 著

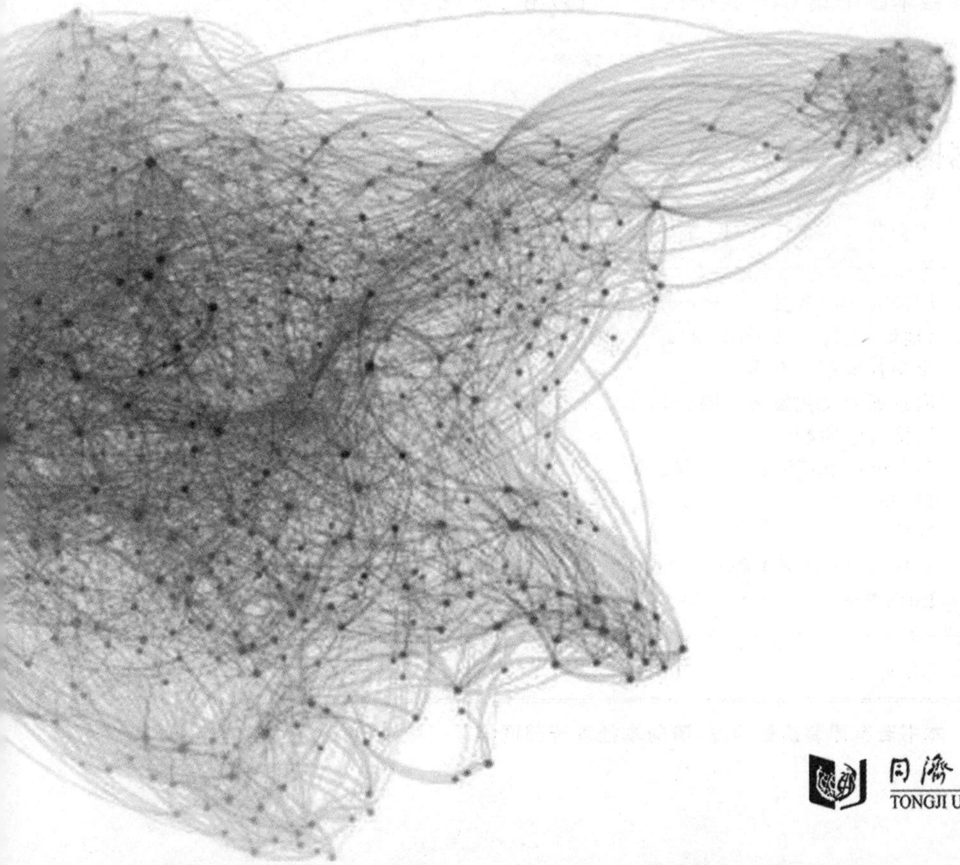

同济大学出版社
TONGJI UNIVERSITY PRESS

内 容 提 要

本书基于大数据时代云盘技术，结合翻转课堂理念，探析构建口译教学新模型。借力 Apple 及其他海量教育资源，培育口译教学生态系统；通过研发 iBooks 口译教材，促成自主习得；着力策略养成，完善口译自主学习与综合绩效评估体系。在此理论框架下，分析作者开设的“国际会议翻译”课程模式及教学效果，例证云端翻转课堂与社交媒体融合的口译教学及协同创新潜势。

本书适合外语专业，特别是口译方向师生阅读参考。

图书在版编目(CIP)数据

大数据时代云端翻转课堂模式下的口译教学探索 / 许文胜著. —上海：同济大学出版社，2016.11
(同济人文社科丛书/江波主编. 第 7 辑)
ISBN 978-7-5608-6584-3

Ⅰ. ①大… Ⅱ. ①许… Ⅲ. ①英语—口译—课堂教学—教学研究 Ⅳ. ①H315.9

中国版本图书馆 CIP 数据核字(2016)第 259692 号

大数据时代云端翻转课堂模式下的口译教学探索

许文胜 著

责任编辑 丁会欣 责任校对 徐春莲 封面设计 陈益平

出版发行 同济大学出版社 www.tongjipress.com.cn
(地址：上海市四平路 1239 号 邮编：200092 电话：021-65985622)
经 销 全国各地新华书店
排版制作 南京展望文化发展有限公司
印 刷 同济大学印刷厂
开 本 787 mm×960 mm 1/16
印 张 13.25
字 数 265 000
版 次 2016 年 11 月第 1 版 2016 年 11 月第 1 次印刷
书 号 ISBN 978-7-5608-6584-3

定 价 58.00 元

本书受以下基金项目资助

国家社会科学基金项目(项目编号: 13BYY022)
中国博士后科学基金面上资助(项目编号: 2013M541536)
中国博士后科学基金特别资助(项目编号: 2015T80442)
同济大学人文社科交叉项目(项目编号: 20160634)

目　录

Contents

绪论

口译在人类文明史上曾经并依然发挥着举足轻重的作用，其影响无可替代。从埃及法老陵墓壁画中对译员(Dragoman)工作场景的描绘，到中国古代历史上对“寄”“象胥”“舌人”等口译官员的记述，人们可以窥见口译在历史上不同文化群体之间沟通活动中发挥的重要作用。

最早明确提及军事口译员服务是在希腊文学有关亚历山大大帝(公元前356—前323年)征战亚洲(最远到达印度)的叙述中找到的，距今有近2 500年的历史(Bowenetal,1995)。在目前所能看到的中文资料里，军事领域中记载的口译活动，最早可上溯到公元608年的隋代，距今逾1 500年(黎难秋,2002)。

口译在中国近现代史上，所有对外交往的重大事件中都曾留下浓墨重彩的印迹。林则徐虎门销烟、两次鸦片战争、李鸿章赴日和谈和出使欧美、《辛丑条约》签订、《开罗宣言》发表、联合国成立，以及新中国外交，口译员的身影总是“在场”。

近年来，外语本科专业开设口译课程日趋普遍。但不可否认的是，本科阶段的口译课程并非针对职业培训，并未兼顾职业技能与语言提高双重功能。教学过程中，理应考虑双语自然交际环境，包括主题准备、资料检索、完整讲话、不同语言风格、听众需求、公众演讲技巧等。不以语言学习为主要诉求，而是运用语言交际能力，训练实现双语转换的基本习得。

研究生阶段的口译教学重点，究竟是落到研究还是实践，国内的实践较晚。1995年，北外率先招收应用类口译方向硕士研究生，定位于“培养英汉同声传译人才和其他高级口笔译人才，胜任国际会议同声传译及文件翻译工作，或承担政府部门高级口笔译工作”。2007 年，专业学位翻译硕士(MTI)启动至今，已有 206 所高校开始招生。

无论是本科还是研究生阶段的口译培养，其同质化教学非常突出，始终存在口译资源、教材、师资、评估、自主学习、课堂实践等方面的诸多问题。

本书考察的“口译教学”，并非传统外语教学中以口译手段提高外语水平的行为，而是将口译视为一种专业化活动，以培养具备必要双语或多语水平的学员从事口译工作的职业化能力为目的的教育行为和过程。笔者立足口译教学，从专业译员培养视角，试图探索大学口译课程在大数据时代面临的转型和挑战。

社会对口译人才质量期待颇高，但教学效果却久受诟病。前者体现社会进步与经济发展对于国际化人才的亟需，后者囿于不少高校口译教学师资多由外语语言教学师资转型而来，加之教材内容稍显单一，乃至口译教学的实际效果远远落后于社会发展对于高层次口译人才的需求和期待。有鉴于此，笔者在本校口译系列课程教学中，选取国际会议翻译课程教学改革为依托，既借助云存储技术，实施翻转课堂，又结合社交媒体，实现师生之间即时互动评估反馈，以期展示这一教学方式革新在提升学生口译能力和口译教学双向评估方面所取得的效果，培养学生的“审辩思维能力、合作协调能力、沟通交流能力和创新创造能力”。

第一章 口译教学现状与困境

借力改革开放，中国翻译事业发展迅猛、蔚为壮观，与日俱显社会发展先导作用和与世界沟通桥梁功能。但是，在深入改革对翻译需求不断攀升的同时，作为翻译人才孵化器的教学匹配却相对捉襟见肘，与实践脱节严重，口译教学尤其如此。面对社会对于高层次口译人才数量和质量的亟需，口译教学颇露举步维艰之势，现状不容乐观，困境重重。主要表现在：口译资源未尽其用，口译师资参差不齐，口译评估主观片面，口译教学脱离实践。因此，本章将着力剖析上述口译教学问题的现状及其所囿困境，并在后续章节提出相关解决方案。

第一节　口 译 资 源

口译资源的数量和质量，在很大程度上决定自主学习和课堂教学的效果。传统意义的口译学习，几乎只能依靠一两本教材，辅之寥寥无几的磁带。直到 21 世纪初，虽然光盘、网络媒体等先进载体已然面世并普及，但是口译资源内容仍多见书面内容的录音。

本书中，“口译资源”指的是口译自主学习与课堂教学所涉及的一切学习资料及应用，包括文本、图表、音频、视频等不同载体形式。对于学生而言，互联网普及之前，口译是相当陌生的。普通民众对于口译的认知，仅仅停留在年度电视直播的总理中外记者见面会。新千年伊始，“9·11”恐怖袭击、SARS、阿富汗战争、APEC峰会等国际会议、重大体育赛事中，同声传译在直播中出现。人们惊叹之余，方开始将传说中的这种神秘口译形式与中国人普通生活相联系。中国加入WTO以来，以经贸为主的各类国际会议接踵而至，同声传译正式登台亮相。在新闻媒体中，同声传译员很快被炒作成年薪百万的“金领”，一夜之间激发了广大爱好者学习口译的热情。各种培训机构自然不会放过“天赐商机”，如雨后春笋般纷纷开设交传、同传学习班。

口译在大学的外语专业培养方案中，设置历史较长，其目的主要关注提高外语能力的“教学口译”。因此，其教学目标并非服务于译员培养，而在某种意义上说，多数课堂教学成为学生展示对译文文本的记忆和公众演讲能力。即使是教师，由于实践机会屈指可数，大部分对于口译现场的直观感受，不过是管中窥豹，只能了解些只鳞片爪。对于国际会议讲者的发言稿、译员的翻译录音、同传设备等材料，口译的相关专业知识、职业操守，都不甚了了。口译教材、研究专著、论文，都是凤毛麟角，可资口译教师使用的教学资源，历来短缺。

宽带互联网技术的飞进极大地推动了基于现代技术语言学习资源的幂次方飙涨，海量的网络信息资源，如：CNN、BBC、VOA、Bloomberg、iTunes U、TED、各种英美报刊及门户网站的视听读说素材；MOOC、可汗学院、微课等课程资源（包括讲解视频）；以及国内网易公开课、超星视频、国家精品课程资源网等网络课程，都为语言学习提供了异常充裕的资源库，为自主学习创造了极其便捷的输入端。多媒体资源日渐丰富，触觉敏锐之士，开始借助这一平台，检索、整理、挖掘形式多样的口译资料并用于教学实践。口译学习和训练作为语言学习金字塔顶端的一部分，毫无疑问，也全方位受益于全媒体、大数据的创新。

开放教育资源（OER）是公共信息领域内的数字材料，或经“创作共用”（Creative Commons）许可授权的数字材料，即原创者允许他人免费使用但有一定的限制（例如要求材料注明原创者）。“创作共用”网站允许原创者为自己的作品授权，以及搜寻经“创作共用”授权许可的作品。“创作共用”网站不仅限于教材，但另有很多网站只侧重于教育，例如Merlot、Connexions和公开教育资源共享（OER Commons）。这是任何从事口译教学的专业人员都不可忽视的资源宝库。

第二节　口 译 教 材

目前的口译教学,训练材料匮乏、手段单一、评价主观、缺乏系统性的现象十分普遍。就教材而言,虽然市面上教材林林总总不下几十种,但形式基本局限于若干书面稿材料加上磁带或光盘、分级分类过于清晰明确、方向模糊、类别杂糅、结构单一等,教材内容与口译实际脱节严重。

首先,教材分级清晰。教材分级依研究生和本科教学层级不同而明确相异:在高彬等(2011)选取的口译教材调查样本中,面向研究生、本科生,以及研究生本科生通用的教材分别占25%、57%和13%,剩下5%面向翻译专业、英语专业等本科专业学生,高职高专学生以及社会上对口译感兴趣者等不分层面的使用者。

其次,教材分类明确。在同声传译为主体内容方面,本科和研究生教材分别约有21%和26%;在交替传译为主体内容方面,这一比例约为79%和74%。

第三,教材方向模糊。教材方向性不够明显,表现在英汉双向教材占77%,单向教材为23%,且以英译汉为主。

第四,教材类别杂糅。通用性教材一般将口译和口语整体处理,且不区分交传、同传以及其他口译形式,约占18%。另外82%大致按照行业(民航飞行、法律)、场合(社区)和方式(交替传译、同声传译)进行划分。

第五,教材结构单一。口译教材主题或技巧主线化流行。20世纪最后十年面世的教材中,三成以技巧讲解为主线,七成依主题进行。新世纪以来,技巧主线型增长迅速,几乎与主题型平分秋色(46%∶54%)。

口译教材要体现口语化、时效性和真实性的特点。柯克尔(2003)曾批评现有的口译教材,认为普遍缺乏符合实际应用需要的口语表达内容的问题。多数口译练习材料是阅读材料,且提供的参考译文接近笔译译文,缺乏口语特点,无法积极引导学生。如此将导致学生口译时缺乏交际意识,难以充分利用口译比笔译更加丰富的语境,进而影响反应速度。王立弟(2001)也指出,上课用的材料要尽量口语化,并且强调即使将书面材料用作教材,也切忌照本宣科地读稿子,应进行口语化调整。他认为:“无论是讲话、发言、访谈或者其他形式材料最好能用原声录音录像以最大限度地保留其真实的现场效果。"因此，发言人的录音或视频资料是口译练习最适切的材料。没有背景噪声且字清句晰易辨的录音间录制材料，因其难度较低，可用于口译初级阶段的练习。随着学习阶段的高级化，练习材料应逐步过渡到真实的现场录音或视频。

面对海量学习资源的冲击，对碎片式学习和时效性材料有明显要求的口译学习和训练，呼唤能够面对现实挑战的教材编写新理念。大数据时代的海量双语信息令人目不暇接，口译学生和教师却常常面临海量资料在手而适切性教学资料难觅的悖论式困境。如何筛选和过滤非目标信息，编写具有大数据时代特点、满足实战型人才市场需求的口译教材，提高口译自主学习效率，成为一项迫在眉睫的任务。由此，需要有针对性地制订学习计划、利用现代技术探索电子图书在口译教学中的应用，并"充分考虑该教材是否同时有利于学生自主学习、协作学习和探究学习等多种方式的开展，教学资源要围绕学生的知识建构而设计、开发"(项国雄，2005)。为新型要求的教材设计，要求口译教材着眼于学生的自主学习、符合认知特点、由易而难、循序渐进；既符合口译思维过程特点又符合认知技能提高规律。总之，现代口译教材应注重建构自主学习模式，关注语言学习策略养成，以实现师—生、生—生多维教学互动为理念的口译教材应运而生，如：iBooks 口译教材，"较之于传统意义的纸质图书，全媒体口译教材的特点在于信息量巨大，多媒体形式呈现和互动效果，具备文字、图片、音频、视频、互动和 3D 效果，图文并茂，能够提供强烈的现场感、逼真的视觉冲击、全面的副语言信息"。(许文胜，2014)

第三节　口译师资

翻译学成为二级独立学科，乃至成为一门显学，教育部批复试办翻译本科，国务院学位办同意开设专业学位翻译，本、硕、博一体化培养体系形成。目前，206 家高校招收翻译专业学位研究生，如此"大跃进"式的发展趋势，对于口译师资的数量与质量都提出了严峻挑战。

首先，由于国内口译人才培养的起步相对较晚，培养的成果积淀相对薄弱，绝大多数院校的口译师资主体是从外语专业教师中挑选，其中只有极少数具有口译实战经验，且基本限于经济发达地区、一线城市为数不多的高校。缺乏亲历实战的经验，难以真正意义上融合口译的技能化与职业化特征，更无法在教学设计与操作中实现相关习得，导致口译教学效果的落实有些虚无缥缈。

但是，口译师资与国外同行的交流机会严重匮乏，在相当程度上成为部分教师获取一手资料的桎梏。同时，国内针对口译师资的培训也严重滞后，以致口译教师别无他选，只能不断总结经验，在摸索中前行。

刘和平(2007)认为，口译教学要求教师有实践经验，如若不然则很难上好口译课，并且把"外行教书"列为中国翻译培训的八大问题之一。塞莱斯科维奇和勒代雷(2007)指出，最佳的口译教师应该是接受过授课方法培训的译员，而不是只懂教学法却没有口译实践的教师，培训教师的目的是深入贯彻翻译原则和学习教学理论及方法。两人还详尽列出了培训安排和为期两周的培训模式。

针对为数不少的高校口译教师短板有：未接受过系统的翻译师资培训，口译实战经验欠缺；在日常教学中存在教学理念不清、"定位"不准、课程管理缺乏、教学方式和教学手段单一；对具体的口译技能以及基于技能的教学方法不甚明了；教学评估体系单一低效等诸多问题(任文，2009)。有人总结了国内权威机构(中国翻译协会)联合国际业内领军(美国蒙特雷国际研究学院，现更名为明德国际研究学院，Middlebury Institute of International Studies at Monterey)举办的口译教学师资培训特点，并提出通过制订和实施具有针对性的 TOT(Training of Trainers)计划加强高校口译师资队伍的能力建设。

口译教师要懂得口译教学的原则和方法。仲伟合(2007)等学者提出了口译教学的原则，指出要遵循技能性、实践性、阶段性或循序渐进的原则。技能性就是口译课以传授技能为主，区别于一般语言习得课程。这一点与 Arjona(1984)所强调的"口译与其他多语活动的区别应该从口译课的教法上体现出来，有别于外语教学"不谋而合。实践性就是要学生在课堂上多练并且感受口译的压力感，而不让教师成为课堂上的主角。因为学生在课堂上操练，才能真正实现"以学生为中心(learner-centered)的课堂"，使教师成为组织者、引导者和评价者(Tarone，2000)。有的课程还将学生训练的时间进行了量化，欧洲会议口译学员就必须完成上课及自我训练时间 1 000 小时(高彬、柴明熲，2007)。阶段性就是按照训练先后顺序和难易程度合理安排诸多口译技巧，训练学生阶段性习得并最终掌握技能。

虽然口译师资培训创造了国内同行沟通学习的渠道，信息化的腾飞提供了媒体沟通的支持，与国内外业内人士交流更加便捷，但是，作为双语交际的媒介，译员是唯一洞悉双方意图的当局者，个中细节与品位只有译员本人能够亲历，其中更多的是只可意会不可言传的心理与文化特质，个性化、随机化、现场化特征显著。这种职业特色无法复制，面临缺乏第一手的经历的瓶颈，口译教师难以将相应因素渗透到教学的各个环节。导致口译师资陷入先天不足、后天畸形的窘境。

第四节　口 译 评 估

为实现口译评估的针对性、可操作性等提供科学导向。教学评估指标是由教学评估对象分解出来，能够反映教学评估对象某方面本质特征的具体化、行为化的主要因素，是对教学评估对象进行价值判断的依据，也是教育过程中进行调节、控制、评估对象行为的准则和参照。将教学评估指标按照教学评估对象本身逻辑结构排列组合的有机体称为教学评估指标体系（骆兰，2006）。科学合理的教学评估指标体系关乎教学评估的成败、教师教学质量的提高、学生在课堂获取知识的多少；通过对教师课堂教学质量、对学生课堂行为进行客观、全面评价，促使教学评估标准内化，生成教与学新需求，成为追求更高层次教、学目标的动力。

科学口译评估体系应以先进的教育评估理念为指导，结合口译教学具体特点，充分考虑口译质量评估特有的个体要素、凸显评估特有的参数指标。作为口译教学过程不可须臾离开的环节，合理的评估系统将更加客观、科学地评价学生口译水平。为此国内外学者们进行了多方探究，虽取得可喜成果但并不尽如人意。

究其原因，或许是新世纪以来，各高校本科、研究生、翻译硕士（MTI）口译课纷纷上马，口译教学每个环节所受关注度日益凸显。但是由于国内口译人才培养缺乏前期积淀，很多口译教师未受过专门口译培训，教师对学生课堂表现评估一直受制于无定性的宏观评估指标和无具体的量化标准双重桎梏。多数口译课堂评估以及考试评估都取决于教师的主观印象：课堂上，教师评价多泛泛指出学生翻译中的错误；考试中，根据经验给学生一个成绩。师昏昏，生未昭：学生不清楚口译具体标准及权重，更无法落实弥补自己差池的措施。这种评估无法提纲挈领展示基本标准，也无法科学全面地引导学生自我评估。

有鉴于此，要强化口译教学评估重要性的认识，全面深入探究口译教学评估体系的设计原则，建立多维、实时、易行的口译教学评估体系，对于提高口译课堂教学效率和提升学生自主学习能力至关重要。

第五节　口译课堂教学

西方的专业化口译教学于20世纪20年代出现在国联和国际劳工组织。1930年德国曼海姆出现第一所译员培训学校，及至50年代欧洲口译教学"学院化"，日内瓦、巴黎、海德堡、特里亚斯特、维也纳等高级翻译学校纷纷成立，引发了口译教学实践和研究的热潮。

中国的口译教学发端较晚。1979年第一届联合国译训班在原北京外国语学院开办，到2008年翻译专业硕士(MTI)正式招生。在短短30年的时间里，伴随着"翻译学"成为我国高等教育体系内一个独立的二级学科，中国的口译教学获得迅猛发展。媒体推波助澜式渲染同声传译成为众人艳羡的"金领"，口译教学和研究在近年也受到越来越多的关注。

自1979年以来，以专业化技能训练为目的的口译教学实践从无到有，凭借翻译学作为独立二级学科的发展，通过近年来翻译学硕士点、翻译本科、翻译硕士专业学位等的设立，并伴随中国社会经济发展带来的巨大需求，在国内高校得以普遍实施。与此同时，作为口译教学可持续发展强大支撑的教学研究也走向多领域、跨学科的良性轨道。

综观30多年间，中国的口译教学取得了飞速的发展。这离不开最早将专业化口译人才培养理念引入中国高等教学体系，并大力推广的前贤付出汗水和心血而取得的经验，离不开开展专业化口译教学实践的高校在课程设置、教学方法、教材培育方面做出的贡献，也离不开学者们借鉴西方研究成果，并结合中国实际进行的大量研究。口译在中国仍然是个充满机遇和挑战的新兴学科，将口译教学的实践和研究继续发展下去，还需要更多有识之士，特别是青年教师和学者投身于这一事业中。

口译教学，在我国现阶段仍存在一些不容小觑的问题和挑战。作为口译教学要素的师资多数仍为语言教学传统的培养成果，缺乏口译实战经验；学生的外语水平普遍达不到专业口译训练的要求。由于口译的学科地位尚未稳固，目前国内的口译教学虽遍地开花，但缺少统一的教学大纲和课程体系，各自为政，教学质量缺乏保证；商业竞争带来很大的供求盲目性，也导致不少学校在尚不具备条件的情况下，一窝蜂“大跃进”项目上马，硬件不硬，软件很软，极大地影响了口译教学长远发展的土壤。

我国口译教学现状的不乐观还表现在：无论是教学层次、教学内容、教师教材层面，还是教学手段、质量监控和评估方法都存在着不少问题，以至于“口译课上，任课教师埋怨难上，学生抱怨学不到东西”。(卢信朝，2006)

教学形式单一，基本是两极分化。一种采用统一教材，学生课前预习词汇、表达方式及教学手段材料，课上听录音然后操练，最后老师点评；二是教师采用会议书面稿，自己朗读，要求学生口译，随后点评。凡此种种，基本脱离了口译活动的职业化本质，忽视了口译实践的现场要求。无论是本科，还是 MTI 的口译教学，普遍存在课本与现实脱节，实践机会匮乏的问题。如何在现有条件下，利用先进技术手段攻克这一顽疾，应该是口译教学领域的一项迫在眉睫的任务。

大数据时代海量口译资源纷沓而至，各种口译教材接踵而来，口译教师在教学中不经意间便囿于应接不暇的窘境。不少专家曾提出口译教学一定要考虑到学校和区域特点。刘和平(2012)呼吁各类高校应结合地方特色，培养服务地方经济的本土化口译人才。鲍川运(2013)提出，本科阶段口译教学要考虑到学生的实际情况、学校的定位和区域经济的具体需求，采用“务实”的口译教学原则。为此，若能强化区际、校际合作，进行“信息需求分包”，将既可以减轻地区或单一院校口译教师/教师群体工作量，又可以充分发挥师资的潜能，调动师资的积极性，大幅提升教学成效，从而实现口译教学效果之事半功倍、四两拨千斤功效。这种协同创新的师资模式还能够激发口译学习者的学习热情和主动参与意识。借助师—师、师—生共同努力，最大限度的激发教师的热情和潜能；激活学生的参与意识，提升学生自主学习动力(Tuck, 2012)，最终最大限度优化口译资源、口译教材和口译师资。

但是，如何将上述构想落实到日常口译教学的执行细节，仍有待于深入的研究以及相匹配的实践去核验。

冲破种种藩篱，需要思量如何合理有效筛选海量资源，甄别各种教材，协同创新师资，激发师生热情，倡导自主学习，建构立体评估，最大限度提升口译教学效果。据此，本书将围绕上述诸方面进行分析，探讨大数据全媒体时代，基于云端媒体，结合翻转课堂，分解口译教学因子，尝试构建云端翻转口译教学的理论模型和操作模式,从口译教学生态系统构建、口译教材开发、口译自主学习、口译评估、云端翻转课堂与社交媒体的互动融合等方面进行口译教学实践阐释。

将口译教学置身教学生态系统,有助于宏观上把握口译教学所涉框架,厘清框架内关系,进而优化教学资源,合理配置,动态监控。基于该系统,教师方便通过建立丰富的教学资源库,改善教学手段,凭一己之力积极贡献整个口译教学系统。从开放教育资源、科学教育理念、现代教育技术手段入手,促进教学生态系统的可持续发展。

口译教材的编写方式、出版形式、内容梯度安排等方面,存在着分类简单;多以平面形式出版;研究生与本科生教材内容重复,内容时效性欠佳,难度缺少循序渐进,媒体形式过于单一等问题。这些问题妨碍适切教材的选用。因而,以相关认知理论为基础,结合 iBooks Author 系列软件与技术,探索电子教材在口译教学的应用,业已势在必行。

关于口译技能习得,业界一致认同:口译技能从潜隐的自在状态到能动的自为状态,须臾难离大量训练与实践的催化,尤其是个体自主训练。据此,口译技能自我系统应运而生。基于该系统,口译自主学习者与外界不断进行动态反应系统训练,习得技能。同时,通过该系统的自我评价,口译自主学习者调节学习进程,在调节中提升自我认知,推动系统进一步完善。如此循环往复、相辅相成。

口译评估,作为口译教学的风向标,在口译教学信息采集与教学指导的作用无它可与其媲美。但是,当下口译评估体系不同程度存在主体单一、标准片面、手段匮乏等问题,既影响评估准确性又妨碍授课质量。所以,构建多维口译评估体系已成为当务之急。针对口译习得课上课下双过程,聚焦教师、学生双主体,构建多主体、多标准、多类型、多方式、多内容的立体评估体系将增强评估的反拨功能,提高口译教学绩效。

口译教学的与时俱进实属漫漫长路,需要专家、同行的携手砥砺,共克时艰。笔者在教学实践中,尝试将云端翻转课堂模式引入口译教学,探索一种新式教学资源、教学手段与教学评估的新路径,并不断总结,去芜存菁,旨在抛砖引玉,以期为优化口译教学效果贡献绵薄之力。

第二章 口译教学生态系统构建

生态系统简称 ECO，是 ecosystem 的缩写，指在自然界的一定空间内，生物与环境构成的统一整体。其中生物与环境之间相互影响、相互制约，并在一定时期内处于相对稳定的动态平衡状态。

劳伦斯·克雷明(Lawrence Creming)1976 年在《公共教育》(*Public Education*)一书中最早提出教育生态学理论，依据生态系统、生态平衡、协同进化等生态学原理与机制，研究教育生态环境及其生态因子对教育作用以及教育对生态环境反作用的规律和机理。教学生态系统是以整体的、系统的、动态的教育生态学理论为依据，是以人本主义精神为指导的，强调系统中各因子之间的相互联系、作用以及功能上的统一。其中，教师、学习者、教学媒体和教学内容等因子构成了教学生态系统，只有当诸因子处于动态平衡时，教学生态系统才能良性发展。

将口译教学置于教学生态系统之中，可以从宏观上把握口译教学所涉及的范围，厘清相互之间关系，从而认真检视长期以来该领域的成败得失、经验教训，进一步优化教学资源，使其合理配置，相互协调，并可动态监控，以达成教学生态系统的可持续发展。

教师可以通过建立丰富的教学资源库，改善教学手段，以个体的力量从积极方面影响整个口译教学系统。其切实可行的出发点，应该以开放教育资源(Open Education Resource，OER)为基础、以科学教育理念为指导、以现代教育技术手段为支撑，进行口译教学生态系统构建。

第一节 开放教育资源

开放教育自产生至今，推动的教育活动不胜枚举，收集的教育资源数量飙涨，举行的教育项目林林总总，开辟的获取资源渠道繁多……面对纷繁复杂的发展历史，当下的发展难免有些无的放矢，未来的规划更显前路茫茫。有鉴于此，有必要对其进行溯源，厘清概念与内涵，有针对性地促进相关方面高效发展。本节重点围绕开放教育资源进行探讨。

进入新千年，网络免费教育资源数量庞大且幂次方飙涨。但是，其分布零星，质量参差，难成体系，即使采用搜索引擎，也不便集中归档。应采取较为科学的方式加以利用，再加工成适合的学习资源库。如同名目庞杂、卷帙浩繁的图书资料，不仅需要管理员分门别类地精挑细选，同样应按照一定规律存放于固定的物理空间，供读者查询和借阅。

2002 年，由休利特基金会（William and Flora Hewlett Foundation）赞助，联合国教科文组织举办了由发达和发展中国家参加的、首届全球开放式教育资源论坛，从此“开放式教育资源”一词开始正式进入历史舞台。开放教育资源为不正式、非正规和正规教育搭建桥梁，加深并拓宽高等教育参与渠道，进而成为终身学习和自主学习最有强力的工具。

一、开放教育资源概念

开放教育资源的核心价值在于教育和技术领域的开放与门户网站。

“开放”在教育中作为一个流行术语不断扩散，因此理解“开放”的定义越来越重要。

“开放”并不完全等同于“免费”，麻省理工将资源内容置于网络，向大众开放，但是在线学习并不免费，在线教育也不免费。网络材料可以免费开放，但通过相关服务产生的价值却不免费，开放与免费是两个不同的概念。对于开放教育资源来讲，门槛要放低些，获取简易，引人注目，开通高等教育的少障碍通道。

“开放”意味着更便捷更高效的门户网站：端口、地点、规划、速率、合作课程、人群、方法、思想、链接等，也就是说，任何人在任何时间、任何地点享用连续与交互过程的巨大自由度。另外，需要注意学习的文化模式间、学术文化间的差异：无障碍和开放因文化背景不同而相异，开放自由体系的设计需要纳入参照系统或范本的兼容与对话。

开放教育资源的“开放”意味着：通过使用开放教育资源，推动传统个性化材料互通有无、相互启发，更大幅度、更深深度、更具针对性优化个性化，提高个人时间、精力、投入和专业知识习得的绩效。因此，开放资源不仅不会桎梏或抹杀个性化，反而可以推进个人或团体个性的张扬与落实。这一目标的实现很大程度上依赖相关方面真正分享个性化信息以及信息个性化的核心程度，即教育资源的开放程度。

开放教育的倡导者们正努力达成一个共同愿景，将“开放”定义为：免费、可复制、可重组、没有任何获取或交互上的障碍。“教育”，要从传统的以教师为中心的“教”转而侧重以学生为中心的“学”，教学结合，以学为重。“资源”，与“教育”相呼应，应从广义进行解读：既指支持教师教授的教学资源，更指辅助学生自主学习的学习资源。

网络的开放资源可自由获取，学生应该能够在开放灵活的学习环境中，无须依靠教育机构、教室甚至教师，处处能学、时时可学，实现真正意义上的自主学习。这需要明确以传统教师为中心的设计转型为以学生为中心的内容与结构设计。据此，甚至有人提出将“开放教育资源”更名为“开放学习资源”。

综上所述，联合国教科文组织相信：普及优质教育是建设和平、可持续的社会与经济发展及文化间对话的关键。开放教育资源为提高教育质量、协调政策对话、推助知识共享以及促进能力建设等提供了战略机会。鉴于此，该组织于2002年给出开放教育资源的第一个描述性定义：“开放教育资源通过信息通讯技术为全社会成员提供开放的教育资源，满足非商业用途的咨询、修改、利用和再传播。”表达了激发全球教育者携手共进，促其发展成为全体人类共享的全球教育资源之理念。

休利特基金会官方网站的界定是：开放教育资源是指在在公共领域存在的，或者在允许他人免费应用和修改的知识产权许可协议下发布的教学、学习和研究资源，包括整门课程、课程材料、模块、教材、流媒体视频、测验、软件以及支持获取知识的其他任何工具、材料或和技术。

经合组织(OECD)对于开放教育资源的定义是：免费开放的数字化材料，教育工作者、学生以及自主学习者可以在他们的教学、学习和研究中使用和再次使用(OECD, 2007)。这里的资源包含三个部分：① 学习内容。完整的课程、课件、内容模块、学习对象、论文集和期刊；② 工具。有助于开发、使用、重复使用及传递学习内容的软件，包括内容的搜索与组织、内容与学习管理系统、内容开发工具和在线学习社区；③ 实施资源。促进材料公开发布的知识产权许可，最佳实践的设计原则和本地化内容。

二、开放教育资源内容

开放教育资源，以其教、学以及推动知识发展的内容和工具，成为构成教育基本元素之知识部件。

开放教育资源包括完整的课程、课件、模块/模板、教科书、流媒体视频、测试、软件以及其他工具、材料或技巧等。这些资源不论是在公共域名网站里，还是经知识产权协议许可，亦或经其他用途发布，均可免费使用。由此，提供知识获取渠道，并支撑教学、学习与研究推进。因其为用户提供智力/知识资本以理解和使用网络资源内容，而获“全民教育”之美誉。

开放教育资源，内容浩繁，不胜枚举，从学习目标的角度看，内容需包括学生终端可本地化的资源、作业、评价、社会合作、发送通道等。本节重点关注两部分：“开放式课程”和“门户网站与资源库”。

(一) 开放式课程

麻省理工学院(MIT)使用“开放式课程”这一术语，指 2002 年 9 月开始出版的一系列课程资源，比如，讲座笔记、阅读书单、课程作业、教学大纲、研究资料、习题集与测试、实例和模拟以及课堂讲座的流媒体等。

以 MIT 2001 年开创性启动开放式课程项目为发轫，追随者如潮涌。在 MIT 的领导下，自发的开放式课程联盟成立，促进任务共担，目标共创，优先平衡教、学和研究的团队间影响。

而且，为克服语言与文化障碍，开放式课程开始以呈现多语言翻译版本，拓宽受众面，提升影响度，优化资源利用绩效。比如，中国开放教育资源网(http://www.core.org.cn/en/index.htm)为国内对开放式课程有意向的机构提供翻译与服务支持；中国台湾省的开放式课程模型系统（http://oops.editme.com/）为专业志愿者（多为华裔）进行翻译开发创新策略。

开放式课程项目始于开放式课程，但决不止于开放式课程，适量加入练习、测试与评估等方面的内容，结合使用社交软件进行基于多样化开放式课程的师—生、生—生交流，可全方位高效助力远程自主学习，成为真正意义上的开放式课程运动，更好地完成教育使命。

开放式课程运动史无前例地，以连贯易检索的格式，将大量课程的核心教学资源上传网络，实现全球共享。由此，开放式课程和开发软件的共享，分解了个体无法承担全部组建成本的问题，分担了开发的投入和风险。

开放式课程运动的推进既充满动力又面临挑战，但未来是充满希望的。

开放式课程运动的动力源自三方面：① 管理者开始意识到知识的分享能够成为他们学校品牌的一部分；② 学生欢迎这种简易门户网站的模式。便于搜寻课程选择，助力自主学习；③ 教师个体，受开放式课程运动透明度的影响，为提高授课质量，确保范例效果，大幅拓展授课受众，而教学热情激增。

开放式课程运动面临的挑战，首先是经济支撑：开放式课程网站的初期组建、持续的后期维护与升级都耗资不菲；其次是知识产权：厘清知识产权，界定相关问题并妥善处理；再次是课程教师：相关教师被授权自由分享其知识资本和再次使用其教研观点。

开放式课程联盟发展迅速，全球范围内有关教、学和研究的课件数量飙涨，所涉及语言、领域、角度等的数量也将与日俱增。开放式课程计划将其他诸如期刊、未发表论文、数据以及研究工具等高质量资源纳入搜索目录，假以时日，付诸努力，开放式课程联盟网站有望成为全球教、学、研首要全文数据库之一。

（二）门户网站与资源库

如何迅速找到高质量资源，是开放教育资源运动所面临的重大挑战之一，也是自该运动伊始即存的桎梏，时至今日，仍为难以挣脱的枷锁。因此，便捷的门户网站和高质量资源库的创设势在必行。

“资源库”，顾名思义，是指具有内在连贯和一致性的系列资料。与“资源库”不同，“门户网站”通常是链接而非存储的资料；与搜索引擎不同，门户网站代表的是通过审查的、汇集资源的系列网站。

门户网站的优点之一是能够通过网络连接海量资源，但需要持续关注，确保引用文献的可接入和高价值。相比之下，资源库可通过管理资源很好地解决这一问题，并简化搜索和支持，代价是提供并升级资源，以及为更窄范围的资源提供接入。

多领域高质量开放教育资源的迅猛增长，为有序高效门户网站的创设提供强劲动力，为用户充分利用网站资源库搭建广阔平台。引人注目、使用广泛的门户网站与资源库是息息相通、互赢互助的，所指向、收录的海量资源质量优、附加值高、获取易、使用和再使用信度强。

1. 主要门户网站项目

很多高等教育机构、组织以及个人致力于为全球教与学的社区提供开放教育资源，门户网站的项目业已灿若繁星，本书整理较有代表性的资源项目如下：

大型机构资源项目包括麻省理工学院开放式课程项目、英国开放大学开放学习项目、卡耐基梅隆开放学习项目、荷兰开放大学开放教育资源项目、耶鲁大学开放课程、开放密歇根大学、SOFIA 等。

技术、娱乐和设计可参考网易公开课、社区或联盟、赖斯大学(Rice University)联通项目、加州大学学习和在线教学多媒体教育资源、全球开放式课程联盟、中国开放教育资源联合体、日本开放式课程联盟、蒙特瑞技术和教育研究所在线课程国家存储中心、德克萨斯大学奥斯丁分校全球讲座厅、哈佛大学、麻省理工学院等高校的免费在线交互课程等。

特定学科可以参考布朗大学 Exploratories 项目——基于 web 的学习对象、哈佛大学开放文集计划——历史、约翰霍普金斯大学开放式课程——公共健康。

公众资源可以借鉴综合知识档案网、生命百科、开放教育资源共享、维基大学、魔灯和 Mediawiki. com 等。

2. 主要免费资源库

开放教育资源、公开课程网站以及免费的在线教育内容，既可以帮助学校节省投入资金，又能够为广大教师节约精力，从而更好地设置课程。完全依靠原创，不仅成本耗费巨大，而且效果难以尽如人意。所以，要充分利用前人和当下众多智慧结晶，而不应单枪匹马、孤军奋战。

学校可以通过专家帮助搜寻公开信息，也可以让老师离开课堂几个月，专门寻找可用于讲授课程的公开教科书和其他材料。基本目标应该是，把好的公开教程与商业数字学习工具结合起来，仍可能比买教科书要便宜。实际上，公开教科书的来源很多，例如 opentextbook. org 和 Merlot 的公开教科书计划。

教学有方的教师不仅善于编写教材，而且悉知如何给学生找到优秀的教材。

许多网站提供课程、图像、视频和其他资源，可辅助教师补充教材、设置新课程，或供学生课外使用，有效避免重复劳动。

教师首先可以参加相关培训，以便更充分利用基于网络的公开教育内容。许多机构提供培训，例如印第安纳大学就有一个在线证书课程。就"如何利用公开教育资源编排课程"进行搜索，可以找到成千上万个链接。

许多公司和组织都提供公开教育内容，如可汗学院(Khan Academy)、全球学校网(Global Schoolnet)；苹果公司的 iTunes U；谷歌教育(Google in Education)；英特尔的教育计划以及维基大学(Wikiversity)。

再如：所有美国联邦政府的资料都属于公共信息。教育部在《联邦优质教育资源》(*Federal Resources for Educational Excellence*)中列出了免费材料的指南。

谷歌和英特尔都在数字学习日(Digital Learning Day)的企业赞助方之列，每年 2 月 1 日举办活动，旨在通过数字媒体和技术促进创新性的教学和学习。参与该活动的 200 万学生和 18 600 名教师分别来自巴西、加拿大、印度、墨西哥、荷兰、巴基斯坦、沙特、新加坡和英国。数字学习日的官方网站提供了丰富的材料，其中包括一个"工具箱"标签，引领进入具体课程、以项目为主的教学创意以及其他供教师使用的公开材料。

教师的另一个资源是开放课程网站——由世界各地的高校制作的课程教材，在网上共享。

第一个提供开放课程网站的是麻省理工学院，于 2001 年开设。开放课程网站包括课程的教学大纲、阅读书目、PowerPoint 演示、习题、讲义、考试和录像讲座等。全球目前大约有一个由 250 多个高等教育组织和机构组成的集团，致力于开放课程网站。

Classroom-aid 网站为课堂学习(从学前班到 12 年级)提供数字资源，其中包括中文资源。MIT 的课程译文网页链接了汉语、西班牙语、葡萄牙语、泰语、波斯语和土耳其语教程。Connexions 提供多种语言编写的材料供浏览。

美国教育部的国家英语学习信息交换中心(National Clearinghouse for English Language Acquisition)和"Doing What Works"网站为英语教师提供了资源。在国务院有英语教学材料(Materials for Teaching and Learning English)和美式英语在线(American English Online)网站；"美国之音"等机构也为英语学习者提供了特别的广播和材料。

一项新的被称为学习资料库(Learning Registry)的计划正在努力使免费教育

资源更容易获取。资料库为共享和搜索联邦机构和商业出版商网站上的教育内容以及这些内容的评介和评分提供便利。这是由美国教育部和国防部发起的，私营部门和任何其他有关各方都能参与。

长远来看，资源库需选择农、工、医、艺术、人文、科学、教育等领域的系列机构与专家，由其把关内容的标准和质量，确保内容的多媒体、交互性以及多语言等特点，并进行持续的升级与拓展。

三、开放教育资源优点

有关开放教育资源的介绍表明，开放教育资源与传统的学术出版物（著、刊、文）不尽相同，表现在“著者”由传统的教职工、学生、实验室负责人转为教职工、学生、技术人员；“出版者”从传统的商业出版社和社团变为大学、社团、非政府组织和其他联盟；“评论者”由用户和非正式同行替代传统的正式同行；“奖励”由经过评估给予研究学者转至不经评估指向教师；“资金来源”由原来的政府、大学图书馆、媒体、订阅用户和数据变成专项基金；“受益者”也由原来的少数学科团队转为全部参与的师生个体。

实现教育资源向个人和机构开放，优点不胜枚举。个人用户可以在海量资源中获取更多信息和知识。未来学生可以通过学校的学习项目选择心仪的学习方案和学校。开放教育资源既能弥补面授教学或远程学习的不足，又可作为自主独立学习的框架，还可提供实战学习的资源。开放教育资源为大学提供了展示教学资源的平台，大学独当一面地传播知识和创造知识，开放教育资源推助这些知识免费向大众全面开放。

开放教育资源为开放、灵活及远程学习带来的优点主要表现在以下几个方面：

（1）提供链接高质量内容的便捷技术。使用户相互了解、共商模式、分享信息、整合知识。口译教学中，通过社交软件，师生共同利用开放教育资源，对之进行补充，循而往复，良性互动，最终拓宽受众，提高习得质量。

（2）提升灵活性。更大量多元学习资源能创造更加灵活的学习机会。根据需要修改或转换文件，再修订原创资料；根据需要逐字或整体修改，之后将不同的原创文件混合。

（3）提高成本效益。帮助远程学习资源提供者提高开发学习材料和支撑的成本效益。

(4) 创造合作机会。将逐字记录的作品、再修订或再混合的作品再发布,与他人分享。

(5) 确保学习资源的质量,帮助财务紧张的国家和机构解决能力问题。

(6) 增加全民学习教育资源的数量。

开放教育资源如此全面、深入的优点,吸引了各种身份的参加者,助推了开放教育资源运动的产生与发展。政府、机构、个人纷纷加盟,虽然动机各异,但促成了开放教育资源运动渐入佳境。

四、开放教育资源运动

开放教育资源运动致力于推动开放、灵活和远程学习：在全球范围内,解脱基于教师的面授教学,同时助力独立(或自主)远程学习等方面,贡献斐然。这意味着较之“传统”的数字课堂内容,开放教育资源运动更多关注独立(或自主)学习者。

(一) 运动目标

开放式教育资源运动的首要目标是全球范围内的知识共享。这项运动旨在通过共享教育资源,在全球范围内增加获取知识和教育机会的途径。实现开放教育资源所倡导的、平等获取知识的愿景,需要现存制度政策、程序、教学和学习的同步变革。平等获取知识可尝试多种策略,如：赞助高质量开放教育资源、理解并刺激使用、移除障碍等。

(二) 发展简介

开放教育资源运动正在全球范围内迅猛发展。开放教育资源倡议在世界范围内持续增加：从高等教育到中等教育、从一流高校到地方大学、从机构联盟到个人行为,都彰显开放教育资源运动的影响,而且涉及的学科非常广泛。

自联合国教科文组织国际教育规划研究所首次集中组织论坛以来,其开放教育资源社区的会员不断增加,活跃表现一如既往。麻省理工学院创立的开放课件联盟,作为非营利组织,拥有来自全球不同国家越来越多的机构成员。休利特基金会一直资助多项开放教育资源项目：自 2001 年资助麻省理工学院开始,通过经济资助庞大的专家知识网络,在推进开放教育资源运动过程中扮演重要的角色。

（三）发展重心

为改善开放教育资源运动的粗放型发展，推进发展速度，优化发展绩效，需进行轻重缓急的梳理以绳先启后。

总的来说，最优先考虑的当属“提高意识与推广宣传”和“社区与网络”。其次，“能力发展”对于开放教育资源的创造和重复使用至关重要。再次，“可持续性”指出了确保开放教育资源由构想变成现实，找到拓展灵活的学习机会和促进知识共享新途径的重要性。第四，“质量保证”提及如何接入网络信息这一更广泛层面的问题。出版业控制过程和图书馆或资源中心选择过程的缺位，导致用户不得不自行判断资源优劣。第五，“版权与许可”越来越受关注。开放教育资源中可能包含受版权保护的内容，这是个难题：不付费，必须更改或删除内容；资源所获许可决定其公开和免费使用的程度。其他优先项目按重要顺序分别为：学习支持服务、资助、接入简易性、研究支持度、标准、技术工具、政策、学习评估等。

发达国家和发展中国家都将“提高意识与推广宣传”和“学习评估”分列优先级之首和尾，但其他项目优先排序却不尽相同。发达国家其他优先排序为社区与网络、可持续性、质量保证、版权与许可、能力发展、接入简易性、资助、标准、学习支持服务、研究支持度、政策、技术工具等。发展中国家的其他优先排序为能力发展、社区与网络、技术工具、学习支持服务、研究支持度、政策、质量保证、资助、可持续性、接入简易性、版权与许可、标准等。

与发达国家和发展中国家优先排序不尽相同类似，不同地区确定的优先次序也有所差异。尽管对于所有地区来说“提高意识”和“社区”都有很高的优先级，但其他优先级别随地区不同而相异，以前五位优先项目为例：西欧是提高意识、社区、可持续性、版权和质量保证；北美是社区、提高意识、可持续性、能力发展和质量保证；撒哈拉以南非洲为提高意识、能力发展、社区、研究支持度、政策；拉美与加勒比为能力发展、社区、提高意识、政策、研究支持度；西南亚是能力发展、提高意识、学习支持服务、社区、技术工具；东亚是提高意识、版权、可持续性、社区、质量保证；太平洋地区为提高意识、能力发展、质量保证、社区和版权；中东欧是提高意识、社区、研究支持度、标准和政策；阿拉伯国家为技术工具、提高意识、能力发展、社区和质量保证。

（四）运动参与者

任何一项运动，若要成功，必须有坚定的拥护者。开放教育资源运动参与者的一个重要使命是支持开放教育资源运动，更重要的是，要像休利特基金一样，提供有效的支持以推进该运动向纵深发展。在该运动中，正如发展重心有优先级别的排序，参与者也按其利益相关的大小进行了排序，领跑者主要包括：高等教育机构、国际组织、国家政府、专业学者、教职员工和其他。各参与者加入的原因各异，看重的优先项目也不同。

各机构组织参与开放教育资源运动的动机可归纳为：利他原因；利用纳税的杠杆作用，实现机构间免费分享和重复使用材料；“你将材料贡献出去，然后收回改进的版本”；展现良好公关吸引学生；日渐激烈的竞争，需要新型、独特且具吸引力的模式；激发内部进步、创新和重复使用。

高等教育机构是开放教育资源运动的头号领军，其最常被提及的主要功能为研究与支持学习。无独有偶，在高等教育机构本身看来，其最优先项目也是研究和学习支持服务，其次是提高意识与推广宣传、学习评估、能力发展、质量保证、可持续性、政策、标准、接入便捷、社区与网络以及版权等。

国际组织在开放教育资源运动中扮演重要角色。版权、融资、标准以及提高意识都应由国际机构负责。标准的设定易在国际层面进行，但资金赞助方面，国际组织的作用却逊色许多。国际组织自身认为其优先项目从急到缓为提高意识与推广宣传、版权、资助、标准、社区与网络、能力发展、政策、可持续性和研究。

国家政府是发行教材和教育资料的主要投资者，制订发展计划助力公共资助资源转型为开放教育资源。其最重要的作用在于：为开放教育资源运动提供政策支持和确保便捷接入。这需要不断完善的教育政策和连续投资的技术与基础设施保驾护航。与国际组织一起，国家政府最适宜承担版权和资助的挑战。国家政府自认为其任务的优先级排序是政策、版权、资助、意识提高、接入便捷、可持续性和能力发展。

而个人参加开放教育资源运动的动机可总结为：利他原因；激发创新的愿望；分享创造性教育目标的期望；公关宣传和提高个人知名度。

教职员工是开放教育资源运动的核心，其教学资料可通过开放教育资源获取，为面授或远程教育提供支持。其次，教职员工是开放教育资源机构发行资料准备过程的核心。其重要任务之一是解决所用教学资料中第三方材料的版权问题：保留、替换或删除。再次，一些教职员工借机修改教学材料，上传网络，公布于众，这些材料能见性强，代表教员和机构的水平，更好地为开放教育资源服务。另外，教职员工可使用开放教育资源补充或提高自己的授课课程、作为准备新课程的反思基础，也可直接采用或通过改编和翻译实现课程本地化。

专业学者应该负责各自研究机构中诸如开展研究、学习评估、质量保障以及学习支持等相关事宜。在个人参与者看来，优先级别从高到低的项目是研究、学习评价、质量保证、学习支持服务、社区与网络以及提高意识与推广宣传。

其他参加者：公益创投组织以及高等教育基金机构可承担资金资助计划的挑战；监管机构应担负起开放教育资源质量保障的责任；开放教育资源机构以社区与网络、提高意识与推广宣传和标准为己任；专业学术机构承担学习评估、提高意识与推广宣传、社区与网络的任务；技术公司负责开发技术工具；基金组织、资助型基金会、高等教育赞助机构等，顾名思义主持资金募集捐助；出版与媒体公司主司质量保证；非政府组织专攻意识提高。

（五）挑战与规划

开放教育资源运动面对众多挑战，上述发展重心所包含的优先项目均在挑战之列，在此不再赘述。为有效应对挑战，需进行有针对性的规划。

首先，推进开放教育资源运动向纵深发展。这需要通过一切适宜渠道增加人们（包括运动参与者）对开放教育资源的意识，并解释该运动的潜力与优势，实现提高意识与推广宣传；发挥社区力量，联系社区内利益或实践相关的个人与机构，进行网络信息交换和资源协同发展；对开放教育资源开展调查研究，任何新发展趋势都每值得深入研究，方可更好理解。

其次，实现开放教育资源的创造与再利用。新的发展态势可能需要新的政策，支持诸如教师和学习者等所涉人员，对开放教育资源进行创造与再利用；设立一系列协商通过的标准，有些可能具有强制性，例如，关于许可与元数据的标准需要确保开放教育资源的互操作性；继续开发促进开放教育资源发展、获取和共享的软件工具；对开放教育资源进行系统性回顾，确保教学教育、学术研究和基础架构的质量标准；提高个人、机构和组织创造和使用开放教育资源的能力。

再次，推助基于开放教育资源的学习成为现实。借力包括论坛和网络社区等的在线服务和社交软件，支持基于开放教育资源的学习，提高学习绩效；通过开放教育资源进行知识、技术和能力习得过程的评估。

最后，清除开放教育资源面临的障碍。提高获取和使用信息与通信技术的便捷性，并凭之获取开放教育资源；解决因版权而生的创造与再利用开放教育资源的困难，给予一定时间内印刷、出版、出售原作品复印件专有权的许可；为开放教育资源方案募集资助；设计并应用模型，确保开放教育资源的方案持续可行。

五、开放教育资源面临的挑战和发展规划

开放教育资源自面世之日起，发展迅猛，取得了丰硕的业绩。但是，任何事物的发展都不可能是一帆风顺的，开放教育资源在发展过程中也难免遭遇各种挑战，要克服开放教育资源面临的困难，实现其既定目标和承诺，就需针对问题，寻找原因，规划发展前景。这主要涉及知识产权、可持续发展、技术问题、质量保证、语言与文化等。

（一）知识产权

1. 知识产权面临的挑战

关于开放教育资源的创造和再利用的讨论和辩论无不涉及版权与许可的问题。这个问题对于创造者、使用者以及他们的组织机构都有重要意义。随着开放式教育资源的发展，版权与许可的重要性越来越强，成为开放教育资源面临的最大挑战。

知识产权指的是权利人在一段时间之内，对其所创作的智力劳动成果所享有的财产权利。为保护知识产权，经过多次修改，法律规定未经原创作者许可，版权时限之内，任何他人不可使用版权产品。近年来，版权时限不断延长。

上述规定也适用于数字产品。开放教育资源的作者有可能会侵犯限制级作品的版权。问题是纸质作品出版的五年之内，相应的电子版本已风行网络，而作品原创作者对这种侵权行为却毫不知情，此类情形屡见不鲜。值得一提的是，此规定有一至关重要的例外，即所谓的“公平使用”原则：若听众有限，教师可以在课堂或网站上，使用受版权保护的资源。

2. 知识产权的发展规划

开放教育资源社区需要展示版权及其对开放教育资源的影响，也需要帮助组织机构、创造者和使用者厘清当下的状况。

为保护原创作者的创造力，全球范围倡议并通过系列法律，限制重要资源的接

入。面对这一挑战，开放教育资源参与者们倡议并制定了相关政策，实现了版权持有者授予部分版权给公众，同时通过各种批准许可和合约制度保留其余版权，包括对公众领域的奉献。

虽然许可不是创建开放教育资源环境的唯一途径，但确实是必不可少且行之有效的工具，实现免费获取法律监管严厉环境里的资源内容。这种方式在一些国家是具有可行性的。

（二）可持续发展

1. 可持续发展面临的挑战

两个持续存在的问题困扰着开放教育资源的发展。

问题之一：面对大量公共或私立机构通过收集储存知识保护其投资利益，开放教育资源运动能否实现持续发展。这是涉及政治和意识形态的大问题，需要深思熟虑。

问题之二：维持还是升级现有产品这两种选择之间的矛盾。因为，维持、扩大和升级资源库中或门户网站接入的资源需要管理工作。政府和基金会能够时不时提供支持，帮助内容的建立、存储与分配。在许多国家，一些政府机构将资源的创建、维持和升级视为自身工作任务的一部分。但对许多基金会等其他机构来说，创建、维持以及升级数字化开源资源的任务还没提上日程，因而，不可能长时间维持支持服务。

2. 可持续发展的发展规划

开放教育资源的繁荣，需要方法和模型保证发展方案的可行性。目前，开放教育资源的发展主要通过项目进行，而且经常得到捐款支持。

为确保发展的可持续性，开放教育资源需要制定完整的体系政策、规程以及预算。已经纳入规划和确认的可持续性选择必须坚持，设计模型需要进行详细论证、检验和评估，而且所获经验应该进行广泛分享。

具体说来，解决方案之一是培育志愿者社区。支持和维护有用资源；发展和维护高质量网站服务社区成员；组织博学和富有创造力的人员保证资源质量。

另一方案可以参照创新商业模式的设计。通过收取开放教育资源使用费用的交易，募集资金，作为管理工作基金储备。这一模式和其他持续性模式，都以开放教育资源持续开放和产生利益的一般原理为前提。

最后，借力销售交易人群和机构。他们进行交易的同时，把自己的资源发布网上开放使用，从而，维持了开放教育资源持续发展。

（三）技术问题

1. 技术问题面临的挑战

开放教育资源的发展面临一系列技术问题。

开放教育资源的便捷接入困难重重。不仅门户网站与资源库之间不够开放，而且宽带接入的低速率与不稳定阻碍顺畅的开放教育资源共享，即使宽带运行速度得以提高，经济代价却十分昂贵。因此，发达国家网络发布的诸多新资源，因其对稳定与高速网络的要求而将数字技术落后地区的人们屏蔽。

全球知识共享面临数字差距的多重挑战，具体表现为：缺乏对科技的可行性及战略意义的理解；缺乏高效开发利用科技的知识；技术水平低下，尤其缺乏科技、设计、研发和运行技术；开发开放资源软件；制定开放资源标准；确保元数据质量；维持安全性、隐私性、持久性；实现教职工个人和学生通过校外网免费使用；确保信息持有者有效身份；控制运营公司收费；长时间保存信息和研究数据等。

2. 技术问题的发展规划

为克服开放教育资源的发展面临的系列障碍，尤其是全球数字鸿沟，需要探讨如何提高全球协同能力，实现全球便捷接入，提高资源共享绩效。

理论上讲，时间可以解决问题，只是进程太慢。其他的解决方法有：技术落后国家安装包含资源的局域网，为其师生提供高速环境；发展手持终端设备，使之成为主要的开放教育资源接收端等。手持终端设备可能成为发展中国家主要的开放教育资源接收设备。

（四）语言与文化

1. 语言与文化面临的挑战

开放教育资源的主打和领跑内容多为英文材料，对于许多英语并不普遍的国家，有效加入开放教育资源的国际组织几乎是不可能的，因为，在实现世界不同地区分享学习资源的道路上，始终有语言阻碍。

另外，文化霸权有增加数字鸿沟和技术共享的潜在风险，由于学习资源的转换涉及对不同社会文化历史的适应，简单的语言层面的翻译难以胜任。

2. 语言与文化的发展规划

解决语言与文化问题的方法之一就是开放教育资源工作语言的多样性。这不仅要受到鼓励，而且是须臾难离的。

解决方案之二是将开放教育资源有选择性的使用或者将其本地化。两者都将比较耗时费力，后者尤其如此，可考虑与原创作品依情境所需结合使用。

但正如一枚硬币都有着正反两面，英语作为开放教育资源的强势语言，为国内英汉口译学习者提供了宝贵的学习资源，对于提升B语言能力，确保实现A、B语言的共同进步，意义重大，不可或缺。

（五）质量保证

1. 质量保证面临的挑战

没有适当审查过程的开放教育资源可能导致低质量材料的堆砌，因而，质量保证是所有开放教育资源法案的重中之重，这也正是“草根”型倡议活动的使用者所担心的——开放资源源自“全民”。

很多开放教育资源法案采取一些不同形式的非正式质量评估方法，例如，信誉管理系统允许其他用户对材料进行评论和打分，以帮助引导用户找到其他用户推荐的材料；同行评议作为更传统的学术式质量评估方法，也可以应用于开放教育资源的质量评价。

虽然关于质量保证众说纷纭，标准层出不穷，但是，不应忽视的是，“质量”是包含众多主观因素的范畴。某一情景中“高质量”的材料并非是放之四海而皆“高质量”的。用户评判尺度各异，只有那些符合他们质量需求或标准的方可被认定为“高质量”。

2. 质量保证的发展规划

开放教育资源的广泛影响力，必然植根于资源的高品质。尽管全世界都可以从网络获取资源信息，但是用户经常缺少有效判断所获信息质量的参照标准。

联合国教科文组织能够代表国际开放教育资源共同体的成员与主要的教育质量保证机构建立联系，推动开放教育资源质量保证准则由点及面优化发展。针对国际开放教育资源的质量保证机制和一般标准开展研究，既可以推进开放教育资源运动蓬勃发展，又能够为与现有开放教育资源质量保证机构带来益处，二者相得益彰。

开放教育资源发展的经验是教师和学者应认识到，制作最匹配自己教学需要的材料的重要性——某一教学背景下证明有用的材料，在其他背景下很有可能学术价值连城。具体的解决范例如下：

莱斯大学制定了 Connexions 方案（https://cnx.org/）。任何人在任何地方都可以上传开放教育资源材料，然后，利用该方案研发的工具，个人、机构、专业协会等用户创设各自的审核过程。于是，这些用户通过自己的“视角”（或者入口）在 Connexions 方案中筛选和展示满足自己需求的资源。远程教育大学通过各自学校的名气和品牌确保其开放教育资源的质量。在欧洲，欧洲远程教育大学协会（EADTU）开发了一个命名为 E-xcellence 的质量保证项目，多方面监管在线学习资源的质量。

(六) 其他挑战

其他挑战还包括诸如缺乏可行的新商业模式，以取代旧的商业模式，由于文化、语言、政治和经济的多样性，商业模式是一个至关重要的问题；开放教育资源的工作者们非常乐意花时间进行相关活动，并且十分享受随时随地付出和得到反馈的过程。然而，一旦作为开放教育资源的贡献者所得到的愉悦感减退，那么持续更新开放教育资源的高质量资料将变得十分困难；知名度较高的“品牌”机构可能会吸引更多学生；由于“非我发明症”，学术界一些人更倾向使用自己的材料；缺乏主动性，研究和创新的范围较窄；材料结构偏雷同，缺乏生产知识的动力；资源内容与学习目标相左等。

(七) 其他发展规划

1. 商业运作模型

开放教育资源的持续性发展，绝非理所当然，而是在很大程度上取决于资金来源模式。知识系公共利益，自然需要公共资金。在长期的发展过程中，进行了多种运作模型的探讨、模拟、实验和修改。

起步阶段以基础捐献模式为主打，辅之以开放教育资源替代其他成本的置换模式。随着发展深入，启动其他模式，如，休利特基金会式的基金模式；志愿支持会员模式（梅乐式的会员模式）；贡献者支付成本，提供者使其免费面向大众使用者开放模式（维基百科、生产商捐献、iTunes U 赞助式的捐赠模式）；政府资助；对用户各个部分提供附加价值服务的细分模式；以及学生购买使用模式（可能是唯一可持续的途径）等。

2. 增强意识

增强意识需要调动媒体宣传，收集教师、学生和机构的困惑并给予明确反馈，并且引发政治共鸣。如果开放教育资源有助于促进全球知识的普及性，那么行动者——从各级决策者到教师和专家——需要意识到它的潜能，从而做出明智决定，确定它是否适用于当地情况以及如何应用。

提高关于开放教育资源的意识以及应对随之而来的问题已经成为联合国教科文组织国际教育规划研究所的主要目标，而且显而易见的是，持久的、协调一致的提升意识的行动应该成为优先完成的任务。

教科文组织关于开放教育资源的行动最初着眼于提高意识。在国际层面上，全球 98 个联合国教科文组织成员中，67 个是发展中国家，尽管地区分布并非特别平衡，且超过一半的成员是发展中国家，但这反映了世界范围内寻求获取知识的平等要求，体现了提高共享开放教育资源意识的重要性。提升教科文组织成员国意识的行动将会继续，但需要其他层次的辅助，如，制定战略方案；为研讨会等活动提供有用资源等。

国际教育规划研究所率先召集了 500 多人参加国际互联网论坛，就许多关于发展和使用开放教育资源，以及版权、语言和文化等相关问题交流了许多信息、想法和经验。

国际教育规划研究所正在全世界范围内实施一项两年战略，旨在提高开放教育资源的知晓度。该战略计划实施三项举措：在网络论坛上唤醒公众意识；基于网络社区对关键问题进行非正式讨论；第二个论坛将以开放教育资源的经合组织研究结果为议题。该战略计划实现三项具体目标：促进全球对话和信息交流；帮助没机会见面的人，基于开放教育资源活动，通过网络或面对面聚集一堂，参与信息分享与讨论；创立开放教育资源的国际实践团体，支持协作式发展和应用。

3. 能力建设

有志于开放教育资源的创造、改造和再利用的个人和机构，需要获得帮助，建设并增强自身能力。

国际层面上，进一步加强区间/洲际联盟和其他国际机构间的深入协作。组织各种开放教育资源培训，使教师能够与合适的组织和选定的领先成员机构进行区域性合作。

社区层面上，社区互动的一部分聚焦两种模式："自己做/一起做"资源，两者相辅相成，共促开放教育资源能力的发展。发展"自己做/一起做"资源，提升开放教育资源运动中的自主性参与度，对于促进开放教育资源在发展中国家的创造与使用有着特别重要的意义。

4. 其他

规划开放教育资源发展未来时，① 不应提出开放资源教育的所有问题（许多其他人已经这样做了)，而要关注自学和以学习者为中心的学习开放教育资源的材料。② 在当下开放灵活的学习模式中，有必要对开放教育资源的定义做一个基础回顾。③ 强调主要问题："对于联合国教科文组织'全民教育'的政策、能力培养、拓宽参加和可得性，开放教育资源如何做出贡献?"要以发展中国家为重点，促进能力建设；提高接入简易度；增加参与者数量，为发展全民教育和强化知识社会做出贡献。④ 兼顾次要问题："在发展和加强一个以知识为基础的社会时，开放教育资源能担任一个什么样的角色?"(着重强调发达国家的情况)。

总而言之，开放教育资源的定义不是唯一的，可持续的模式亦非绝无仅有。对于当地的情况，有较大依赖性，需要采取多样化处理模式：根据既定目标、目标群体、发展阶段、国家体制、语言文化、发展规模、资源类型、内容份额、媒体格式、参与者身份、运作模式等，多样化应对，真正实现全球教育资源的开放和共享。

六、开放教育资源与中国

开放教育资源开放、灵活，且能远程学习，有助于更加简易和高效的教育，因此与发展中国家息息相关。

(一) 开放教育资源与发展中国家

发展中国家热烈欢迎开放教育资源，因为这既给学生和机构带来学习资源，又降低研发学习资源的成本，而此前这只是极少数教育机构的特权。同时，发展中国家在充分利用开放教育资源方面，也荆棘满途：不完备的通信设施及相对较高的成本；于学习者而言，开放教育资源中的学习资料所使用的语言和传达的文化与他们所处的社会文化背景或许大相径庭，本地化势在必行。

发展中国家不仅是资源的使用者，也需要做资源的贡献者。中国作为发展中国家，需要充分利用已有的开放教育资源，并积极参与其中，在做出应有贡献的同时，享受多赢。

(二) 开放教育资源与中国

开放教育资源在消除人口、经济和地理因素在教育中所造成的界限、促进终身学习和个性化学习方面具有潜在作用。快速发展的开放教育资源为教和学提供了新的机会，同时也对高等教育中人们关于教和学实践的观念提出了挑战。这一点，尤其对于中西部或其他经济欠发达地区，教育资源分配欠均衡地区更为重要。另外，可以加强东西部相关教学机构的深入合作，也可以借助国家对口支援项目，实现优质资源的合理共享。

国内开放教育的发展可以简括为以下几个阶段：

第一阶段：理念引介。相关研究从国外开放课程探讨知识共享理念和内地教育资源建设。

第二阶段：起步建设——精品课程。为提高高校教学质量和人才培养质量，教育部印发《国家精品课程建设工作实施办法》，在全国高等教育、高职高专教育范围内开展精品课程建设、评选工作。精品课程建设具有 OER“开放”、“免费”和“共享”的特色，是世界范围内开放教育资源实践的组成部分。国家精品课程不断发展成熟，全国各地高等院校积极参与其中。

2003 年 10 月，中国开放教育资源协会(CORE)正式成立。CORE 致力于引进国外大学的优秀课件、先进教学技术、教学手段等资源，应用于中国的教学，同时将中国高校的优秀课件与文化精品推向世界，搭建国际教育资源交流与共享的平台。在这一系列活动、会议的推动下，OER 在内地迅速铺开，促进了对开放教育资源理念的不断深入了解。期间，国内相关研究内容侧重点有所不同。

第三阶段：纵深发展——视频公开课。教育部组织“985 工程”高校先行启动了视频公开课建设试点工作，开始了继国家精品课程后又一次大规模的开放教育资源建设潮流，启动了新一轮 OER 项目的开展。中国大学视频公开课在质量保证、传播途径、受众群体、社会影响等各个方面相较精品课程建设阶段都有很大的提升。

以视频公开课为标志，OER 在内地进入深度发展期。从开放教育资源建设与应用、共享和再生的视角，系统分析和研究了国际 OER 的系统组织架构与运作机制，探讨了开放教育资源应用的新模式与潜在的发展趋势，并对国内包括国家精品课程在内的开放教育资源的建设与应用、大学的知识创造使命和学习型社会的发展进行了反思。

第四阶段：深刻变革——网络学习。我国高校在大规模在线教育可能引发的全球高等教育深刻变革中也迈出了新的步伐。2013 年国家精品课程建设一方面实现了优质教育资源的网上免费共享，另一方面，在建设精品视频公开课的基础上开发了精品资源共享课，实现了精品课程向精品资源共享课的转型升级，体现了开放程度的不断扩大。除国家层面的推进建设外，高校也在主动迎接变革。

2013年6月3日召开的"大规模在线教育论坛"，共同探讨大规模在线教育可能引发的高等教育变革之处及应对之道。这场发生在全球范围内高等教育领域里的最新变革，不单是高等教育外围的资源共享，更大的挑战在于引发高等教育内部教育功能、教育观念、教育体制、教学方式、学习方式、人才培养等方面的深刻变革。

2013年6月26日爱课程网上公布了中国大学资源共享课。此次开放的大学资源共享课打破了我国没有真正MOOC的局面，它涵盖了运用现代信息技术加工处理后的反映课程教学思想、教学内容、教学方法、教学过程的核心资源，不仅有课程全程教学录像，还包括课程介绍、教学大纲、教学日历、教案或演示文稿、重点难点指导、作业、参考资料目录等教与学活动必需的基本资源，并构建了适合在校学生及社会学习者进行在线学习和交流的网络学习环境。

受国外项目启发，国内较多关注成功的理念导向、运作模式和应用情况在世界范围内的开放课件中的应用。相应高校、机构和组织致力于发起体现自己特色的开放课件项目、对已发布资源的翻译和本土化、把这些优质资源引入教学应用中，逐渐形成"合作模式＋协作体模式＋响应模式"三位一体的发展模式。这种联动、构建创新与活力的发展模式，尤其适合中国口译教学：一线城市高校的口译师资雄厚，口译教师实战经验丰富，口译实验室设备先进，口译教学理念与方法前卫，这些高校强强合作，充分开发开放教育资源，深入分析挖掘资源潜能，成为引领国内口译教学的龙头。二线城市高校可作为前者合作单位，进行力所能及的本土化口译实验与实战，积累并提高本土化教育资源的量和质，协助前者推进口译教学创新。其他地域的高校可以考虑响应前两者的作为，在跟跑基于开放教育资源口译教学改革的同时，注意扬长避短，取精去粗，从不同层面与角度为其提供特色案例，立体充实口译开放教育资源。

第二节　Apple 教育生态圈启示

互联网巨头正在进军教材出版市场，并大有颠覆出版商的封闭数字教育体系之势。亚马逊早已利用Kindle生态推出了教材借阅服务。苹果借助强大的平台能力和苹果数字生态系统，也让iTunes U成为数字教育内容的核心传播渠道之一。谷歌也不甘人后，GooglePlay Textbook 随安卓 4.3 系统一起推出，这一数字教材租借系统承诺为学生节省 80%的教材支出。三大巨头的数字教材分销渠道将对教育出版产业产生颠覆性冲击，因为失去对教材内容资源的掌控，出版商搭建的数字平台和解决方案将成为空中楼阁。

Apple 作为全球知名科技企业，其教育生态系统并不为广大中国学习者所重视。实际上，苹果构建教育生态系统，始于 2008 年 iTunes U 上线。其时，部分教育 APP 进入 APP Store 并开始流行，但并不真正成为气候。随后推出 iBooks，重新定义了电子图书，让世人眼前一亮。其代表作之一的 *E. O. Wilson's Life on the Earth*，给读者以极其丰富的联想空间，无论从编排、音频、视频、互动及 3D，都为学习者提供了多元信息传输方式和手段。紧随其后，Apple 发布免费 iBooks Author，不到三年时间，全球独立作者便出版了超过 30 000 本 iBooks 电子图书。

当图书形成系列，苹果发布的产品支持 iBooks，借助 iTunes Course Manager，学习者或教育者可以设计并管理课程，借助丰富教育资源和相关 APP，如此，一个完整，具有可持续发展的教育生态系统便形成了。

一、iTunes U

在苹果应用商店成立 5 周年之际，苹果公司宣布，其教育平台 iTunes U 的数字内容总下载量已突破 10 亿次。以开放教育资源为主的 iTunes U 一直被视为欧美传统教材出版的颠覆者，而 10 亿的下载规模，让业内人士惊呼教育出版产业的秩序将被重建。相隔不久，教育出版巨头圣智学习集团(Cengage Learning)正式提出破产保护申请。虽然在美国提出破产保护并不意味着企业倒闭，但是，其超过 58 亿美元的负债总额，以及近六个月超过 18%的业绩下滑，还是让人感受到了教育出版产业的危机。

有待被人发掘的宝藏——iTunes U。iTunes U 是一种网络公开课，诸如哈佛、MIT、牛津等名校都把自己课堂的音频、视频、文档，放在网上。只要是苹果 iOS 用户，并且连接了互联网，就可以通过系统自带的 iTunes 这款软件下载这些世界名校的公开课，足不出户上世界级名师的课。最为重要的是 iTunes U 都是免费的。

因为 iTunes U 上的课程资源以英文居多，加之课程内容一般都针对大学生，专业性很强。所以在中国 iTunes U 的课程并不像 iPhone 那样在人群里流行开来。不过,对于英语专业背景、具有强烈动机的口译学习者来说,iTunes U 简直就是苹果为受教育者创造的"福音"。提供课程资源的大学有:美国的哈佛、普林斯顿、耶鲁、哥伦比亚、加州理工、麻省理工、斯坦福、芝加哥、宾夕法尼亚、杜克、西北、霍普金斯、布朗、康奈尔大学;英国的牛津,剑桥,伦敦政经,帝国理工以及 UCL。按照专题划分,包括艺术与建筑、商务、交流与媒体、工程、健康与医药、历史、语言、法律与政治、文学、数学、哲学、心理学与社会科学、宗教与灵性、科学、社会、教学。

如何充分利用上述资源,是一个值得探讨的话题。笔者认为,通过以下途径,可以更大限度实现资源价值:

iTunes U 经过认真筛选,可以获得丰富的学习素材;

通过观摩教学方式,对提高教学技能颇多裨益;

从中发现现代教育技术的生动展示,了解未来技术发展的趋势和方向;

由于绝大多数均为英文授课,作为自主学习素材,在系统学习基础上,学生不仅能掌握课程基本内容,其英语能力也自然会得到极大提高。除此之外,由于采用自主学习,时间机动灵活,内容丰富多样,形式生动活泼,其效果并不输于常态化、固定时间的学校课堂学习形式。

教师应该在利用开放教育资源过程中发挥积极的主导作用。利用搜索引擎、技术手段、专业知识,师生协同,调动全体参与人员的积极性。

对于目前很多学校希望通过辅修其他专业课程或学位,并借此获得相关专业领域翻译背景知识,以期涉足该专业领域职场口译的做法,笔者并不敢苟同。每周 2 学时,一学期下来,也不过是一些皮毛知识,并不能真正成为专业领域的口译专家。作为译员,无需深入了解某一专业领域较为艰深的理论知识和复杂的原理模型。而通过辅修或聘请相关专业教师开设课程,"看上去很美",因为对于学生而言,就业市场并不是在学校可以设定的,至少口译职场如此。

比较切实可行的解决方案,应该是教师结合市场调研,根据学生特长和志趣,指导其自主学习。借助 iTunes U,各类公开课,口译学生完全可以安排自主学习时间,掌握所感兴趣学科领域的基本知识和原理,从而达到专业基础知识和口译职业技能互动融合。

二、iBooks

客观来讲,英美教育出版巨头面对数字转型并不保守,他们推出了一系列数字出版产品和数字教育系统，也得到了市场的认可与好评。然而，在数字浪潮的冲击下，尤其是互联网巨头对数字教材的强势介入以及由欧美知名大学发起并得到广泛响应的开放教育资源（Open Educational Resources）运动，对教育出版产业的现有格局形成了强大冲击。

英美教材出版的数字化转型，其商业模式已超越了简单"出版"或"数字出版"的概念。出版商看重的不是单纯教材内容的盈利能力，而是由教材所联结的庞大的教育人口和教育机构市场，以及与教学科研深度整合所带来的商机。在数字时代，几大教育出版巨头的产品形态越来越复杂，除纸本和数字教材，还有基于教学课程的个性化服务和数字解决方案。相应地，"教育内容、软件和服务供应商"成为教育出版巨头对自身的普遍定位；其使命已不是简单的数字教材出版，而是提升师生的数字教育体验、参与度和教学成效。

2013 年，美国中小学和高校教材市场的总规模预计为 137 亿美元，而且在未来五年还将保持涨势。英美教育出版的市场巨大、利润稳定，一直是整个出版业的经济支柱。以全球第一大出版集团培生为例，其 2013 年上半年总销售额是 27.6 亿英镑，其中培生教育（Pearson Education）贡献了 20 亿英镑；总利润为 1.37 亿英镑，培生教育贡献了 0.83 亿英镑。教育出版的产业集中度很高，培生、圣智、麦克米兰、麦格劳希尔（McGraw-Hill Education）等大型集团占据着大部分市场份额，并垄断着产业资源。

随着信息技术与互联网的普及，传统教育出版的数字创新日益成为趋势和共识。根据 Babson Survey 2012 年的统计，有 670 万学生在过去一年中至少使用过一次在线课程；对 2 800 位教育界领袖人物的调查也显示，69％的受访者将在线教育列为后 10 年战略规划的重点。为了满足教育数字化带来的新需求，英美出版巨头凭借雄厚的资金实力和垄断地位，进行了大规模的业务转型与重组。最近 5 年，五大巨头至少投入了 10 亿美元，并购软件技术公司和开发数字平台。

在移动互联时代，智能手机和平板电脑成为教育出版数字化的新平台。培生早在 2010 年就开发了第一款移动教育应用；迄今为止，立足 iPad 等移动终端，培生教育已经推出了 100 多种移动教育产品。这些移动应用主要分为三类：第一类，以 iBooks Textbooks 和 eTexts for Schools 为代表，师生在移动终端上使用数字教材和教育资源，实现了数字内容移动化；第二类，教学辅助应用，以生动活泼的多媒体交互方式讲解抽象的科学、数学和社会学概念，比如 Beyond Textbook 系列应用;第三类,是针对移动教育的新特点——学生主导、社交性、合作性等,为教学创新服务的应用。这些移动应用使教育出版成功地从在线平台延伸到手机平板终端,极大拓展了教育出版商的数字生态系统。

iBooks 教科书等教育资源代表着教学的里程碑式转变,为用户提供了包含交互式动画、旋转 3D 图形、供翻阅的照片库和即点即播视频的全屏美观教科书,能够充分发挥每个学生的潜力。iBooks 教科书不占用丝毫书包空间,可以随时更新,而且不需归还。近 25 000 种教育类内容均源自独立出版商、教师和顶尖教育服务公司,包括来自剑桥大学出版社、牛津大学出版社和霍德教育(Hodder Education)的新教育资源,涵盖美国高中全部核心课程以及英国普通中等教育证书(GCSE)必修课程等。

三、iBooks Author

2012 年,iBooks Author 强势进入个人出版领域,截至 2014 年底,全球独立作者已经完成超过 30 000 本 iBooks 图书。由此,这一出版软件所带来的革命性冲击可见一斑。iBooks Author 可帮助教师用 iPad 创建自定义的学习资料,以满足不同的学习需求。3D 图像、视频、音频和照片库等交互式功能提供了多模式学习方式,让 iBooks 教科书更吸引学生。多颜色高亮显示、注释、搜索、学习卡片和词汇等功能有助于学生更好地整理和准备。内置复习题可让学生即时评估自己的知识掌握程度,进而明了自己需要将更多的时间投入哪些方面。iBooks 支持 VoiceOver、朗读选定项和隐藏式字幕视频,对所有学生都有帮助。

面对开放教育浪潮,互联网巨头也不断推波助澜。苹果推出免费的 iBooks Author,这款简单易用且功能媲美专业排版系统的电子书制作软件,正在成为数字教材 DIY 利器,为教师和学者参与开放教材和开放教育资源运动提供帮助。iBooks Author 也凸显了苹果剑指开放教育、开拓教育出版市场的野心。谷歌 Google Play Book 开始允许用户上传自己的文档,可以同步笔记、标签、高亮等阅读记录,并与 Google Doc 和 Google Drive 等广泛应用于数字教育的服务深度整合。这一政策无疑将大大提升开放教育资源的使用效率。对圣智学习集团的破产保护申请,《华尔街日报》有这样一段评论:"该公司的艰难处境,源于用户开始转向智能手机和平板上的互联网学习资料,而国家和地方政府也削减了学校图书的采购。"这种变化,正是源于开放运动的冲击。

针对数字出版的行业垄断，破局之道在于自主编辑出版系统的普及。在此领域，苹果公司的 iBooks Author 再一次颠覆了传统行业。

四、iTunes U Course Manager

苹果公司 2014 年 1 月 22 日宣布，将 iBooks 教科书和 iTunes U Course Manager 教师课程管理工具推广到亚洲、拉丁美洲、欧洲以及全球其他国家和地区更多的全新市场。

包括巴西、意大利和日本在内 51 个国家和地区的师生们将可以使用配备最新动态交互式内容多点触控 iBooks 教科书；俄罗斯、泰国和马来西亚等 70 个国家和地区的教育工作者可以通过 iTunes U Course Manager 针对自己的课堂创建并发布课程，或者通过 iTunes U 应用程序与他人共享。

iPad 上的资源和工具让教师能够以前所未有的方式定制教学。苹果公司希望看到众多国家和地区的教师们使用交互式教科书、应用程序和丰富的数字内容设计他们的新教案。

iTunes U Course Manager 是一款基于 Web 的工具，教师通过该工具能在 iTunes U 上创建和分发课程。教育者可以与学生或在 iTunes U 上与全球观众快速共享自己的知识和资源。这款免费 iOS 应用程序让数百万学者可以访问规模庞大的世界级免费教育内容目录，所有内容均来自高等院校、一流大学和知名机构。iTunes U Course Manager 还让教师可以在课程中加入自己的文档，以及来自互联网的内容、iBooks Store 中海量电子书、超过 750 000 款来自现有 iTunes U 精选的教育素材，或者苹果应用商店中超过 1 000 000 iOS 应用程序中的任意一款。

虽然 iTunes U(网络公开课)包含不同主题的海量免费讲座、视频、图书和其他资源，但是完全针对口译教学的尚未出现。为了解决这一问题，我们可以尝试利用 iTunes U Course Manager 开发基于 iPad 的电子课程。

首先需要注册 Apple ID 才能使用 Course Manager。然后，使用 Safari 6 或更高版本访问 iTunes U 课程管理器，登录 https://itunesu.itunes.apple.com/coursemanager。这是一款基于 Web 的工具，在 Mac 上装有 Mozilla Firefox 12 或更高版本；Google Chrome 28 或更高版本 PC 均可使用。

接下来创建初始教师档案，之后才可以使用 iTunes U Course Manager 创建、修改和组织课程。根据自身情况完成个人资料信息填充“我的教师信息”页面、“授课教师信息”对话框和“教师简历”。

第三步，创建课程。可以使用 iTunes U Course Manager 的 Dashboard 创建以下类型的课程：

学期课程。按日历排定帖子和作业进行实时讲授的课程，需提供课程开始和结束的具体日期。

自学课程。使学生可以随时开始和结束课程。课程大纲提供了课程结构，学生可以按照自己的进度学习。要为课程提供建议的持续时间。

默认情况下，在 Course Manager 中创建的所有课程均为私人课程。若要使课程成为公开课程，教师必须向其所在机构的 iTunes U Public Site Manager 管理员提交请求，并且管理员必须将课程添加到机构的 iTunes U 网站。

设置完课程，我们就可以添加课程“帖子”，在 iTunes U Course Manager 中帖子是指一些可以包含有关某一特定大纲主题和相关作业的说明、解释、总结和相关流程及信息。

有了大纲（帖子），就可以向每个帖子里添加教材资料。通过添加教材，可以向学生提供其他阅读资料、示例、插图、音频和视频等，帮助强化课程内容。所添加到课程的教材只会附加到所选课程中，并只会向选修该课程的学生提供。

在想要添加教材的课程上，点击课程“教材”面板中的“添加教材”按钮。

选择下列其中一项：

“从我的电脑”，从电脑中选择文件（文件大小不超过 2 GB），然后点击“选取”，等待上传成功，可以上传音频、视频、图片、WORD、PPT、Pages、Keynote 文件。

“iTunes 或网页链接”，在弹出窗口中输入或粘贴 iTunes Store 链接、网页网址、RSS 馈给或 Atom 馈给链接，然后点击“输入链接”。

创建了属于自己的电子课程后，最后要将课程共享至学生使用的 iPad 中，使用“共享课程”按钮，将课程链接复制和粘贴到电子邮件中，然后将电子邮件发送给 iOS 设备（iPad、iPhone 或 iPod touch）来预览和体验该课程。点击 Dashboard 中要共享课程的名称，然后点击 iTunes U Course Manager 工具栏中的“名单”按钮。

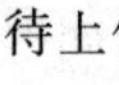

点击“共享课程”按钮 Share Course 。

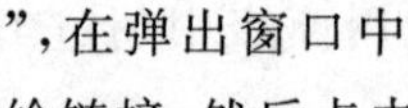

执行以下任一操作：

拷贝课程注册代码。

与学生共享课程注册代码。学生可在 iOS 设备(iPad、iPhone 或 iPod touch)上的 iTunes U APP 中输入代码请求访问课程。

将课程链接粘贴到网页或电子邮件中,即可与学生共享课程。

五、其他苹果相关技术

苹果公司做过很多堪称教育"业界良心"的事情。产品只是外在形式的一部分,而诸多教育理念和对被教育者的关注早已镌刻进了苹果的细节和基因里。苹果向来都非常注重语音交互功能的研发和优化。因而在众多大牌的手机的用户体验中,苹果的语音交互功能是做得最好的。下面从三个细节功能阐释苹果对于特殊教育人群的重视和关爱。

(一) VoiceOver

VoiceOver 是一款基于手势的屏幕阅读器,可让学生了解 Multi-Touch 屏幕上的显示状态,还能帮他们操控设备,打开 VoiceOver。学生可以听到屏幕上所有内容的描述,这样,他们便可以知道手指下触控的是哪款 APP,可以在论文中查找某个段落,或者选择大声朗读电子书。用户可以根据需要调节 VoiceOver 的语速和音量。

(二) 私人助理 Siri

Apple 的内置私人助理 Siri 可以帮助学生处理日常事务,学生只需开口即可。他们可以说"提醒我周五交历史试卷",或"短信告诉妈妈我在图书馆"。Siri 可以拨打 FaceTime 视频电话、向学习伙伴发送信息、安排会议、设置提醒事项,还能做到更多。Siri 与先进的屏幕阅读器 VoiceOver 集成,然后听 Siri 大声说出答案。

同 Siri 的互动交流,寻求查询资料的帮助和建议,这一过程就可以发现自身口语和听力中的一些不足,形式生动活泼,学习者乐此不疲。最新版 OS 和 iOS 系统不仅支持苹果移动设备,同样在台式和笔记本电脑上也都可以使用 Siri。

(三) 听写功能

听写功能可让学生用讲话代替输入。他们可以回复电子邮件,写备忘录,搜索网络,或者只用语音写报告。轻点麦克风按钮,听写功能便会将话语(以及数字和符号)转换成文字。

上述功能,还可以创造性地用于训练和检验学习者的听说应用能力,如果顺利完成各项人机对话功能,不仅说明使用者表达能力日趋熟练,而且更能提高工作效率,增强使用外语进行交流的自信。

第三节 口译教学资源的整合与开发

口译自主学习,决不能局限于一本教科书。学习者最好能够抛开固定内容,借助丰富的开放教育资源,兼收并蓄。

苹果优化了教育生态系统,但并不会面面俱到,涉及每一具体课程学习。换言之,至少英汉、汉英口译课并不在其关注之列。因此,如何借鉴 Apple 教育生态的成功经验,帮助我们在大数据时代,整合并开发优质教育资源,定制成适合个体特点的自主学习或课堂教学,应该成为口译教育同仁的研究指向。

一、网络资源特点及其对口译教学的作用

网络资源的特点不胜枚举,结合其对口译教学的作用,可总结为信息量大,涉及范围广;内容新颖,交互性强;省钱省时,使用方便。

(一) 涉及面广,信息量大

口译是一门综合技能,译员不仅应当具备较强的英语听、说、读、写、译能力,而且要有广博的专业背景知识。一直以来,英语口译教学与学习主要借助课本,依赖课堂教学,部分学生可能利用业余时间到学校图书馆借几本英语口译书以及通过看些英文报纸杂志,丰富口译背景知识,提高英语能力和口译技能。通过这种方式获得的学习资源毕竟有限,而网络信息和资源可以说是“海量”,有大量的英语和口译资料可以免费下载,互联网是一个取之不尽的“信息海洋”。网上资源无所不有:国内外时事、基因、环保、教育、经济、政治、文化、体育、航天等。互联网信息

量大,包罗万象,取之不尽、用之不竭,可以有效拓展学生视野,丰富学生的口译百科知识。

(二) 内容新颖,交互性强

口译教学是技能训练,译员应该具有较强的口译技能,因此在口译训练与教学中应该利用最新的口译材料以向学生传授"口译技能"为主要训练原则。传统口译学习,是以固定口译教材为主,而且为了保持教材稳定性,往往一般使用几年,甚至十几年,口译材料比较陈旧。通过因特网能够找到最新的口译练习材料,如新闻报道、记者招待会、领导演讲或讲话、各种国际会议文字材料和视频材料,网上的资源为口译教学提供了真实的学习内容,虚拟口译教学真实情景。同时,通过因特网,可以和世界上任何一个连网的人沟通,可以和许多人交流英语和口译学习经验,课堂教学也可以通过网络让学习者进行相互交流,真正实现教学互动、人机互动、师生互动和学生互动。此外,网络资源形式多样,可以提供口译讲座或视频、歌曲,英文电影等多种手段学习口译,充分调动学生学习兴趣,提高口笔译能力,培养学生口译技能。即时当下性更能引起学习者习趣。

(三) 经济省时,使用方便

口译译员必须是能操双语的人,学生的语言基本功对成功地理解原语和最终的语言再表达非常重要,因此双语能力的培养是口译教学的重要内容之一。网络英语资源丰富,图文并茂,趣味性强,有助于激发学习者的兴趣,使学生可以在很轻松的环境中学习英语,这是其他任何媒体所做不到的。通过网络我们可以阅读《华盛顿邮报》《今日美国》《时代周刊》《经济学人》《金融时报》等一些英美电子版的报纸杂志,学习原汁原味的英语,了解国际热点,分析国际政治经济关系,训练思维,综合提高英语阅读写作能力。也可以阅读《中国日报》(*China Daily*)、《北京周报》(*Beijing Review*)、《今日中国》(*China Today*)等全英文版的报刊材料,学习极富中国特色的词汇表达。同时可以从众多经典英语学习网站上找到实用的英语学习材料。互联网大部分的网络英语资源可供全球共享,而且绝大部分可免费下载,虽然有一些网络资源需要付费,但与传统的报刊相比还是非常便宜的。此外,网络资源的利用不受时间、空间和地域的限制,每个人可以在任意时间、任意地点,根据自己的兴趣与需要对信息进行筛选,能够按照各自的实际情况自由学习。因此，网络资源有利于提高学生的语言知识与语言技能。

二、口译网络资源主要类型

口译是一门技术，但也是一门艺术。好的译员应该拥有高水平的语言能力、具有较强的口译技能，同时掌握百科知识以及跨文化意识。基于译员所应具备的知识结构和能力，将口译教学和学习中可利用的网络资源分为如下几种。

（一）提高学生语言知识与语言技能的网络资源

双语能力的培养是口译教学的主要任务之一。口译是用两种语言进行的转换活动，译者的英语水平如何直接影响译文质量。进行英译汉，译者必须具备一定词汇量和语法知识以及和语言相应的背景知识，在口译教学中可利用的提高学生双语能力的主要网站有：

（1）中国日报（http://www.chinadaily.com.cn/）；

（2）北京周报（http://www.bjreview.com/）；

（3）沪江英语（http://www.hjenglish.com/）；

（4）英语中国网（http://www.englishchina.com/）；

（5）中国英语网（http://www.chinaenglish.com.cn/）；

（6）新东方英语（http://www.neworiental.org/）；

（7）普特英语听力（http://www.putclub.com/）；

（8）听力特快（http://www.listeningexpress.com/）；

（9）旺旺英语网（http://www.wwenglish.org）；

（10）whitehouse.gov；

（11）nces.ed.gov；

（12）nasa.gov；

（13）teachingenglish.org.uk；

（14）videojug.com；

（15）Study.com 等。

这些网站拥有十分丰富的英语资源，若能够充分运用将大大提高学生听、说、读、写等方面能力，丰富学生语言知识，提高学生语言技能。

（二）丰富学生百科知识的网络资源

口译是一项杂活，要求译者掌握各种专业知识，尤其是政治、经济、文化、历史、地理、文学、音乐、风土人情、日常生活等方面的知识，这些百科及专业知识都可以在利用网络资源中学到，扩充学生百科知识的网站主要有：

(1) 百科全书(http://www.encyclopedia.com/)；

(2) 维基百科(en.wikipedia.org；ch.wikipedia.org) *[①]；

(3) 世界概况(http://www.cia.gov/cia/publications/factbook)；

(4) 中国指南(http://www.chinavista.com/)；

(5) 中华文化信息网(http://www.ccnt.com.cn/)；

(6) 中华人民共和国外交部(http://www.fmprc.gov.cn/)(英)；

(7) 中华人民共和国中央政府网(http://english.gov.cn/)(英)；

(8) 新华网(http://www.chinaview.cn/)(英)；

(9) 纽约时报(http://www.nytimes.com/)；*

(10) 时代周刊(http://www.time.com/time/)等。

（三）提高学生口译技能的网络资源

口译教学的任务是在学生具备一定的语言交际能力的基础上学习训练口译技能，培养双语交际能力，口译教学即技能训练。因此口译教学和学习应当着重口译技能的培养，译员(会议传译、随从传译、联络传译)应掌握的多种口译技能，如记忆能力、笔记技能、句子主干提炼技能、译语复述能力、数字转译技能等。可用于提高学生口译技能的网站主要有：

(1) 口译网(http://www.kouyi.org/)；

(2) 沪江口译频道(http://tr.hjenglish.com/)；

(3) 口译资料无限网(http://kouyi.ys168.com/)；

(4) 昂立口译(http://www.onlycollege.com.cn/xiangmu/ky/ky.html)；

(5) 口译天下(http://www.kouyitianxia.cn/)；

(6) 考试大口译频道(http://www.examda.com/catti/)；

---

① 本书凡出现 * 标记的资源，均指目前网络环境下无法直接获取，需通过具备便利条件朋友传送或采取相关技术手段查询或下载。

(7) 可可英语口译频道(http://www.kekenet.com/kouyi/);

(8) 我爱口译网(http://www.52kouyi.com/);

(9) 听世界口译网(http://www.listentoworld.com.cn/);

(10) 爱思英语网口译频道(http://www.24en.com/translate/)等。

通过这些可以了解口译知识、免费下载口译文字、音频视频等材料,提高英语口译技能,从而为今后从事口译工作打下基础。

(四) 口译证书考试的网站

众多在校学生热衷于考证,口译证书也是作为部分用人单位借以评判持有者外语水平认可度较高的证书。这也反过来成为促进在校生更加追逐的目标。为检验口译教学的发展成果,科学、客观、公正地评价口译人员的素质水平,使口译人才培养得到健康、良性有序的发展,国家有关部门推出几种检验译员语言水平、口译技能、专业知识的口译人才认证考试。目前在国内口译类考证主要有五类:上海口译资格证书、商务口译、全国翻译专业资格证书、全国翻译证书以及厦大口译资格证书考试。截至本书出版前,仍可登录,了解口译证书,促进口译水平和能力的主要网站有:

(1) 人事部口译证书考试网 CATTI(http://www.catti.net.cn)/;

(2) 上海外语口译证书考试网(http://web.shwyky.net/);

(3) 教育部口译证书考试网 NAETI(http://sk.neea.edu.cn/wyfyzs/);

(4) 江苏口译证书考试网(http://www.jsmanager.net/english/);

(5) 厦门大学口笔译资格证书考试网(http://kouyi.xmu.edu.cn/);

(6) 沪江口译频道(http://tr.hjenglish.com/);

(7) 口译笔译考试网(http://www.examda.com/catti/);

(8) 全国翻译资格考试培训网(http://www.wwjtraining.com/);

(9) 华夏学习网口译频道(http://www.edu114.cn/interprets/);

(10) 同文译馆翻译考试频道(http://www.oktranslation.com/train_exam/)等。

当然,除了以上提到的翻译网站拥有丰富的网络资源外,还可以通过利用口译精品课程网,如广东外语外贸大学口译精品课程网(http://www1.gdufs.edu.cn/jwc/)、深圳职业技术学院商务英语口译精品课程网(http://jpkc.szpt.edu.cn/2006/trans/)等,这些课程网站提供了丰富口译教学和学习资源,可以利用服务口译学习和教学。

(五) 国际组织网站

国际组织是众多国际会议的主办方或发起者，在互联网上都有自己的官方网站。绝大多数官网，都能提供丰富翔实的背景资料，并且开放多数会议的音、视频及文本。无论教师、学生，都可以从这些国际组织的官方网站查询、搜索巨量资源，包括基本介绍、专业背景、发展历史、最新动态等，不仅有丰富的文本资料，相关领域词汇术语，也有国际会议现场、重要发言的音频、视频档案，可以提供的练习方式有交传、同传以及视译。其中，有些国际组织以汉语作为官方语言之一，则会提供相关资料的汉语文本。

(1) 非洲地区

ADB(African Development Bank), Abidjan http://www.afdb.org/en/

African Training and Research Centre in Administration for Development, Morocco http://cafrad.org/index.php/en/

AIPO(African Intellectual Property Organisation), Cameroon http://www.wipo.int/wipolex/en/profile.jsp? code=OAPI

Arab Maghreb Union, Morocco http://www.maghrebarabe.org/en/

COMESA(Common Market for Eastern and Southern Africa), Zambia http://www.comesa.int/

ECA (Economic Commission for Africa), Addis-Ababa http://www.uneca.org/

HABITAT(United Nations Division for Human Habitat), Nairobihttp://unhabitat.org/

ICTR(International Criminal Tribunal for Rwanda), Arusha and Kigali http://www.unictr.org/

AU(Arican Union), Addis-Ababa http://www.au.int/en/

UNEP(United Nations Environment Program), Nairobi http://www.unep.org/

UNON(United Nations Office at Nairobi), Nairobi http://www.unon.org/

(2) 美洲地区

CBD(Convention on Biological Diversity), Montreal https://www.cbd.int/

ECLAC(Economic Commission for Latin America and the Caribbean), Santiago de Chile http://www.uncosa.unvienna.org/uncosa/en/directory/eclac/

index. html http://www. un. org/popin/regions/eclac. html

FTAA(Free Trade Area of the Americas), Panama http://www. ftaa-alca. org/alca_e. asp

IDB(Inter-American Development Bank), Washington DC. http://www. iadb. org/en/inter-american-development-bank,2837. html

ICAO(International Civil Aviation Organization), Montreal http://www. icao. int/Pages/default. aspx

IMF(International Monetary Fund), Washington DC http://www. imf. org/external/

MF(Multilateral Fund for the Implementation of the Montreal Protocol), Montreal http://www. multilateralfund. org/default. aspx

OAS(Organization of American States), Washington DC. http://www. oas. org/en/default. asp

PAHO(Pan American Health Organization), Washington DC. http://www. paho. org/hq/

UNO(United Nations Organization), New York http://www. un. org/en/index. html

World Bank, Washington DC. http://www. worldbank. org/

(3) 亚洲地区

ADB(Asian Development Bank), Philippines http://www. adb. org/

ESCAP(Economic and Social Commission for Asia and the Pacific), Bangkok http://www. unescap. org/

SPC(South Pacific Commission), Noumea http://www. spc. int

(4) 欧洲地区

BIS(Bank for International Settlements), Basel http://www. bis. org/

COE(Council of Europe), Strasbourg http://www. coe. int/en/web/portal/home

CERN(European Organization for Nuclear Research), Geneva http://www. cern. ch/

CEU(Commission of the European Union) Brussels http://ec. europa. eu/index_en. htm

CICR(International Red Cross Committee), Geneva https://www.icrc.org/

ECJ(European Court of Justice), Luxembourg http://europa.eu/about-eu/institutions-bodies/court-justice/index_en.htm

EP(European Parliament), Luxembourg, Brussels and Strasbourg http://www.europarl.europa.eu/

EPO(European Patent Office), Munich http://www.epo.org/

ESA(European Space Agency), Paris http://www.esa.int/ESA/

EUROCONTROL, Brussels http://www.eurocontrol.ro/en/home/

FAO(United Nations Food and Agriculture Organization), Rome http://www.fao.org/home/en/

IAEA (International Atomic Energy Agency), Vienna https://www.iaea.org/

ICDO(International Civil Defence Organisation), Geneva http://www.icdo.org/en/

ICC(International Criminal Court), The Hague http://www.icc-cpi.int/Pages/default.aspx

ICJ(International Court of Justice), The Hague http://www.icj-cij.org/homepage/

ICTY(International Criminal Tribunal for the Former Yugoslavia), The Hague http://www.icty.org

IFAD(International Fund for Agricultural Development), Rome http://www.ifad.org

IFRC(International Federation of Red Cross and Red Crescent Societies), Geneva http://www.ifrc.org/

ILO(International Labour Office), Geneva http://www.ilo.org/global/about-the-ilo/who-we-are/international-labour-office/lang-en/index.htm

IMO(International Maritime Organization), London http://www.imo.org/en/Pages/Default.aspx

INTERPOL(International Criminal Police Organisation), Lyon http://www.interpol.int

IOC(International Olympic Committee), Lausanne http://www.olympic.org/ioc/

IOM(International Organisation for Migration), Geneva http://www.iom.int/

IPU(Inter-Parliamentary Union), Geneva http://www.ipu.org/english/home.htm

ITU(International Telecommunications Union), Geneva http://www.itu.int/en/Pages/default.aspx

Latin Union, Paris http://www.unilat.org/

NATO(North Atlantic Treaty Organization), Brussels http://www.nato.int/

OECD(Organization for Economic Cooperation and Development), Paris http://www.oecd.org/

OPCW(Organisation for the Prohibition of Chemical Weapons), The Hague https://www.opcw.org/

OSCE(Organization for Security and Cooperation in Europe), Vienna http://www.osce.org/

UNESCO(United Nations Education, Science and Culture Organization), Paris http://www.unesco.org/new/en/unesco

UNIDO(United Nations Industrial Development Organization), Vienna http://www.unido.org/en/unido-united-nations-industrial-development-organization.html

UNO(United Nations Organization), Geneva, Vienna http://www.un.org/en/index.html

UPU(Universal Postal Union), Bern http://www.upu.int/en.html

WCO(World Customs Organization), Brussels http://www.wcoomd.org/

WEU(Western European Union), Brussels, Paris http://www.weu.int

WFP(World Food Programme), Rome http://www.wfp.org/

WHO(World Health Organization), Geneva http://www.who.int/en/

WIPO(World Intellectual Property Organization), Geneva http://www.wipo.int/portal/en/index.html

WMO(World Meteorological Organization), Geneva http://www.wmo.int/pages/index_en.html

WTO(World Tourism Organization), Madrid http://www2.unwto.org

WTO(World Trade Organization), Geneva https://www.wto.org/

上述国际组织的官网,不仅可以提供该组织的使命、历史背景知识、日常活动,阅读、收听、收看不同类别内容,可以丰富学生接触英语的途径,更可以通过其纯正的英语,完善并提高B语言表达的水平,以及对外部世界的了解和对国际关系的感悟。

第四节　口译教学生态系统的构建

就口译自主学习而言,良好的学习动机、个性化的学习策略、科学的评估手段、以及丰富的学习资源,构成了口译教学生态系统。只有当所有因素都得以优化,其教学结果趋向设定目标,口译教学才能得以实现可持续发展。

一、指导思想

建立良好的口译教学生态系统并非一蹴而就,其构建需要科学规划。作为教师,应该充分利用并整合开放教育资源,结合大数据挖掘,掌握常见音频、视频下载工具应用,借助较为成熟的云存储、云笔记;同时,遵循共同但有区别的责任,积极开展师生协同、校际合作。

当今的数字化世界,人人都身处学习资源网络。环境中的每个资源都与其他资源相联,创造出可以发生任何学习的优化生态系统。学习生态系统是技术与资源的结合体,可以帮助个人在此环境中进行学习。同时,鉴于绩效是学习的主要出发点,该生态系统也能帮助个人更好地贡献价值,支持业绩表现。

教师应该在利用开放教育资源过程中发挥积极的主导作用。师生都应关注网络动态,从中收集相关热门教育应用信息,及时试用,并作出客观评估。利用搜索引擎、技术手段、专业知识,师生协同,调动全体参与人员的积极性。

教师应该时刻关注学生的动向,对于他们正在利用的学习资源,应积极了解。适合的内容,一定及时向其他同学推荐。结合课程教学与自主学习,充分调动学生的参与积极性，广泛寻找优质资源途径，并在教学过程中加以积累，优胜劣汰，去粗存精，建立起既能满足口译自主学习，又可助力课堂教学的口译教学精品资源库。

具体实践中，应充分激发学生参与意识，并适当引进奖励机制，根据自身学习特点和专业特长，为口译资源库建设贡献自己的一份力量，按照“共同但有区别的责任”达到高效管理。

二、常用自主学习工具

成熟自主学习的显性标志，是学习者能够从纷繁复杂的海量信息中合理高效地选取最佳材料，以服务于自身的学习需求。译员培养过程中，学习者需要在自主学习中，借助各方面资源，寻求适合自身发展的最佳练习素材。

(一) 调查报告

为进一步了解大学本科与研究生英语自主学习常用工具的情况，本书进行了外语类学习工具的调查，并生成调查报告。

本次问卷调查于 2015 年进行，问卷设计选择题 14 题，自主填空题 1 题。参与调查人数 143 人，收回问卷 143 份。现对调查结果予以分析，具体如下：

(1) 本次调查的对象主要为在校就读的本科生及研究生。其中，英语专业与非英语专业人数相差不大，分别占 55.24%和 44.76%。在调查对象使用的移动设备系统中，以安卓系统和 iOS 苹果系统为主，并且这两种系统在调查对象中约各占一半，分别占比 47.55%和 52.45%。

(2) 从调查结果来看，几乎所有调查对象在平常语言学习中遇到问题时都会查阅网络或电子词典，绝大多数调查对象的移动设备中都安装有语言学习类 APP，并且高达 38%的调查对象在移动设备中安装 3～4 个语言学习类 APP，35%的调查对象平均一周使用 APP 进行学习的次数高达 3～5 次，这能一定程度上说明他们在语言学习方面具有主动性和积极性。同时，也说明当下大学生及研究生对于使用移动设备中 APP 辅助自己进行外语学习的积极性较高。

(3) 从电子词典调查结果来看，有道词典的使用率最高，其次是金山词霸和牛津词典。有道词典、金山词霸和牛津词典均有收录权威词典和例句，但有道词典和金山词霸收录的词典种类较多，用户体验应该更好，这也是其使用率更高的原因之一。从用户需求来看，在电子词典方面，其主要作用为查词，因此大家对其最大的需求就是“方便快捷”，其次便是“翻译准确”和“权威性高”，这也体现了用户对电子词典的便捷性和准确度的要求。另外，除词语释义外，调查对象对词语的例句用法和搭配使用也具有较高关注度。

(4) 外语学习类 APP 方面，在最常用的类别中，电子词典排名第一，紧随其后的是听力训练、英语新闻和词汇记忆。这反映出，广大本科生和研究生群体平常使用 APP 进行外语学习的主要渠道是记单词、看新闻和听听力。众多外语学习类 APP 中，百词斩、China Daily 和沪江听力酷占比最高。值得注意的是，扇贝英语在本次问卷的不同题目中多次被调查对象推荐，可见这是一个拥有庞大用户群，且广有口碑的外语学习 APP。

(5) 从外语学习类 APP 的优缺点调查结果中，可以看出用户对该类 APP 的要求主要为使用便捷性以及资源的丰富性、及时性和权威性。

(二) 其他工具

1. TuneIn 网络收音机 *

了解时事，则需要经常性收听、收看新闻广播。常规的电视节目：BBC、VOA、CNN、Bloomberg 等。但是，这些常规广播电视节目，需要短波收音机或卫星电视在固定时间收听收看，其受局限太多，而且在现阶段愈发不切实际，受众群体数量日渐式微。

随着互联网的普及，上述资源大多可以通过在线手段获得，并且材料极大丰富，可以储存归类，便于随时播放。大部分电台或电视台都会在网上直接发布有关节目音视频，或者有官方应用的 iOS 或 Android 版本，或者一些集成软件。

网络收音机 TuneIn 整合主流电台、电视台节目，提供流媒体服务，可以收听在线音乐、广播及访谈等节目(可录制)，支持 Podcasts，支持 iOS、Android 及 BlackBerry 等多个平台，网页版同时支持在线收听，基本囊括国内外的电台节目(约 5 万多个电台)。主要依靠 WiFi 网络或者 3G 网络进行连接，无需外接数据线。打开软件的第一印象就是良好 UI 布局，有丰富的电台列表，而实际上这也是这款软件的总体优势之一。经过短暂的缓冲之后就可以正常收听了。细节体现人性化，软件会自动下载关于当前频道的详细信息，用户通过“正在播放”来进行查询，同时还会根据所选内容推荐一些同类内容的电台。如果用户喜欢当前频道的内容，可以对当前电台进行“预设”——类似于收藏的功能。“预设”了四个电台的节目，当设置好之后就可以在初始界面的“我的预设”中进行查询，而此功能存在的意义就是为用户提供方便。在各种电台列表中，下方会有一行小字，这就是当前正在播放的电台内容。软件还提供详细的节目表，这样就可以有计划地选择性收听。这款软件还具备闹钟功能，用户可以设置当前电台为闹钟内容。另外，这款软件还可以设置睡眠时间，这样在没有任何操作的情况下，设定时间一到就会自动关闭收音机功能。

如果你是有 TuneIn 账号，还可以进行登录，这样就可以将“我的预设”同步到官方的服务器上了。提供人性化的个性设置之外，还拥有丰富的电台可以选择收听。与传统的手机收音机相比，TuneIn 无需硬件支持，也不用另配耳机作为天线。无线网络电台由于数据稳定，不会出现原有手机中的串台现象。

其他应用，作者推荐使用咕咕、蜻蜓 FM 等网络收音机，也都支持 iOS 和 Android 系统。

这些电台、电视台，都有在线应用，安装在手机或电脑平台后，可以直接在线收听、收看相关节目。

2. Newsy：Video News

新闻平台 Newsy 登陆 Windows phone。Newsy 拥有多源化，多平台的视频新闻，用户可以浏览视频缩略图，并选择横向或纵向观看的视频。Newsy 可以部署一块即时显示瓷砖至桌面上，用户可以轻松地查看最新的新闻。

Newsy 承诺带给用户一个更加智能、快速的新闻资讯平台，用户可以便捷获取新闻背景，通过短视频，介绍分析全球不同信源报道，加深对新闻事件的理解。

简短、公正视频，消息灵通，越过喋喋不休的空谈，直奔事实主题，得出对于改变世界新闻的自己观点。

增加对于新闻报道的理解，于不同新闻途径，提供独特背景。脱离偏见、跳开耸人听闻、远离点击诱饵、全新感受当天头条新闻。通过简洁视频带来新闻中的疑问，提供全篇报道的文字材料。曾两次获得所有平台卓越应用大奖。

用户可以采取简短视频，基本在两分钟以内，快速观看标题新闻报道；

根据标题，选择新闻视频，看你想看；

你所关心的新闻事件发生时，会得到通知；

为你代劳，从不同新闻信源获取多重视角；

从不同信源获取的新闻，可以有效避免片面观点，更加客观、公正分析新闻事件，养成批判性思维；

无需注册，即可收看 Newsy 直播视频，24/7。

3. Podcast

播客是 iPod＋broadcasting，是数字广播技术的一种。出现初期借助一个叫“iPodder”的软件与一些便携播放器相结合而实现。Podcasting 录制的是网络广播或类似的网络声讯节目，网友可将网上的广播节目下载到自己的 iPod、MP3 播放器或其他便携式数码声讯播放器中随身收听，不必端坐电脑前，也不必实时收听，享受随时随地的自由。更有意义的是，你还可以自己制作声音节目，并将其上传到网上与广大网友分享。

Podcast 的推动者 Doc Searls 给出的定义是：PODcasting，Personal Optional Digital Broadcasting。PODcasting 是自助广播，是全新的广播形式。收听传统广播时，我们是被动收听我们可能想听的节目，而 PODcasting 则是我们选择收听的内容、收听的时间以及以何种方式让其他人也有机会收听。戴维・温纳(Dave Winer)的 Morning Coffee Notes：人各有所专，所以理论上人人播客是可能的。

手头有 iPod、MP3 或其他便携式数码声讯播放器，就可以网上收听 Podcast 了。目前支持网上收听 Podcast 的 RSS 阅读器的网站有很多，比如博阅网就是国内开发 RSS 在线阅读器并支持 Podcast 的一家专业网站。以博阅网为例，当登录该网站以后，首先需要像订阅普通 blog 一样订阅一个 Podcast，然后打开所订阅的 Podcast，会看到每个节目下面都有一个“播放”按钮，点击这个“播放”按钮，就会自动打开电脑中默认的播放软件(通常是 Media Player)，并进行播放。当然，还可以点击每个节目下方的“下载”按钮，点击这个“下载”按钮，就可以把这个节目下载到电脑上，并将其传至 iPod、MP3 或者其他便携式数码声讯播放器上了。

播客，中国台湾直接称作“Podcasting”，是指一种在互联网上发布文件并允许用户订阅 feed 以自动接收新文件的方法，或用此方法来制作的电台节目。这种新方法在 2004 年下半年开始在互联网上流行以用于发布音频文件。“播客”一词源自苹果电脑的“iPod”与“广播”(broadcast)的混成词。由于英文中的 Podcast、Podcaster 或 Podcasting 等词的相关性，中文中往往统称为“播客”。

播客与其他音频内容传送的区别在于其订阅模式，它使用 RSS 2.0 文件格式传送信息。该技术允许个人进行创建与发布，这种新的传播方式使得人人可以说出他们想说的话。

订阅播客节目可以使用相应的播客软件。工具软件可以定期检查并下载新内容，并与用户的携带式音乐播放器同步内容。播客并不强求使用 iPod 或 iTunes；任何数字音频播放器或拥有适当软件的电脑都可以播放播客节目。

4. Yahoo! Screen

Yahoo! Screen 是一个针对电视节目、电影、网络视频短片以及其他新媒体的流媒体视频应用，可以通过移动设备为用户提供丰富的流媒体体验。用户可以上下滑动应用来切换频道，并通过水平滑动来切换剧集。在节目的一旁，还有搜索框以及用于选择热门短片的区域。

这个网站主页主要包含一些社论性的视频，每日更新。多是一些喜剧、时事以及热门视频。

Yahoo! Screen 的前身是雅虎视频，一个用户上传并分享视频的网站。刚开始，雅虎视频是一个全网范围内的视频搜索引擎。2006 年 6 月，雅虎添加了上传和分享视频短片的功能。2008 年 2 月，雅虎启用了全新设计的网站，该网站只关注雅虎主创的视频。

2011 年 10 月，全新的 Yahoo! Screen 投放市场，并不断推出更新版本。通过该应用，用户可以收看雅虎直播电视节目、电影、明星动态、政治、体育、经济等新闻。

5.《经济学人》

《经济学人》(*Economist*)是一份由伦敦经济学人报纸有限公司出版的杂志，创办于 1843 年 9 月，创办人詹姆士·威尔逊。杂志的大多数文章写得机智，幽默，有力度，严肃又不失诙谐，并且注重于如何在最小的篇幅内告诉读者最多的信息。该杂志又以发明巨无霸指数闻名，是社会精英必不可少的读物。该杂志英文电子版可通过移动 APP、网站或者有声版阅读每周完整内容。

杂志主要关注政治和商业方面的新闻，但是每期也有一两篇针对科技和艺术的报导，以及一些书评。杂志中所有文章都不署名，而且往往带有鲜明的立场，但又处处用事实说话。主编们认为：写出了什么东西，比出自谁的手笔更重要。从 2012 年 1 月 28 日开始，《经济学人》杂志开辟了中国专栏，为有关中国的文章提供更多的版面。

自主学习时，应该选择稍有难度的文章，即部分句子需要两遍以上方可读懂，其他句子亦需仔细研读。

(1) 第一遍以正常速度阅读，可以归纳每个段落乃至文章大意，但不要中途查阅生词。

(2) 慢速重读文章，查阅生词，充分理解每句内容，然后记忆生词。遇到无法理解的难句，可以求助或暂时放下疑难结构或句子。如坚持精读，多数问题很可能会迎刃而解，这也说明英语水平在阅读过程中得以提高。

(3) 以领会每句意思的速度阅读为宜，不要将翻译与理解混为一谈。

(4) 在保持相同理解的前提下提高阅读速度。

(5) 每篇文章都应阅读4遍以上。为更好巩固知识，也可以增加阅读次数。

《经济学人》以公正的时事评论和分析(匿名写作)见长，话题有很多分类，从政治经济到商业科技。词汇量和句法非常规范，是很多英语学习者的首选。文章基本都很长，词汇丰富，专题类比如Business，finance，或者国家的分类新闻报道。

精读过后，掌握一定的词汇，就可以进行每天的大量泛读，这时重量不重质。官网：http://www.economist.com/。官网右上角有RSS订阅，可以订阅feed，方便每天浏览。

使用Google Reader订阅这类刊物，可以与其他便携设备有很好的同步。相信很多人已经在用，只要注册有Google账户即可。

6. TED subtitles

TED对于高级口译阶段学习而言，是一个不可多得、获取最新科技、娱乐、设计等领域前沿成果、思想的途径。可以选择是否需要字幕，其中大多数视频都有汉语字幕。目前，已有超过2 000集视频在线，提供字幕、多语言选择、交互文本等，界面设计友好。而且，来自世界各地的演讲者轮番上台，分享创新理念，本身就是一种思想碰撞的竞技场。同时，对于学习者熟悉不同口音、专业领域、语言风格等，都是极好的素材宝库。

由于演讲涉及范围广，使用较为正式的学术口语体，且口音多样，非常适合进行口译练习。比如，进行视频播放时，仅使用字幕，可以训练学习者读取屏幕文字的视译能力，借此增加对于口语文本的结构特点、风格及句式的了解，坚持数月，可以显著提高文本材料阅读效率，可以纠正练习者在口译中的部分错误，及时解决理解中的偏差。

7. Timeline：News in Context

时间轴将现在的新闻，放在了一个语境当中。编辑组创造了一个全新的，有意义的并且有着多样媒体的目录。这个目录包含从过去到现在的新闻，给读者一种直观的，生动的体验。时间轴是一种先进的阅读新闻的方式，它给读者提供了基本的新闻语境，可以使读者对于形成现在世界的力量拥有更多的了解。

You may be surprised how it makes you think differently about headline news. — NYTimes

你可能会惊讶于它会改变你对头条新闻的看法。——纽约时报

It makes everything into an epic. —Fast Company

它让一切都成了史诗的一部分。——《快速公司》(杂志)

Timeline ensures that you get the correct context when you consume the news. — Gizmodo

时间轴确保你在看新闻时获得了正确的信息。——Gizmodo(博客)

其主要特色包括：

① Get today's news, in context. Scroll through its history to understand how the news got here.

在上下文中了解今天的新闻。浏览新闻发展过程,了解该新闻发展至此的原因。

② See the timeline view to move quickly through a story and read what matters to you.

看时间轴可以很快浏览一个故事,并获知对你而言重要的信息。

③ Discover and explore stories based on your unique interests.

基于你独特的个人兴趣,发现并阅读故事。

④ Bookmark your favorite timelines and view your entire reading history.

将你最喜欢的时间轴存为书签,浏览全部的阅读历史。

⑤ Share timelines instantly via Twitter, Facebook, Email, and SMS.

通过推特,脸书,邮件及信息即刻分享时间轴。

三、教师与课堂教学

我们学习优秀教师,不是去看他们干了些什么,而是他们为什么会这么干？他们取得成就的根源是什么？比如说,讲课的技巧、声调语速、形体动作和眼神的交流,确实能够吸引学生。但是光有技巧,不见得就会成为一名优秀的教师。以基础坚固结构良好的建筑物与色彩漂亮的油漆作比喻：油漆得漂亮,不代表就是一座好的建筑物。教学的基础,就是教与学的关系。这些教师之所以被称为最优秀的,归根到底,取决于他们对于教与学之间关系的理解。在他们的心目中,教不再是掌控一切的主导,学也不再是消极被动的接受,教的出发点和终极目标都是学,教师的教学始终围绕着学生的学习而展开。

知识的习得过程应该是一个主动建构,而非被动接受的过程。前者要求批判性思考所学知识,并学以致用,解决实际问题,不断从智力上挑战学习者,建立新的知识结构。后者则热衷于死记硬背，导致学习者落入以考试时能够给出正确答案为目标的恶性循环，结果大脑成为一个被动接收的杂物间。处在主动和被动的认知过程中，有三种不同的学习者：深刻的学习者、策略的学习者和浮浅的学习者。第一种是独立的思考者，勇于接受挑战，批判并创造性深入研究所学的知识，力求掌握并进行运用。第三种学习者习惯坐定教室，秉持笔纸，随时记录教师所讲，以便应付考试，侥幸过关。介于这两种人之间的策略的学习者，只对取得好分数感兴趣。他们循规蹈矩，每每投教师所好，虽然能够学得稍好，但讨厌冒险创新，因而视野狭窄。

优秀教师在教学中，充分表现出对于自己教学的对象及其学习状态的了解、理解和关心。他们在备课的时候，首先考虑的不是我想教什么，而是学生需要学习什么；开学时不是高高在上地提要求，而是平等互动地谈承诺。他们真诚地邀请学生参与教学过程，让学生成为主角，掌握自己的学习，变被动为主动。他们尊重学生，信任学生，不会因为教学中遇到的困难或挫折责怪学生。从这个角度来说，教师对学生期望得更多。

优秀教师的特点是善于寻找并欣赏每个学生的个体价值。在他们看来，学生不分赢者和输者，天才和笨蛋，好生和差生。他们认为，每一个学生都是一个独特的无法取代的个体，拥有独特的潜在的成就力，正所谓“天生我才必有用”。保尔·贝克的话值得每个从事教学工作的人深思：“我对于教学的最强烈的感受，就是你必须以学生为出发点。作为一个教师，你不是开始教学，想着你自己的那个自我和你知道什么……上课的时间必须属于学生——不是学生们，而是属于特殊的单一的学生。你教的不是一个班级。你教的是一个学生。”

而他们的成功魅力则在于营造自然的、批判性的学习环境。“自然”指的是学生“无意中”遇到某些问题和任务，包括他们正在努力学习的态度、技巧、信息和习惯等，学生被吸引，好奇心被激发，内在的兴趣自然成长；“批判”指的是学生学会批判地思考，以证据推理，运用理智标准检验推理质量，在边反思边改进，从而对前人思想提出探索性、见解深刻的质疑。

简单但深奥的观点指导着自然的、批判性的学习体验，这种观点是：① 当人们觉得问题有趣味又美妙或很重要时；② 在一个具有挑战性然而有人支持、鼓励的环境里，他们觉得对自己的教育有控制感时；③ 他们可以与其他学习者合作学习，尽力解决问题时；④ 他们相信他们的工作将被视为公正和诚实时；⑤ 在老师对他们的努力作出评价之前，他们可以尝试、失败，可以从有经验的学习者那里得到反馈信息时；人们往往学习效率极高，并且这会对他们的行为、思考或感知的方式产生一种持续的、本质的和积极的影响（肯·贝恩，2007）。

具体教学实践中，教师并不需要灌输深奥枯燥的理论，而应在充分简化相关理论，尽可能在实践中采取言简意赅的务实指导，弱化纯理论的说教。就口译教师而言，应以口译从业人员的培养要求学生。即从职场需求训练学生，不断提升其独立解决口译过程方方面面的困难，夯实口译技能，以逐渐养成灵活处理口译职场上不同类问题，一切从实战出发，应对将来职场日新月异的变化。

第三章 口译教材开发

针对1990—2011年间国内出版知名度较高、发行量较大的英汉语口译实践类教材，高彬、徐珺(2012)进行了统计分析，结果显示：教材层次区分较模糊、编写方式偏杂糅、难度梯度不系统、媒体应用欠丰富、出版模式平面化等。

教材层次区分较模糊。以交替传译类教材为例，本科层次79%，研究生层次74%，本科、研究生层次91%，不分层次50%。

教材编写方式偏杂糅，主题型和技巧型教材出版时段与搭配欠科学。主题型教材方面：20世纪后十年，选材以外事接待的联络口译(Liaison Interpreting)为主流，如接待、游览、购物等主题；内容涉及广泛，包括地域文化历史、经济、妇女问题和国际关系等；形式以对话语篇为多见；体裁和形式多为书面体；段长鲜见较长的段落型交传。21世纪的教材延续前期特点，选材上更偏重大政方针和书面演说致辞，章节划分多遵从语篇题材，如政治、经济、教育、农业、文化、医学等。两个时段的主题型教材都提及技巧，且内涵不断改变。技巧型教材，早期多侧重词汇和句法层面，内容与同时期笔译技巧大同小异，没有彰显口译现实性、即时性以及语境等特征。近十年来的出版逐渐与西方学界推崇的口译技巧接轨，区分了不同口译形式(交传、同传和视译等)的技巧，并梳理了每种技巧的细节。新时期技巧型教材着墨交传的记忆和笔记技巧，并强调译员的百科知识素养。

教材内容难易梯度不系统。大多平面教材的难易程度取决于文本句子、语篇的长度和复杂度。高彬(2012)取样2000年之前、2001—2005年间、2006—2010年间以及2011年以后的教材，随机抽取样本第一章、中间章和最后一章的一个源语语篇(避开只有一两句话的段落),比较语篇及其句子数量的均值(中英文语篇分别计量)。结果表明:① 教材内部的选材,平均超过75%缺少难度梯度,即各章节源语句子、语篇等方面的长度和复杂度没有区分度;② 出版时间与选材难度曲线呈中间高、两头低。2000年以前,约10%的教材把较为简单的语篇放在前面,并依照材料难度排列章节。2001—2005年间,此种循序渐进的编写方法比例达到峰值35%。随后几年该比例呈下降趋势,到2011年降至28%。

媒体使用有待多样化。与笔译不同,口译须臾难离的不是文本(视译除外),而是音频和视频,对多媒体要求较高。但是,据高彬(2012)的研究结果,1990—2000年间,只有20%的口译教材配有磁带。2001年以后,光盘与磁带一起成为多媒体载体:2001—2005年间有41%的教材配有音频材料,其中多数是磁带录音。2006年以后,多媒体使用达到65%。截至目前,虽然口译教材的音频形式与日俱增,但视频却基本处于缺失状态。口译现场的视觉信息丰富,可为译员提供大量无可替代的语境信息,包括言语信息和非言语信息。口译教材的视频形式可为学习者创造更加真实的模拟环境,若视频是口译活动现场录像,则更加价值连城,可以展示现场环境、发言形式、发言与幻灯的结合使用、讲话者与译员的位置等。未来的口译教材需要在多媒体开发方面进行设计。

早期的口译教材多作为高校英语系列教材或者商务英语、翻译理论与实务丛书中的分册出版,但从2006年设置翻译本科专业和翻译硕士专业学位以来出现了相应的专业口译系列教材。口译教材进一步按照不同培养要求进行细分,种类也较以前有所增加。其中,41%的口译教材以系列丛书形式出版,几乎占据口译教材的半壁江山,呈现平稳增长的趋势。32种系列丛书中,有14种属于专业英语或行业英语教材(高彬,2012)。由此,口译在英语教学中的重要地位可见一斑,同时也说明口译专业教学在教材出版方面仍有比较大的进步空间。

多数口译教材在类型、结构和内容方面仍遵循传统语言和笔译教材的编写模式,忽视了口译技能习得的特点,其不足主要有:教材分类简单,研究生教材与本科教材内容重复,教材内容时效性欠佳,教材难度缺少循序渐进,教材多媒体形式过于单一等。这些问题给口译人才培养带来了不便,教师难以完全按照学生层次、口译类型、课程目标、教学进度选用合适的教材。

口译是涉及极其复杂心理认知过程的双语转换工作,渗透诸多如知觉形成、注意力分配、记忆加工、概念形成、语言理解和产出等活动。当代认知心理学运用信息处理理论研究人的认知过程,取得了明显进展和成效。有学者从心理学视角把口译(同声传译和交替传译)过程分为五个步骤,即:原语听辨(大脑接受输入的语音信息源——语音、声音辨认);理解(语用、语义、句法分析——语义、知识的综合);短期记忆与分析(调动工作记忆和长期记忆,推测发言人的交际意图,通过话语理解,形成概念,产生交流信息);表达(调动词库,把发言人的话语变成自己的交际意图,拟订话语计划,进行话语输出)(刘梦莲、蔡小红,2009)。口译人才培养中特别需要关注学生听辨能力、短时记忆以及译语表达等方面的训练;通过了解这些能力获取认知心理过程,安排结构化训练活动,加大输入,扩充共享认知知识,建立内外部记忆连接,促进译语表达顺利输出。

仲伟合(2003)在吉尔口译模式基础之上,将译员的知识结构划为语言知识版块、百科知识版块和技能版块,认为这三个版块可以为口译培训提供一个课程设置框架。上述知识的习得,一方面靠译员本人的勤奋努力,另一方面则要靠专业的培训来完成。作为译者,不仅要具有扎实的双语知识,广博的百科背景,还要拥有娴熟的口译技能以及良好的心理素质。而技能的熟练掌握,良好的认知心理素质的培养,需要依赖大量有针对性的学习和充分的、持之以恒的口译实践。

为培养能适应全球经济一体化及提高国家国际竞争力的需要、适应国家经济、文化、社会建设需要的高层次、应用型、专业性口译人才,各个院校应当立足于职业规范、专业技能、语言百科等基础之上,遵循"技能性、实践性、理论性、阶段性"等原则(仲伟合,2007),有序展开人才培养,以"技能性"教学为核心,循序渐进地介绍陪同口译、对话口译、交替传译、同声传译等技能。面对学生数量急剧增加和课堂训练时间不足的现实矛盾,各人才培养院校亟需精诚合作,积极探索大数据时代全媒体口译教材的编写制作新途径,以更好满足高校口译课程教学和口译方向学生自主学习的需求。

第一节　大数据时代呼唤新型口译教材

大数据,或称巨量数据、海量数据、大资料,指的是所涉及的数据量规模巨大到无法通过人工,在合理时间内达到截取、管理、处理、并整理成为人类所能解读的信息。在总数据量相同的情况下,与个别分析独立的小型数据集(data set)相比,将各个小型数据集合并后进行分析可得出许多额外的信息和数据关系性，可用来察觉商业趋势、判定研究质量、避免疾病扩散、打击犯罪或测定实时交通路况等。其应用包括大科学、RFID、传感设备网络、天文学、大气学、基因组学、生物学、大社会数据分析、互联网文件处理、制作互联网搜索引擎索引、通信记录明细、军事侦查、社交网络、通勤时间预测、医疗记录、照片图像和图像封存、大规模的电子商务等。

目前，技术上可在合理时间内分析处理的数据集已经完成从 GB(Giga Byte，吉)、TB(Tera Byte，太)、PB(Peta Byte，拍)到 EB(Exa Byte，艾)字节的过渡，即将进入 ZB(Zetta Byte，泽)、YB(Yotta Byte，尧)时代。

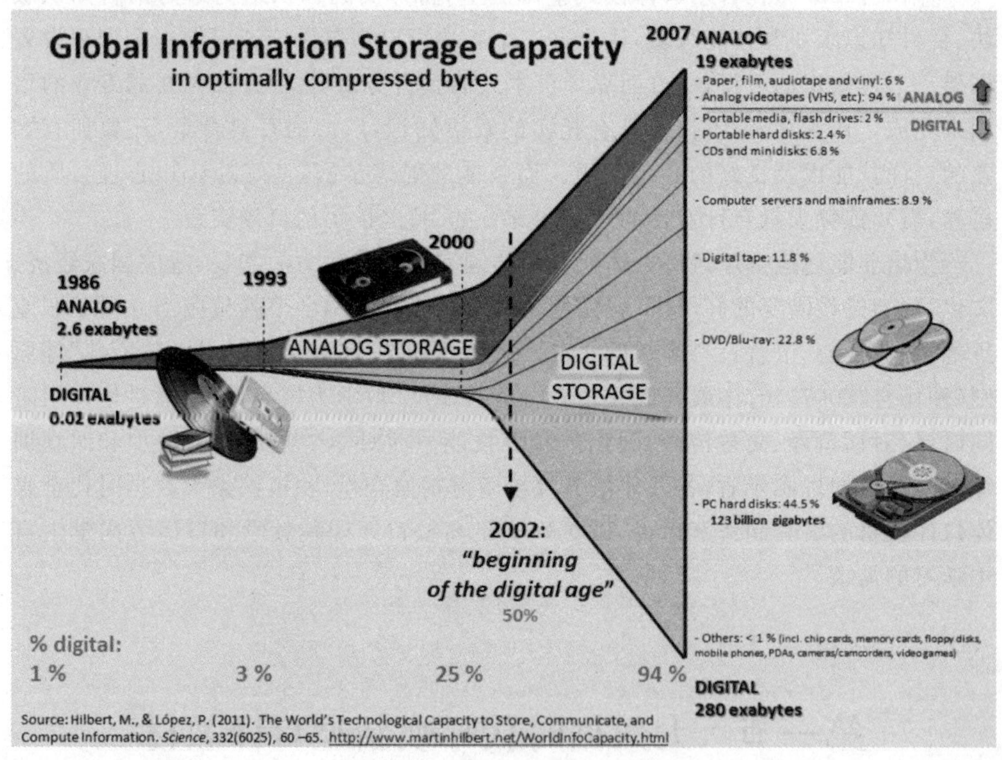

图 3-1 全球信息存储容量的增长与数字化[来源：http://www.martinhilbert.net/WorldInfoCapacity.html]

道格·莱尼(Doug Laney)指出，数据增长的挑战和机遇有三个方向：量(Volume，数据大小)、速(Velocity，数据输入输出的速度)与多变(Variety，多样性)，合称“3V”或“3Vs”；也有机构提出真实性(Veracity)为第四特点。“大数据是大量、高速、及/或多变的信息资产，它需要新型的处理方式去促成更强的决策能力、洞察力与优化处理。”

中国经济腾飞和国际地位的提高，对口译人才的质量提出了明确要求，“高质量的口译人才培养离不开高质量的口译教材”。(陶友兰，2010)作为强调技能型的语言艺术，口译训练注重“技能”培养的同时，应当兼顾口译人才自主学习阶段的要求，立足语言百科知识模块，加大有针对性的语言输入。凡此种种人才培养需求，都应当在全媒体时代、新型定制口译教材中得到全面体现，关涉教材内容、编写体例、编写理念，以及教材呈现方式等。

伴随大数据时代的技术进步，学生势必会成为教与学的主角。课堂上出现了更多的师生互动、平等参与的局面，口译学习正在经历从课堂教学到自主学习的转向。学生不仅可以与别人共享自己的思路，而且拥有了更多自由组合、分工协作的机会，拥有了评价和讨论他人观点的机会、空间和时间。教师从传统教学的传授者，转向现代教学的促进者、学习者、发现者、引导者、组织者，教学中注重学生的自主知识技能建构，促进教学过程由教向学的转化，使学生的独立性和自主性不断提升。针对口译人才培养的现实需求和传统口译教材的不足，全媒体时代的口译教材编写应当能够再现真实口译环境，提供自主学习空间，倡导交互学习方式。“在设计过程中，应当充分考虑该教材是否同时有利于学生自主学习、协作学习和探究学习等多种方式的开展，教学资源要围绕学生的知识建构而设计、开发。”(项国雄，2005)

为满足全球化语境下口译人才市场需求，为实现口译人才培养的跨越式发展，大数据时代，全媒体口译教材建设首先应当突出口译训练的技能化特点。交替传译技能应涵盖口译的译前准备、记忆、笔记、数字口译、语篇分析、预测、语义识别等；同声传译技能则应包括同声传译概论、影子练习、断句、等待、转换、重复、增补、省略、归纳、顺句驱动、视译练习、应对策略等。对于中国学生普遍感到棘手的不同地区英语口音，应系统归纳各代表性区域发音特点，将代表性口音样本适当集中，并有机分解至相关章节，在分析总结基础上，达到循序渐进学习全球英语口音。

其次，全媒体语境下的口译教材编写，还应当能够凸显口译训练的实战性和职业化特点。以国际受众为发言对象，尽可能选择真实会议资料，并在语音、语速、用词上做出相应的梯度递增，范围涉及政治、外交、经济、文化、高科技、法律等尽可能多的领域，提供相关术语表，并佐以必要专业、百科介绍。可以通过加强同联合国、欧盟以及其他国际组织合作，引进具有代表性的最新口译素材，使学生在日常自主学习和口译训练中接触权威性资料。在教学过程中，除邀请一线译员为学生开设课程或举办系列讲座之外，还应当采取与一线译员深度合作编写教材的方式，借鉴外脑，形成合作共赢。所编教材对口译技能的介绍，原则上应与国内外口译质量评估、职业认证考试侧重趋同。通过教材学习，应当可以让学生及时、全面了解职业化口译培训的程序与内容。

此外，为满足社会对专业型口译人才的需求，口译教材编写应尽可能多地涵盖相关学科领域的基本知识、概念、术语、语篇、句法特点，并力求将类似文本、发言、背景信息纳入技能训练和信息储备。在此基础上，口译教材还应更多考虑读者需求，突出个性化特点。因为专业背景、知识结构、语言功底、地区差异、培养目标的不同，对于教材自然会有不同的诉求，有针对性的教材，理应先声夺人，取得最佳效果。

随着国际语言教学方法研究成果在国内的引介与推广，国内语言教学几乎同步实现更新教育技术的升级与更新。囿于繁琐的传统编辑出版流程和海量语言教学素材选择的时耗需求，先进的国际化语言教学方法常常要面对的却是语言教学载体的相对老化。教材内容相对滞后和市场人才缺口巨大的矛盾在口译人才培养中尤其突出。为满足激增的市场需求，各相关院校扩招，有些口译班级甚至达到30多人。有学者论证指出，为保证教学效果最大化，口译课堂必须以小班形式进行，才能取得最佳教学效果，认为交替传译课堂最佳人数宜控制在15人以下，而同声传译则应控制在6人以下（杨承淑，2005）。否则，教师既无时间点评、指导学生；学生也无法进行口译互评、自评。小班授课的课程特色量化数据，与人才市场的巨大需求，构成口译教学中又一不可调和的矛盾。

我国目前口译培养的另一突出问题是，教学同质化现象突出，不同地区、不同层次院校的培养定位不明。这一窘境，固然与各校目前的口译师资多由普通语言师资转型有关，优秀口译教材的匮乏也是钳制人才培养效果的重要原因，教材建设因而成为当下外语界亟需解决的关键性问题。此外，口译人才培养对于实践和练习磁带小时的客观要求，与学校普遍缩减学时的根本矛盾难以协调，现有的课堂教学根本无法完成实践量要求。因此，课外指导性自主学习成为必需，甚而转为主导性因素。因此，开发能够创造真实口译环境，提供自主学习空间和海量资源，倡导交互学习方式的教材势在必行。

综合上述需求，外语教学界应开展多维协同创新，定制满足学习者个性化的全媒体教材。尽可能选择具有代表性、多样性的鲜活素材，适应不同阶段、不同需求的培养对象。同时增加自我评估环节，形成师生良性互动，以实时监控学习效果，并且有针对性制订下一步学习计划。利用现代技术，探索电子图书在口译教学的应用，业已成为当务之急。

第二节 新型口译教材特质

口译教材的重要性不言而喻，其编写理念不仅指导教材结构和内容，同时也影响教学实践，因此必须反映最新的相关研究成果。培养过程中应“充分考虑该教材是否同时有利于学生自主学习、协作学习和探究学习等多种方式的开展，教学资源要围绕学生的知识建构而设计、开发”。（项国雄，2005）教材应着眼于学生的自主学习，符合认知特点、知识结构、培养目标等基本诉求，由易而难，循序渐进。其编写应借鉴最新科技，运用先进软硬件设备，倡导既符合口译思维过程特点又符合认知技能提高规律的教学理念，重视 A、B 语言全面提高、建构自主学习模式、关注语言学习策略养成，以实现师—生、生—生多维教学互动。

一、重视 A、B 语言全面提高

众所周知，语言环境对于提高外语语言能力具有至关重要的决定性作用。对于广大中国外语学习者而言，获得充足的语言接触并非易事。得益于互联网的普及，较之传统语言学习时代，当今学生更容易使用外语同母语使用者交流，足不出户即可置身外语环境。学生译员不仅需要接触外语的词汇、语法、成语，还有外语国家街谈巷议的话题，也即必须在语言技能之外，具有灵活的百科知识储备。

随着媒体软件的开发和使用，语言学习者应养成诸如即时收听外语新闻、阅读外文报刊、听外文播客、观看外国媒体网站视频等好习惯，保持足量外语听说训练，获得外语使用能力的稳步提升。一般认为，口译学生应在 B 语言国家生活至少一年。即便如此，同在该语言环境中生活 25 年以上的本族语成年人相比，仍显微不足道。因此，口译学生必须“最大限度增加语言接触”(Gillies，2013)。为帮助语言学习者提高 B 语言运用能力，口译教材需要增加一般语言课程或教科书无法涵盖的专门练习材料，比如每天多途径(在线或印刷优质报纸、收听电台、收看电视)获取新闻、阅读不同语域报纸及专业杂志、使用维基作为多语词典、收听热线电台、收看热播剧集等内容、阅读流行歌词(Walker, 2005)、了解当地"动态(来宾演讲、外语文化活动等)"(Gillies, 2001)、单句转述(Guichot de Fortis, 2009)、变化学习方式(Lomb, 2008)、抄写你所阅读或收听被动语言的有趣内容、就报刊文章中暗含问题提问(Lederer, 2001)、纠正常犯错误(Gethin & Gunnemark, 1996)、魔术词袋(Szabo, 2003)等。

当然，对于B语言能力及其养成的关注，并不意味着译员可以忽略在其母语(A语言)修为方面的提高。作为译员的外语学习者需要始终提高A语言的驾驭能力，而这一点在过去的口译人才培养中常常没能得到应有的重视，甚至被很多人才培养机构忽视，使得人才培养的效度大大滞后于社会对于口译人才数量和质量的期待。口译教材的练习方法因此必须能够包括A语言写作、成为有心读者(Lederer, 2001)、平行文本、视译激活、新语言表达、特定语域用词(Visson, 1999)、内心独白(Gillies, 2001)等。

二、建构自主学习模式

翻转课堂日渐深入人心，教师从传统教学的传授者，转向现代教学的促进者、学习者、发现者、引导者、组织者，教学中注重学生的自主知识技能建构，促进教学过程由教向学的转化，使学生的独立性和自主性不断提升。伴随大数据时代的技术进步和建构式自主学习方式、碎片式学习方式的普遍流行，学生已然成为口译教学的主体。课堂上出现了更多的师生互动，课堂之外出现了学生自主实践的学习风尚，口译学习正在经历从课堂教学到自主、自为建构型学习的转向(许文胜，2015)。

一直以来，教材被认为学海泛舟的导航仪，已有研究证明，教材决定了98%的课堂教学信息和90%的学生作业时间安排。大数据时代口译教材编写理念应当契合图灵奖得主吉姆·格雷(Jim Gray)"第四范式"基础之上的"众包研究模式"，以有效激发语言学习主体的自主、自为性。基于众包研究模式的口译教材开发，在练习阶段应减少非知识、非技能学习的干扰，集中注意力完成各项任务，凸显口译训练的实战性和职业化特点。选择真实会议资料，在语音、语速、用词难度上做出相应的梯度递增，范围涉及政治、外交、经济、文化、科技、法律等领域，提供相关术语表，并佐以必要专业、百科介绍。优秀口译教材应全面涵盖训练目标、基本理论、基本策略、训练资源、质量与能力评估、训练示范和点评等模块；强调分技能阶段训练，包括阶段训练前的能力测试、技能讲解、译前准备、分类练习、技能评估系统及解决方案；形成完整的口译训练系统，让使用者可以观摩逼真的口译现场，从交际行为到交际策略，从语言运用到技能运用等获得全方位训练。

三、关注口译策略养成

口译的应对策略培养是实践中不可或缺的技能，其训练途径应当是教材需要完成的另一重要使命。同传应对策略包含理解阶段的延迟反应、根据上下文重构片段、求助同伴及查询手头资料；预防性策略则包括笔记、改变 EVS、断句、变更列举顺序；重组策略除了前述理解阶段外，还有使用上义词或较模糊叙述、解释或改述、原文重复名称或术语、解码、告知听众口译中的问题以及省略信息。交传练习的重心集中在表述、积极听解与分析、记忆、笔记、重组、自我监听、分散注意力等环节；而同传则主要关注表述、分散注意力、延时、预测、重组、自我监听、压力处理等内容。

口译策略的养成问题，落实到教材具体编写实践层面，包括行之有效的实践指导意见，并从众多会议口译文献中挖掘练习方法。各类技巧需要不断重复，直至内化，达到无须全神贯注，对部分内容可信手拈来的程度，由此释放的心智能力自然转移到获得其他必须的技能。众多译员或译员培训者经常采用分解技能练习，也应是教材中建构自主学习模式的重要一环。复杂技能则可以分解以便单独训练，从而采取相对集中的方式进行。

第三节　口译教材编写原则

口译教学和实践是翻译学科的重要组成部分。随着对口译人才需求的增长和培养单位的增设，各类口译教材也陆续出版。以上海外语教育出版社为例，自 2008 年起，为了满足 MTI 教学的需要，该社从 St. Jerome Publishing、Multilingual Matters Limited、Palgrave Macmillan 等国外著名出版社引进了一批翻译实践研究方面的优秀著作，出版了《笔译实践指南丛书》和《口译实践指南丛书》。教材是实现教学目标的重要工具,也是课程知识的集中体现。教材与教师、学生一起是全部教育过程的三个最基本要素(郭晓明,2005)。为了探讨我国口译教材的发展状况及其与人才培养目标的契合度,本书在统计、分析 1990—2011 年间我国出版的口译教材的基础上,对教材与口译人才培养体系、口译教学方法、口译形式特点、现代教学技术的契合程度进行了实证研究,进而对口译教材编写提出了相关建议。

口译教案设计应根据教学资源、教学条件、学生语言能力与知识条件等来决定教学目标、教学内容、进度、教材运用方式以及考评方法。

编选教材应考虑如下因素:仿真口译现场情况;加强训练口语与常用词;结合语言与知识,并加强吸收专有名词;先教叙事性的“概念信息”,再教信息性的“实质信息”;重视口语的句间逻辑;示范明确的表达方式。(杨承淑,2005)

口译教材必须尽量仿真实境、逼近真实,才能有效落实。因此,教材必须使用录音带或录像带,让学生得以亲历耳闻目睹口译信息的来源。同时,教材的内涵并非在媒介上采用影音教材即可,即使教材的语言表达,也必须是活生生的口语,而不是僵硬地读稿或死板的书面稿。材料选择,应设置大量不同题材、不同长度、不同形式的原语视听材料,让学习者通过开展大量的原语输入和译语输出的训练,提高他们对源语长度和速度以及口音的适应性。遵循口译界关于口译训练语速和长度标准,在学习者能力范围内逐渐增加原语的话语速度和长度,以提高他们对译出语的话语速度和长度的心理承受与处理能力。

口译教材内容需涵盖语言知识的运用;知识背景、专有名词、术语的简介;“概念信息”与“实质信息”的区分;口译技巧的教授(示范口译笔记、重视分析逻辑、展示困难信息的获取、针对案例具体传授口译技巧等)以及常用词、句编选(配合言谈类型、主题、口译形态)等。常用词、句编选建议由核心词延伸至其同义词、反义词之搭配用法,并将常套词与译入语配套。如果以“对口译是否有用”为目标,选词上所谓的“常用“基准,可以依据口译现场常用的言谈类型(典礼致辞等)、主题(社会活动、经济贸易、国家政策、国际关系等)、口译形态(视译、交传、同传等)制定编选原则。

通过统计分析,口译教材作为对接人才培养目标的重要工具与社会、人才培养体系、学术界乃至新时代人才培养要求的契合程度主要表现为以下几个方面。

一、口译教材定位与人才培养体系的吻合

近年来,我国口译人才的需求与以往迥然不同:由开放初期的外贸、外事口译

主打转至现在的国际会议口译主流，因跨语言、跨文化成分飙涨，对口译人才的质和量要求更高。有鉴于此，我国口译人才培养体系也需积极调整：在教育领域，确立翻译的学科地位，构建翻译教育的本、硕、博综合立体体系，增加翻译专业人才培养的试点单位；在科研方面，学术界积极探索并倡导甄别"翻译教学"和"教学翻译"。

如此的口译人才培养观念落实到教学过程，需要相应调整口译教材的定位。从教材分级、分类、主题等方面综合配置。

首先，教材层次配合人才培养方案。以"培养德才兼备、具有宽阔国际视野的通用性翻译专业人才"（仲伟合，2011）为指导，确立翻译本科生和研究生的培养目标，根据不同人才培养层次的要求对教材进行准确定位。本科口译教材着眼入门引领，注重基本技能训练，简涉相对广泛的主题。而研究生阶段旨在培养具有国际竞争力的高层次、应用型专业译员，教材更具专业性，更有深度。

其次，教材分类支撑人才培养方案。根据不同层次、场景、形式、主题等，依口译不同类别习得顺序（交替传译、联络口译、视译、同声传译、商务口译等），编撰各类教材，促进各种类型口译人才的培养。然而，实际情况却是本硕分类重叠多、习得顺序杂。一方面，交替传译教材不分本硕，内容都包含口译概论、致辞和各种主题的名人演讲等，虽所选语例相异，但训练的技巧都着重记忆和笔记，层次模糊。另一方面，同声传译是当今国际会议口译的主要形式，一般在学习者交替传译过关，具备较强的语言能力和认知能力之后开始习得。国际知名会议口译人才培养机构（欧洲会议口译硕士（EMCI）加盟学校、美国的蒙特雷国际研究学院）多在研究生阶段进行同声传译教学，相比之下，我国有21%的教材把同声传译前移为本科阶段教学重点（王斌华，2012），到研究生阶段再回炉，如此，难以保证语言和交替传译基本功的培养，难免造成重复性、夹生饭习得，有碍口译技能的有效习得。

再次，教材主题满足人才培养需求。目前口语、口译教材不分家，通用型口译教材偏多，主题分类过于简单、狭窄（针对法庭、民航、医疗卫生等专业的教材仅有7%）。口译人才培养体系的完善旨在更好满足口译市场要求，要结合口译市场的变化、口译教学理论的支持和现代教学技术的发展，定位口译教材，加速细分不同专业主题，充分利用口译人才队伍不再是整齐划一的外交、外事人才，添加口译业内人士对口译职业本身的系统介绍，建立与口译界的对话机制，不断探索立体式的教材形式，不仅培养学生的语言转换能力，更注重提升其跨文化交际能力和职业道德素养等从业能力，优化教材对口译教学全方位的支持绩效。

二、口译教材内容与口译形式特点的契合

口译教材内容要符合口译形式特点，助力学生通过内容习得口译原则与方法。口译首先是通过口语进行交际的跨文化活动，因而口语化是首要的考虑因素。口语化是口译与众不同、不容小觑的重要特点。书面语或口语的文字转写难以展现讲话人的语速和口音等音容音貌，不适合作为口译教材；音频和视频虽然可以更好地呈现口语特点，但是录制的朗读材料，缺乏口语现场表达抑扬顿挫的鲜活语调和现场感，也不是适切的口译教材；唯有口译活动的现场录音、录像（如会议口译录音、录像），既能够展现口语性特点，又充满职场的鲜活与变数，是最适合的口译训练教材。

其次，口译训练的讲话材料需要内容完整且独立，最好附有背景介绍或者译前准备信息，方便辅助并引导学生在训练之前获取必要的认知补充（cognitive inputs）。这种方法与释意理论的观点不谋而合，即口译员利用自己的认知补充翻译语言意义，而不只是在字词层面传译语言（Lederer 2003）。近十年来，口译教材编者认识到并践行了这一点，但是背景介绍多属宏观政治经济概述，鲜见具体讲话人和会议背景介绍，不利于模拟职场活动进行有针对性地译前准备，对口译仿真训练教学造成误导和障碍。

再次，现实性是口译训练中的重要因素（Seleskovitch & Lederer，2011）。2008年前后出版的教材中都编排了奥运会和世博会的内容，彰显了很强的现实性。但是，有的口译教材用回译的语篇取代了源语语篇，例如，在改革开放初期的口译教材中对中国国情和各地概况进行英译汉是较为常见的内容。虽然这类内容实效性较强，但没有考虑到对中国国情的介绍多为汉译英，忽略了口译的方向性特点。口译是技能性课程，教学时不能采用传统的自上而下的知识灌输法，而是需要按照现代教材观念，自下而上进行诱导（夏纪梅，2003）。口译一般没有标准答案的译法，编者可以提供多种译文，附加解释，以展示不同的口译环境、技巧和方法所产生的不同译文，帮助学生习得口译理论和实践技能，但是截至目前此类教材凤毛麟角。

三、口译教材设计与口译教学方法的搭配

口译教材的设计，宏观上应提供支撑教学的理论框架，辅助和规范教学；微观

上，规划教学方法细节，践行高效教学。

巴黎释意学派（巴黎释意学派教学方法开启了口译教学方法的先河，他们的教学方法在国际上享有盛誉，并得到了欧盟的认可和支持，成为国际口译教学方法的标杆。）倡导口译教学"由浅入深循序渐进，使学员由刚刚进入学校到掌握广泛知识和语言知识、提高智力，特别是提高国际会议口译的职业能力"（Seleskovitch & Lederer, 1991）。因此，教材设计应兼顾技能、语言、文体和方向性造成的技巧搭配、语用特点、语体风格和话语难度等。

但是据研究统计（王斌华，2012），我国早期口译教材普遍缺失口译理论架构的支持，也没有彻底区分口译教学与外语教学，而是将口译作为外语学习的一部分。这些教材所涉专业、领域颇多，设计期望学习者了解不同主题英汉表达方法和语法差异，理论层面体会两种语言差异，从而提高外语口语能力。

遗憾的是，之前的设计忽略了一个重要因素：技能学习是口译习得的敲门砖，是口译教学不容置疑的主线。按照习得规律，通常在掌握口译基本原则、了解口译的基本技巧之后进行主题口译习得。20 世纪末大约七成的口译教材遵循主题编写结构，内容编排类似于口语或外贸教材，仅将练习转换成口译训练，却缺失与相应口译技巧（发音、断句、成语谚语和数字口译等）的结合。

在材料的文体安排方面，口译教材尚未形成比较一致的模式；从材料的方向性来看，大多教材的章节内容都是英汉双向口译训练；在语言复杂度方面，仅 25%的口译教材采用难度渐进的方法。很少有教材根据 Seleskovitch & Lederer(2011)、Sawyer(2004)的教学建议按照从简入繁、由具体到抽象、从叙事至辩论、始于译入 A 语止于译入 B 语的过渡模式进行设计。

随着认知的不断深入和翻译学研究的逐渐发展，近十年出版的口译教材开始向好转变：口译教材与口语、外语外贸教材渐显差异；近一半教材采用技巧的难易梯度和口译的线性程序进行设计如，交替传译涵盖信息听辨（听辨、意群切分、关键信息识别）、记忆、笔记、表达等；主题设计也遵循由浅入深的原则，从日常生活到拓宽至技术性（旅游、经济信息等）题材，从地区性话题扩展到国际性热点问题等。

四、全媒体技术（数字化）驱动的口译教材

自 1990 年以来，口译教材形式逐渐从传统的纸质教材向多媒体教材过渡，但距离数字化较远。陈坚林（2011）认为全媒体教材是一种基于现代教育技术理论和

数字技术实践的新型、动态教材系统，也是一种体现教学理论、方法与技术的新型教材。立体式教材的特点之一是以多媒体、多模态、多介质方式，即时更新来存储和呈现教学资源。事实上，仍有将近一半的口译教材，训练语篇没有转录成音频；配有音频的大多数教材训练语篇是朗读录音；绝大多数教材的参考答案缺少音频。这不仅起不到口译的示范作用，反而成为平面教材的简单重复，教材存储介质单一，所用多媒体形式尚未真正实现与口译教学模式的融合。

全媒体技术能够为一体化、系统化设计口译教材提供策略支持。立体式、系统化的教材编写策略助力教学素材快速更新，更好地实现口译教学的时效性。时过境迁的热点话题不宜作为教材的保留曲目，因为彼时的未来已成为当下的现实，话语的时态体都已今非昔比，继续作为教材内容，难免让学习者无所适从。而且，随着新的口译形式（电话口译、远程会议口译等）的出现，口译教学也需不断调整，充分利用新媒体技术，如：基于电子设备的学习（E-learning）、混合学习（Blended Learning）、基于应用软件学习以及云端学习等，将其嵌入口译教材，优化口译教材的辅导作用。

在口译教材编写的范畴内，全媒体不仅是媒介转换，更是发展范式革新。全媒体技术通过多元、互动支撑教学过程，辅助对口译教材进行重新设计、开发、利用、管理与评价，推助实现立体式教学，充分展示先进教育技术的精华，提高口译教材质量。有鉴于此，不断增加的口译人才培养单位与口译教师协同、口译实践经验丰富与口译实践经验欠缺的教师协同、口译教师与口译学习者协同，为实现新技术和口译教材协同的最优绩效，在编写教材时，要明确每堂课的教学目的、描述教学流程、根据新语境建立并及时更新教学素材库，促进教与学的互动，加强自主学习，提升教学质量。全媒体教材的后台实时支持口译内容更新，编著者始终关注国际热点，吸收最新教学科研成果，及时了解相关教学反馈，使得众筹包模式引入教材编写和个性定制化服务成为可能。

第四节　新型口译教材开发策略

社会发展对于优秀口译人才的需求，使口译教学模式探索和口译教材建设成为当下外语界亟需攻克的时代命题。各人才培养院校纷纷利用科学理论、系统观念、先进设备、高效手段，探索既因循口译思维过程的特性，又符合认知规律的多方协作口译教学模式。口译教学理念中的“多方协作”，本质上是一种开放式创新模式，意味着从内部和外部同时获得有价值的创意和优秀的资源，运用内部和外部的优势，实现成果效应的最优化和价值的最大化。旨在“创新”，呼应了当今高等教育对于“协同创新”理念的倚重。协同创新是指围绕创新目标，多主体、多因素共同协作、相互补充、配合协作的创新行为；特点是参与者拥有共同目标、内在动力、直接沟通，依靠现代信息技术构建资源平台，进行多方位交流、多样化协作。协同创新的主要特点有：整体性，创新生态系统是各种要素的有机集合而不是简单相加，其存在的方式、目标、功能都表现出统一的整体性；动态性，创新生态系统是不断动态变化的。全球化的环境下，实现以开放、合作、共享的创新模式被实践证明是有效提高创新效率的重要途径（陈劲、阳银娟，2012）。

知识分为学术知识和经验知识，前者强调普遍有用，而后者则强调能够直接应用于具体情境的时空聚焦性。创新过程是两类知识的糅合与整合，不仅注重知识的开发和创造，更强调知识的灵活应用和价值转换。全媒体口译教材应当充分发挥教材编写过程中的师生协同、职训协同、专业协同、校内协同、校际协同、区域协同和国际协同，从整合及互动两个维度，探索知识、资源、行动、绩效方面的创新主体间互惠知识分享，资源优化配置，行动自由同步和系统兼容匹配。

首先，口译教材的编写，从根本上说来自学生的需求。学生作为教材的读者，是教材写作过程中自始至终需要考量的中心。学生的认知特点、知识结构、培养目标，都决定了口译教材的走向。在实际操作中，如果能够将学生融入教材编写的始终，师生协同，必将大大调动学生的学习热情，更可以借助团队的创新意识和技术特长，发挥其主观能动性，生产读者友好型电子图书。

其次，口译教材编者不仅应该掌握相关口译理论，知晓学生的学习需求，了解口译学习特点，更应充分了解职场口译运作，熟悉口译职场现状和职业精神培养。将一线译员的直接经验，以教材形式原汁原味嫁接，传递至受训者，实现职训协同，从而拓展学生译员职场教育，提高培训效果。

此外，每个学校都有各自强势专业，借助这些优质资源，往往能够给教材注入鲜活素材。各口译培养单位应该同相关院系深度合作，开展校内协同和专业协同，以学校为平台，联合相关院系，整合专业资源，编写多领域口译教材，服务于全体学生。以翻译实践教师为主体，同相关院系深度合作，请进有参与专业国际交流及会议的专家学者，派出能承担国际会议口译的教师，参与会议组织、接待和外语服务的志愿者，熟悉会议流程、现场环境，获取一手口译资料。

另外，华约、北约、卓越等联盟学校间，可就个性化口译教材编写开展校际协同和区域协同。作为国内综合性、专业特色鲜明的大学联盟，拥有比任何单一院校更多的优质资源，涉及人文社科、自然科学、医学等众多专业领域和学科门类。若能综合运用、合理挖掘，充分吸收各方面专家学者的智慧，编写具有学术前沿，适合拓展专业知识和口译技能的教材。当然，大学需要加强与所在地方、社区的沟通与合作，服务地区经济，完成所承担的社会职能，结合国家战略，对口支援，开发出针对区域经济、文化生活特点的口译教材。

全球化背景下，国内口译教学研究的先天不足得以弥补。适当引进国际顶尖翻译院系特色教材，通过构建国际协同，加强同国外专业院校、联合国组织、欧盟以及其他国际机构开展务实合作，既符合中国学生口译学习需求，又紧跟国际先进教学理念。

信息化是大数据时代大学外语教学改革的必由之路，实现信息技术与外语课程的整合是外语教育信息化的有效途径，其内涵是指在外语教学过程中把信息技术、信息资源、信息方法和课程内容有机结合起来，共同完成课程教学任务的一种新型、高效的外语教学方式。信息整合将成为一种教学方式，全面结合教学环境、学习者需求、课程内容、教学目标、教学评价方法、教师素养、硬件与软件资源以及教学支持系统等因素。口译教学作为少数位于外语教学金字塔顶端的课程，由于教学内容、教学载体和教学成果社会对接的即时性，其信息化程度要求更高。口译教学与人才培养更应强调开发和运用各类信息资源，更新教学模式和教学内容，包括一切与口译活动相关的软件信息内容，如书本、课件、电子材料、多媒体光盘以及其他网络资源等。

教育层面上看，呈现教材立体化、资源全球化、学习自主化、学习活动合作化、教学个性化、管理自动化和学习环境虚拟化（转引自刘辉，2012）。教材立体化使教学资源的呈现方式多模态化、教学内容设计一体化、教学过程多元化（陈坚林，2011）。资源全球化使得“海量”信息资源实现共享，突破时空地域限制。学习自主化和学习活动合作化使学生的学习方式和思维方式更具兼容性和开放性。教学个性化为学习者探索式、发现式学习方式创造条件。教学环境虚拟化使学习空间泛在化、学习情境真实化、学习交互对象国际化得以实现（顾世民，2011）。

此过程应提倡“信息需求分包”（crowdsource information needs）理念，不仅能够减轻教师工作量，确保教学资源的多样性，而且能够激发学生的主动学习热情和参与意识。但如何从海量信息中捕捉最适合学习共同体所需的教学资源，应借助师生共同努力，激活学生的参与意识，提升学生自主学习动力(Tuck, 2012)。这种分包模式，遵循“共同但有区别的责任”原则，合理分工，取长补短。这样，能够培养学生在虚拟学习社区的归属感。如果在自主学习、信息需求分包、多维评估基础上，设计出数码奖章或类似证书，并纳入期末课程评分体系；如此，学生参与信息需求分配，他由信息消费者转为生产者之一，便与其他用户形成良性互动。当然，该生产过程即为积极学习主导的信息挖掘，参与者自然成为积极学习者。这种分包带来的副产品是，第一时间即可了解学生的自主学习特点、喜好、信息采集和阅读习惯。通过深入学习，对提交素材做初步加工，如音频、视频文件剪辑、背景知识介绍、文本、词汇及术语、典型例句、语篇特点等，以明确自主学习的目的性。

实现信息技术与外语课程整合是外语教育信息化的有效途径，其内涵是指在外语教学过程中把信息技术、信息资源、信息方法和课程内容有机结合起来，共同完成课程教学任务的一种新型、高效的外语教学方式。信息整合将成为一种教学方式，全面结合教学环境、学习者需求、课程内容、教学目标、教学评价方法、教师素养、硬件与软件资源以及教学支持系统等因素。

第五节　新型口译教材开发典范

大数据时代，面对慕课、翻转课堂、iTunes U、可汗课堂、微课堂等全新教学手段和教学模式的冲击，对碎片式学习和时效性材料有明显要求的口译学习和训练，呼唤具有时代特色和能够面对现实挑战的教材编写新理念。大数据时代的海量双语信息令人目不暇接，但口译学生和教师却常常面临适切性教学资料难觅的困境。如何筛选和过滤非目标信息，编写具有大数据时代特点、满足实战型人才市场需求的口译教材，提高自主学习效率，培养优秀译员，成为一项迫在眉睫的任务。本书拟从大数据时代口译教材的诉求出发，分享利用 iBooks Author 编写制作系列定制口译教材的过程和具体实施方案，并结合教学中使用 iBooks 系列口译教材的问卷调查和教学反馈，剖析其彰显的学习者友好、大数据、交互式和评估导向的时代特质。

针对传统口译教材未能以技能训练为主、选择和编排不够科学、真实性欠缺、话语类型过窄，忽视跨文化交际技能（王金波、王燕，2006）等不足，翻译学界应针对新世纪口译人才的市场需求和口译教材编写的时代诉求，开展多维协同创新，定制满足学习者个性化需求的全媒体教材。在传统纸质图书仍然大行其道的今天，利用现代科技，探索电子图书在口译教学领域的应用，具有鲜明的时代意义。

一、电子图书

电子图书又称 e-book，是指以数字代码方式将图、文、声、像等信息存储在磁、光、电介质上，通过计算机或类似设备使用，可复制发行的大众传播媒体。作为一种新形式的书籍，电子图书拥有众多与传统书籍不同或是传统书籍不具备的特点：必须通过计算机或专门电子设备读取并通过屏幕显示出来；具备图文声像结合的优点；可检索，可复制，性价比更高；信息含量更大；发行渠道更多样等。

电子图书的出现，给口译学习及教材编写带来了极大便利，超大信息量和图文声像结合等特点，促使口译教育者探索大数据时代的全媒体口译教材开发和推广。一本电子书，可提供高于传统教材近乎几何倍数的巨量信息，满足语言及百科知识模块学习，以符合认知规律的形式呈现给读者。

电子图书最早出现于欧美，其教育出版的数字创新不乏亮点，但存在结构性问题，教材价格居高不下。据统计，一个美国大学生，平均每年的教材花费为 1 200 美元。加拿大的统计数字发现，近 5 年，教材价格涨幅已接近 300%。很多英美学生开始购买二手教材，或通过影印章节、借阅等办法减少教材购买。人们本来希望数字教材的普及可以大幅度降低教材价格和学生负担；但是，由于数字教育平台和全面解决方案的投入巨大——软硬件、技术企业收购、研发运营费用等，短期内需要教材利润弥补。所以，数字化非但未解决英美教材价格昂贵的问题，反而进一步推高了教材定价。

数字教材不但价格昂贵，出版商对数字内容使用权限的种种限制，更让教师学生叫苦不迭。比如，很多情况下，学生并不“拥有”数字教材，而只是借阅，使用期限从 1 星期、1 学期到半年不等；如果要完全拥有数字教材，其价格甚至比纸本教材还要昂贵。多数数字教材也不能够全本打印，有的甚至对内容的复制粘贴与社交媒体分享也进行限制。数字教材的兼容性同样存在诸多问题，比如，只能在出版商开发的特定软件环境中阅读，缺乏对其他平台的支持，学生的学习笔记、批注和加亮内容也难以跨平台转移同步，对 Endnote，Evernote，GoogleDoc 等在线学习应用的兼容性差……这些缺陷让教学效率大为降低。目前来看，相比物不美、价不廉的数字教材，师生们仍偏爱纸质教材。数字教材的普及并不尽如人意，因而出版商的后续数字产品服务无用武之地。

英美教育出版的商业模式虽然突破了单纯的教材出版，开始立足于教材资源的数字化整合和利润更高的数字解决方案，但是，对数字教育体系的封闭定义、对商业利益的追逐、还有垄断思维阻碍了教育出版商的进一步创新。

一直以来，面对数字大潮，英美教育出版商相对乐观。首先，他们的数字化改造起步甚早，并形成了对资源和机构渠道的垄断优势；其次，教育出版商深信教育用户愿意也不得不为高质量内容付高价。但是教育出版的危机，以出版商意想不到的方式发生——那就是，借助互联网技术而袭来的开放浪潮。可以说，以往最稳定、最赚钱的出版领域，正面临被数字创新和开放运动所颠覆的风险。教育和科学传播的未来，是一个开放未来。而这个开放未来与商业出版存在着根本冲突。这是摆在全球教育出版产业面前的紧迫课题。自 2012 年起，教育出版巨头如牛津大学出版社、圣智学习集团，威利、麦克米兰高等教育等相继开始与 Coursera 和 Edx 等 MOOC（大规模在线开放课程）平台合作，尝试在新的开放教育体系下寻找出版商的价值定位。

二、电子图书新定义——iBooks

iBooks 划时代意义移动图书馆，给口译教材编写指明了新的发展方向，孕育了口译自主学习和大数据时代教学观念和方法的革新。iBookstore 于 2010 年问世，拥有海量电子图书，按标题、作者或类型浏览，使用 iMac、MacBook、iPhone、iPod touch、iPad 或 iPad Air 阅读，与平常纸质书别无二致；更能带来电子图书的全媒体体验，一直深受广大用户喜爱。电子图书可根据选择的章节，制作样本供读者试读，或者提交 iBookstore 以供下载。

iBooks 图书馆可以提供多样化的阅读体验。在 iOS 系统设备上阅读电子书精彩迭出。既可以翻动书页，从头至尾阅读，也可连续垂直滚动阅读；既可以每次阅读一页，也可以在横向模式下同时浏览两页内容；既可以在全屏模式下毫无干扰地阅读一切内容,也可以黑底白字的夜间模式进行浏览,甚至可以通过改变字号和字体来调整大多数电子书的外观。

iBooks 能够利用 Multi-Touch、音频、视频等功能赋予 iPad 等 iOS 设备魔力,激发用户想象力,将阅读带入全新境界。通过单指滑动每一页上的缩略图,便可翻阅浏览电子书。阅读者将不再受限于纸质书中的单调图像,可以随意浏览整个图片库。既可以单指旋转 3D 物体,也可以添加音频让文字鲜活起来,使得枯燥、艰苦的口译训练变得生动起来。

iBooks 囊括所有的重点、标注、释义于其中。在 iOS 设备上阅读,用手指就可以加亮文字,只需扫过选中的文字,即可添加高亮效果;轻点重点区域,即会出现控制面板;可以迅速改变颜色、标注下划线或添加注释。然后切换到 Notes 视图,所有的笔记和重点都迅速归整到一起,有助于学习者轻松搜索,或返回电子书的加亮显示区域。笔记、标注、重点内容可以通过网络实现共享,便于团队、指导教师实时了解学习状况,形成良性互动。

三、iBooks Author——全媒体图书编辑利器

较之于传统意义的纸质图书,全媒体口译教材的特点在于信息量巨大,多媒体形式呈现和互动效果,具备文字、图片、音频、视频、互动和 3D 效果,图文并茂,能够提供强烈的现场感、逼真的视觉冲击、全面的副语言信息。

通过 iBooks Author,可以制作精美的 Multi-Touch 电子图书,借助图库、视频、音频、互动式、3D 图像等丰富内容,为电子图书树立了新的标杆,重新定义了个人图书馆,给全球用户带来了崭新的阅读体验。

不仅如此,iBooks Author 向著者提供了用户友好的精美模板,可以选择各种主题及页面模式。使用这一软件,作者能轻松添加文字、图形、音频、视频等内容,以作者希望的样式呈现。

iBooks Author 具备制作电子图书所需一切,使用如文字处理工具一样简单,但强大功能足以让每页表现力都超越文字本身。内置的目录、词汇表、Widget、正文等诸多元素,均可自动利用 VoiceOver 技术朗读,便于读者预习或复习。其 Widget 为图书增添 Multi-Touch 魔力,动画效果跃然页面,结合 3D 互动,大大便利读者的信息摄取。在章节复习环节,作者还可设计选择、标注及混合题型,提供众多练习方式,以巩固学习效果。iBooks Author 的易用性可以让著者抛开众多技

术性问题，专注图书内容和符合认知规律的便捷编排，按照理想意图制作图书。在交互性方面，iBooks Author 可以集成 Keynote 和 Powerpoint 思想于图书，让知识点和技能以鲜活方式向用户展示。

当图书一如著者所愿的方式呈现，作者便可以 iBooks 形式提交至 iBooks Store 供读者下载，或根据所选章节，制作样本以供试读。作品也可以用 PDF 或 iBooks 格式导出电子书，在 iTunes U 与人共享，或在相应设备阅读。

口译教材因其时效性特点，经常需要补充和更替练习内容，也会因为各种原因而升级换代，iBooks Author 能够有效支持书籍更新。这意味着，对于已下载的电子书，如果有包含了新内容的版本重新发布，iBooks Author 就会及时通知学习者免费下载更新版本，并进而自动替换书架上旧版本。

综合优秀口译教材的大数据时代诉求和实战型人才的迫切需要，改革传统的教学模式已势在必行，因其所依赖的"课本＋磁带或光盘"教材容量有限、出版周期长、内容更新慢，必须借助其他设备播放才能使用，已难以适应教学。以数字代码方式将图、文、声、像等信息存储在磁、光、电介质上，通过计算机或类似设备使用，可复制发行的大众传播媒体——电子图书，于是应运而生。

iBooks Author 是苹果公司发布的电子书制作工具，图书通过 iBooks Store 下载，在 Mac 或 iOS 终端上阅读。任何人都可以通过用户友好的精美模板，选择各种主题及页面模式自建电子书，插入包括音频、视频、3D 动画等在内的多媒体内容，同时还可以利用 HTML、JavaScript 等技术，所有操作都是所见即所得的风格。通过 iBooks Author，可以制作精美的 Multi-Touch 电子图书，以预期的理想样式呈现，如将 Pages 或 Word 文档拖放至图书窗格，即可成为新的章节，图文混排易如反掌。

借助图库、视频、音频、Keynote 演示文稿、互动式、3D 图像等丰富元素，给读者带来崭新的阅读体验。研制过程中，可以随时预览；完成的作品可以申请国际书号(ISBN)，并提交到 iBooks Store 供用户免费或付费下载。iBooks Author 具备制作电子图书所需的各种优势，操作简单，其强大表现力超越文字本身。其简便易用性可以让作者抛开繁琐技术性问题，专注图书内容和符合认知规律的便捷编排，按照理想设计制作图书。

四、iBooks 口译教材优势

目前市面上使用的教材均为纸质图书配以 MP3 光盘，因出版周期和载体局限，更新速度和信息传递较难满足教学需求。较之于传统意义的纸质图书，iBooks作为口译教材的特点在于信息量巨大，多媒体形式呈现互动效果，具备文字、图片、音频、视频、互动和3D效果，图文并茂，能够提供强烈的现场感、逼真的视觉冲击和充足的副语言信息。iBooks使用iMac、MacBook、iPhone、iPod Touch、iPad、iPad Air或iPad Pro阅读，带来电子图书的全新体验，给口译教材编写指明了新方向，从而催生口译自主学习和大数据时代教学观念与方法的革新。著者秉持"以专业的眼光优化口译教材，从职业培养的需求建构技能，以前瞻性设计审视编写理念"的编写原则，研制成功并投诸使用的iBooks系列口译教材，以内化"学习者友好"理念、专注优质教学资源集成、凸显"交互"、"自主"概念、更新教学评估方案等特色，努力革新口译教学电子图书的定义。

（一）内化"学习者友好"理念

iBooks可以提供多样化的阅读体验，既可以翻动书页，从头至尾阅读，也可以连续垂直滚动阅读；既可以每次阅读一页，也可以在横向模式下同时浏览两页内容；既可以在全屏模式下毫无干扰地阅读一切内容，也可以黑底白字的夜间模式进行浏览，甚至可以通过改变字号和字体来调整大多数电子书的外观。

教材提供词汇表、术语一览，所有进入词汇表的词汇，都在文中给予特别标注，以便识别和查询。对于词汇或术语，既可使用内置词典直接查询，也可添加释义、注解或者使用译文例证。针对口译学习初级阶段特点，教材对音频做降速处理，帮助部分读者逐步适应说话人的语速、语音特点。为帮助初学者正确掌握信息单位、意群的实际操作，iBooks口译教材在每一完整练习单元音频后插入适当空白，代替可能会影响使用者思维及练习效果的暂停功能，方便使用者心无旁骛地操练。

在同传练习部分，会议现场和同传箱声音信号分置不同音轨，便于读者通过左右声道练习和自我评估。"会议口译主要是一种技能，更像是难度较高的体育项目，主要是由译员的大脑进行。重要的是认识到只有当译员能够借助众多可靠的自动反应储备，才可以胜任最为困难的练习，以便为其他需要全神贯注的口译过程部分释放心智能力。"（Weber, 1989）iBooks口译教材根据难易程度对学习材料分级，添加专业领域、难度、术语、用途等标签，方便读者以菜单式选择学习内容。内置的目录、词汇表、Widget、正文等诸多元素，均可利用VoiceOver技术朗读，便于学习者预习或复习。iBooks内容可直接接入教室多媒体系统，通过有线或无线播放，是典型的学习者友好教材。

（二）专注教学资源之大数据集成

iBooks 口译教材顺应大数据的海量信息、非结构化（图片、音频、视频等）和时效性特点，可以满足信息储存、媒体多样和及时更新等需求。iBooks 信息量巨大，能够在教材开发中实现重点词汇、百科知识、技能练习有效结合，达成多姿多彩的展现形式。以视频形式出现的会议发言，能够向译员提供清晰的语音、丰富的面部表情、手势、体态等副语言特征；视频可以提供可选式字幕，便于学习者对照原文，纠正听力理解中的偏差。

当图书一如著者所愿的方式呈现，作者便可以提交至 iBooks Store 供学习者下载，或根据所选章节，制作样本以供试读。作者也可以用文本、PDF 或 iBooks 格式导出电子书，在 iTunes U 与人共享，或在相应设备阅读。这些特点不仅能够简化出版、流通环节，缩短刊印周期，还能有效保证口译教材的时效性。此外，iBooks Store 能够有效支持书籍更新，对于已下载的电子书，如果有新版本发布，会及时通知学习者下载，并自动替换旧版本，在满足口译教材的时效性方面具有无可匹敌的优势。

（三）凸显“交互”、“自主”概念

自主性对于培养学生的自信和独立意识非常重要，优秀的教材应该能有效帮助学习者实现自主知识建构。口译教材应当“通过提供真实语料、创造真实的环境和鼓励学习者积极参与活动来帮助他们发展交际技巧和策略，以实现一定程度的自主性”。（王胜利，2006）VoiceOver 的朗读能实现不便阅读时的学习，充分利用碎片时间，提升整体学习效果，达到自主学习预期。

通过充分开发 Widget 功能，增添 Multi-Touch 魔力，动画效果跃然而出，有力提升学习者的信息摄取。采用弹出项给出解释、说明或补充信息；以滚动侧栏技术，实时给出口译参考译文，便于自主学习指导；采用交互式图像、3D 提供多媒体信息，直观解析相关概念、理论；超文本链接可在线查阅百科注释或背景知识。在 iOS 设备上阅读，用手指扫过选中的文字，即可添加高亮效果；轻触重点区域，即会出现控制面板；可以迅速改变颜色、标注下划线或添加注释，然后切换到 Notes 视图，所有笔记和重点能够迅速归整到一起。有助于学习者轻松搜索，或返回电子书的加亮显示区域。在章节复习环节，教材编写者可设计选择、标注及

混合题型，提供诸多练习方式，从不同环节和层面巩固学习效果。在交互性方面，iBooks 集 Keynote 和 PowerPoint 功能于图书，使知识点和技能以鲜活、灵动、直观方式向学习者敞开。

（四）完善教学评估方案

iBooks 口译教材编写中，设置的评估指标涵盖连贯性与可信度、忠实、说话方式和语言等四个方面，进行学生自评和师生评估（Schjoldager，1996）。使用该评估模板，结合 Widget 功能，使用者在自主练习过程中输入选择答案后，iBooks 即可自动生成评估结果，给出解决方案或参考链接，并指向相应章节或资源库。

iBooks 口译教材中所有练习内容均提供文字稿、参考口译稿，便于读者自我评估。学生不仅可以与他人共享资源，而且还拥有了更多自由组合、分工协作的机会，拥有了评价和讨论他人观点与实践水准的机会、空间和时间。通过重点内容卡片、笔记卡、词汇表等功能，选择随机或顺序显示，便于考查学习者对于词汇、术语和相关知识的掌握。笔记、标注、重点内容可以通过社交媒体或其他网络应用实现共享，便于团队、指导教师实时了解学习状况，调整教学进度、开展教学效果评估，形成建构型学习模式的双主体良性互动。

五、iBooks 口译教材的实践应用

本系列教材设计根据认知学、心理语言学、翻译学等相关学科理论，遵循掌握认知技能的客观规律。利用先进教学手段，营造真实口译氛围，拓展教学空间，加大练习量和练习的实战性；借助科学的评估系统提高口译训练绩效，满足口译学员自主训练对于个性化的诉求，激发学生自主学习的动力和效能。

“经过多年的理论探讨，学界普遍认同口译课为交际技能课，应以口译技能训练为主，语言提高为辅。为此，口译教材层出不穷，训练手段也不断更新。然而，如何形成科学系统且便于操作的训练模式，把理论纲要具体地实施到教学实践中，尤其是关于学习方式的变革与学习绩效的研究十分欠缺。”（蔡小红，2008）因此，基于对国内口译教学研究现状的充分体认和著者长期高校口译教学的经验，iBooks 口译教材编写和使用过程中，始终致力于以学生为主体，重新审视口译教与学的关系，在教学实践中同步开展绩效研究。力求发挥先进教学模式和教学资源的潜在优势，最大限度激活优质教育资源在口译教学中的使用效度。

“在我国的外语教学中，教材占有特殊的地位：它是实现教学大纲的重要保证之一，是教师组织教学活动的依据，也是学生获得有关知识、技能、学习策略的主要来源。”(钱瑗，1995)因而，在编写或选用符合外语教学课程需要的教材时，一个必不可少的环节就是对所涉教材进行评估，而“评估的有效性取决于适当问题的询问及对其答案的解释”(坎宁斯沃思，2002)。为使本系列教材能够最大限度规避传统口译教材的不足，及时修复教材设计中可能存在的偏差，结合 Hutchinson & Waters (1987)，van Els et al(1984)和 A. Cunningsworth 等外语教材评估专家设定的评估目标与体系，iBooks 系列教材编写者在充分论证的基础上，设计了涵盖“教材专题编排”、“学习资源利用”、“练习内容质量”、“评估系统使用”、“学习互动效果”、“课后作业匹配”、“专业技能掌握”和“课本使用效果”等八个指标参数的问卷调查，向全国首批获得翻译硕士授予权的两所高校 MTI 学生发放了 58 份问卷，回收 57 份有效答卷，问卷有效率 98.2%。每项从 1 到 5，满意程度递增。统计结果如下：

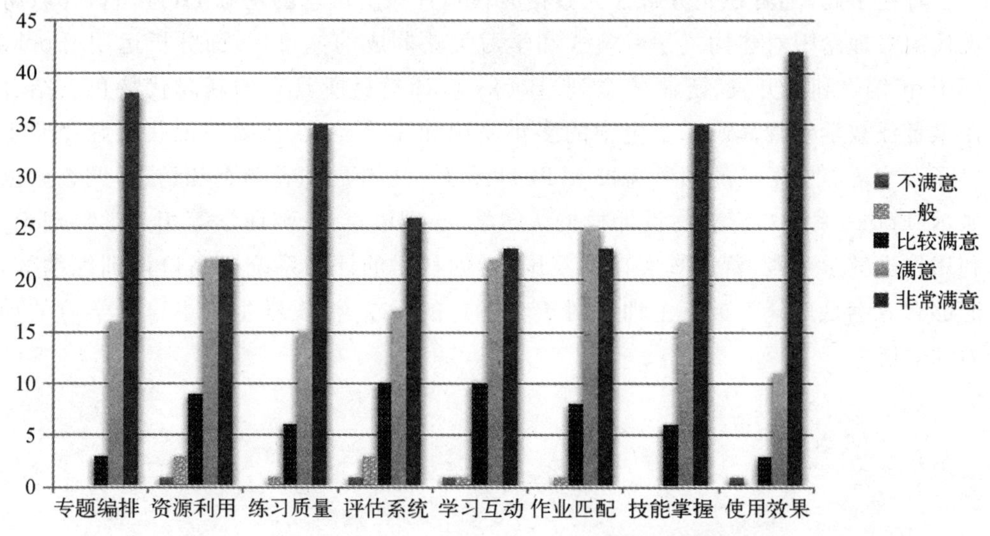

图 3-2 iBooks 口译教材在 MTI 学生中使用效果调查

数据显示，85.1%的同学满意或非常满意 iBooks 教材的使用效果。对部分教师和学生的访谈也表明，读者对于教材持肯定态度；同时，该系列教材在结项论证中，分别得到教材和教学专家组的一致好评。这在很大程度上反映出 iBooks 系列教材在教学模式设置、学习策略引导、教学手段选择和开展双向教学评估等方面的先进理念和实践。

电子图书的出现，给口译课程学习及教材编写带来了福音，超大信息量和声像图文结合等特点，可提供高于传统教材近乎几何倍数的巨量信息，满足语言及百科知识模块学习，以符合认知规律的形式呈现给学习者。“针对口译人才培养的现实需求和传统口译教材的不足，全媒体时代的口译教材编写应当能够再现真实口译环境，提供自主学习空间，倡导交互学习方式。”（许文胜，2014）

针对口译学习特点以及学习者认知规律，口译教材不能仅满足课本＋磁带或CD－ROM的形式，大数据时代更应鼓励异质化口译教材开发，以满足更多个性化需求。协同创新给全媒体口译教材带来丰富的用户体验，涵盖信息量大，涉及面广，学习资源丰富并且便捷；适应学生学习特点和认知心理，尤其是个性化学习的需要；课程内容更加丰富，教学手段变化迅速；不受时空限制，有利于师—生、生—生、师—师之间的互动和交流，能有效实现口译人才培养中的个性化定制、菜单式定制、区域定制、学校订制、专业定制和培养对象定制。

有鉴于此，笔者在充分解读大数据时代口译教材诉求的基础上，遵循口译教材现代编写理念中对建构式学习模式和学习策略养成的偏重，全面分析运用 iBooks Author 编辑利器开发、研制的系列 iBooks 口译教材所具有的新时代特色。结合在笔者任教学校翻译硕士学生中的多年使用和完善经验，在第一批获得翻译硕士口译人才培养授予权的两所高校 MTI 口译学员中开展问卷调查和访谈，调查数据显示 iBooks 系列口译教材设计根据认知学、心理语言学、翻译学等相关学科理论，利用先进教学手段，营造真实口译氛围，借助科学的评估系统提高口译训练绩效，能够有效满足口译学员自主训练对于个性化的诉求，激发学生自主口译学习的动力和效能。

第四章

口译自主学习

关于口译技能习得，业界一致认同大量自主训练与实践。口译技能从潜隐的自在状态到能动的自为状态，需要经过大量的训练与实践（刘和平，2001；仲伟合，2006）。依此，教师课堂教学之余的大部分时间应交给学生进行自主操练，获取并强化口译技能。

高等教育的大众化刺激了班容量的与日俱增，与此同时，相形见绌的却是有限课堂学时提供学生训练的时长捉襟见肘。刘梦莲（2010）的研究证明：20 生/班的人均练习时长仅为 2～3 分钟/课时。更有甚者，班容量高达 30 多人。人均练习时长和强度与技能所需相去甚远。理想与现实的差距不仅给学生口译技能训练与习得设置障碍，也拖滞了口译教学的理想效果。

口译技能习得的要求和口译教学面临的挑战，促使教师不断寻求解决之道。借助互联网时代海量教育资源的优势，创设口译自主学习环境，系统有效引导和管理学生自主学习，提高其口译知识和综合能力，解除当前口译教学所受桎梏，是一项极富意义的研究。

因此，口译学习很大程度上属于一种技能训练，而技能习得必经之路是大量训练，尤其是个体自主训练。随着个人电脑及移动设备的普及，自主学习形式日趋丰富，手段更加先进。应用新技术，可以集成文本、音频、视频，为各种口译学习活动提供可能。它有两方面积极意义：教师或培训者需要新技术辅助口译教学，对口译人员或学习者进行口译训练；口译人员或学习者需要新技术进行口译自主训练。

大数据时代网络资源富庶，电脑技术飞进，社交媒体便捷，这均为口译自主学习及技能训练提供了空间。口译技能习得需要个体进行大量自我训练和实践，在翻转课堂理念日臻完善的当下，基于云存储技术为建立教学资源库和实现随时随地读取提供充分技术保障，探讨建立优质教学生态系统中口译学习者的自主训练，以提高其口译技能，研究意义不可小觑。

第一节　自主学习理论溯源

自主学习现象派代表人物之一麦克库姆斯(McCombs)曾提出，自主学习者有一个自我系统，包括静态的结构和动态的过程两个方面。静态的结构包括自我概念、自我意象、自我价值等影响个体学习动机的成分。动态的过程包括自我评价、自我监控等影响个体学习控制和强化的成分(庞维国，2003)。自主学习者个体的进步，取决于静态结构成分和动态过程发展的合力。学习者自主学习能力的提高需要自我过程的系统训练；自我评价、自我监控与反馈所支撑的自身能力的积极认识。

将该模式复制到口译习得中，促成口译自主学习技能的自我系统，促进学习者口译技能自我系统的发展，促成自主学习者口译技能的提高。期间，一方面，与外界不间断进行动态反应系统训练，既习得口译技能又促进自身发展；另一方面，进行自我评价，调节学习进程，在调节中升华自我价值、自我概念等系统静态成分的认识，进而推动口译技能自我系统进一步发展。此乃循环往复、相辅相成的过程。

根据美国自主学习社会认知学派代表人物齐莫曼(Zimmerman)，自主学习取决于自我、行为、环境三者间的相互作用。学习者不仅要对学习过程做出主动控制和调节，还要基于外部反馈对学习的外在表现和学习环境做出主动监控和调节。在自主学习过程中，个体需不断监控和调整自己的认知和情感状态，观察和运用各种策略调整自己的学习行为，营造和利用学习环境中的物质和社会资源(转引自刘梦莲，2011)。该观点强调环境的作用，为更好地进行自主学习，自主学习者需充分利用学习环境中的学习资源。由该自主学习理论可得出，口译学习者通过电脑进行自主训练的同时，处于学习者自我、口译自主训练行为以及电脑支持的口译自主训练环境三者交互的作用之中，也就是说，通过利用电脑支持的自主训练环境中的自主学习资源，进行自主训练和评价，推进口译自主学习者自主学习系统的巩固和进步。

Holec(1981)最先将“自主学习能力”概念引入外语教学，将自主学习能力定义为“能负责自己学习的能力”。从学习者角度看，具备自主学习能力意味着获得确定的学习目标内容、材料、方法、时间、地点和进度以及评估学习的能力。此后，国外其他学者纷纷从不同角度对“自主学习能力”的概念界定、理论基础、影响因素，培养自主学习能力的理论依据、实施策略、课程设置、实践结果以及自主学习中心的创建等课题开展了广泛的理论探讨与实证研究。国内相关研究虽起步较晚，但近年来业界也出现了研究“自主学习”的热潮，并呈多元化，所涉研究视角包括国内外自主学习研究状况的综述与梳理(徐锦芬，占小海，2004)，中国学生外语自主学习能力的调查研究(徐锦芬等，2004；方雪晴，2009)，影响自主学习能力相关因素的探讨(胡东平等，2009；刘宇慧，刘晓燕，2010)，培养学生自主学习能力的实验研究(张立，2009；徐锦芬等，2010)肖庚生(2011)。

随着国内外“自主学习”研究不断推进，人们渐识自主学习兼具个体性与社会性特征(Benson 2007)。一方面，自主学习能力与学习者自控、自律、自省、主动性、积极性、创造性等个体特征紧密相关，个体内在认知心理机制在促进自主学习能力发展过程中起举足轻重的作用。另一方面，自主学习并不等同于独自、孤立学习，自主学习具有鲜明社会性特征。徐锦芬(2007)等研究者指出，语言学习的交际性和互动性决定了外语自主学习能力的发展，不但需要个体进行反思和实践探索，将内在认知心理机制推向成熟；而且有赖于外界向学习者提供一个互动交流、相互支持、彼此协同的积极环境，改善自主学习能力动态发展的轨迹与进程。外语学习过程中积极的外部环境有助于促进学习者主动学习、内化和发展，成为教育主体和学习主人。由此可见，良好的集体氛围是自主认知机制走向成熟所不可或缺的外界刺激。也正因此，社交媒体的融入能缩短自主学习过程中空间距离，凸显其社会性特征。

口译自主学习环境多见于基于网络在线的自主学习，这对功能完善的学习支撑与引导工具的设计和使用提出较高要求。根据建构主义理论，将“学习环境”扩展为“基于网络的在线自主学习环境”。

基于网络在线的口译自主学习环境能够提供学习工具；拓展学习资源；支持自主训练；传递评价与反馈(自主评价和他人反馈)；加强自我管理；提升自主学习绩效。教师或自主学习者通过创设环境，设置学习任务和学习资源，并作用于学习支持与管理工具，对学习者口译自主训练进行评价和管理，给予科学学习引导，帮助学习者提高口译技能，促进口译自主学习者发展和提高口译技能自我系统。

而口译自主学习管理包括创设自主学习环境，提供在线口译工具并不断进行改善设计、开发、应用与完善网络学习环境提供，不断更新网络化口译资源对学生口译自主训练质量进行有效监控、评价与反馈。

第二节　口译自主学习原则、环境与模式特点

口译自主学习的中心是学习者的自我系统：自我意识、行为表现和自我反思。口译自我意识包括学习者的自我动机信念和学习任务分析；自我意识的增强，推动训练实践的自我强化，改善学习者自我控制的行为表现；不断改善的行为表现提升学习者自我评价，优化学习者自我反思。系列环节的循环往复，即自我意识策略的持续应用、口译训练行为的连续开展、自我监控反思的不断推进，逐步优化学习者口译元认知结构和认知结构。需要注意的是，不同阶段应有针对性采用不同教学资源、个性化练习手段。

一、口译自主学习原则

良好口译自主学习环境的创建需要遵循多项原则。毋庸置疑的头条原则是“学习者中心”：依据学习者个体特征，因材施教，有针对性地设计和进行口译训练；遵循木桶理论，通过改良短板完善学习者知识和行为的意义构建；量体裁衣的设计和训练有助于强化学习者科学的自我评价。第二条原则应为“技能主线”。归根结底，口译属技能型习得，相关训练以获得技能为主。因而，训练活动的设计围绕听辨、短时记忆和临场心理素质等综合技能展开。第三条原则是基于网络的在线自主学习环境为口译自主习得环境的创建提出了丰富的学习资源、多样的学习策略和便捷的学习工具的原则要求。第四条原则是口译习得、教学和职业特点对口译自主学习环境的创建提出了多向互动的原则要求，即师-生、生-生互动；学校

与用人单位互动；理论习得与技能应用的互动等。

徐锦芬和占小海提出，自主学习应该涵盖五方面内容：了解教师教学目的和要求；确立学习目标与制定学习计划；有效使用学习策略；监控学习策略使用情况；监控与评估英语学习过程。此描述与 Holec 的阐释基本一致，得到国内多数研究者认同。

二、口译自主学习环境

Kiraly(2000)坚信翻译教学应该基于"真实场景，在合作中构建知识以及个人的体验"。口译教学与训练场景中合作的双方主要是师生：学生提高习得水平；教师辅助促进学生习得。

口译自主训练，是基于意志力、目标明确，积极学习口译知识，建构口译技能的自觉实践，包括互动意图(提高口译技能)—行动(自主口译训练)—反思活动(自我评价与反思)。在这过程中，提高学习者自我评价与反思能力是一项重要任务。Sandrell 认为，口译教学有两个主要特征，第一是大量依赖个体的自主学习，第二是要大力发展口译学习者的自我评价能力。H. Lee-Jahnka 也曾提出，学习者对口译质量进行自评能使他们更自觉地注意自己的翻译效果，主动地分析成因，从而进一步提高训练的动力(刘梦莲，2013)。

学生自主与教师自主形影相随。教师在自主学习环境中变成更独立的个体，在教学中扮演"组织者、建议者和信息来源"的角色。教师的介入是提高学习自主性必要且重要的前提条件，可以有效保证练习材料、训练方法及手段、评估标准的合适性。"积极性的引导"和"禁令性的干预"都是提高学习者自主性重要手段。因此，学生自主学习环境下的教师职责范围更广：不仅通过示范和引导良好地控制教学，还要一直给予学生鼓励，充当"辅导员、促进者和资源"的角色。其中最重要的环节是根据学生测评的反馈对教学进行调整，从而更加符合学生需求。自主学习环境下教师角色和定位的相关研究对新时代教师队伍的培养颇有启发。

三、口译自主学习模式

口译自主学习原则和环境决定了口译自主学习模式的特点可以归为"学习者"

中心、互动协作、多媒体运用、现实情景、教师导学等。

第一,"学习者"中心。自主学习模式的核心是学习者本人,重点是学习者个体学习的主体作用。自主学习过程中,学习者个体成为语言、知识、文化、口译技能与职业素养训练方面的主动执行者、意义建构者以及创新思维开拓的者。期间,学习者受到海量资源的图、文、声、像等多种感官综合刺激,积极性和主动性被充分点燃和调动。

第二,互动协作式学习。学习者多向互动、协作发现需要真实而有价值的口译习得土壤,口译自主学习模式要营造相应情景,推助自主学习者与教师、其他同学进行多向协作,对多种模拟口译现场进行观察、分析、归纳、总结,实现发现式学习。充分利用在线网络,多向协作搜集、管理、构建口译学习资源库。

第三,信息资源共享的口译自主学习环境强化了学以致用的目标。口译学习的第一要务是"从用中学"(learn by doing)。应用语言家Corder(1978)提出:"有效的语言教学是适应而不是违背自然过程;是促进学习而不是阻碍学习;是让教师和教材去适应学生而不是让学生去适应教师和教材。"(刘寅齐,2014)口译学习也不例外。口译通过多种媒体形式(文、音、视等)推进跨文化交流,因而需要切合实际而又具有创新理念的口译协作学习环境、教师的帮助和同学的协作、利用现代信息技术和多媒体学习手段进行自主学习和探究,从而在真正意义上实现口译习得目标。

第四,创设仿真,激发思考的"情景"。"学习总是与一定的社会文化背景(即情景)联系在一起。"新型基于多媒体的电子图书、课件需设计和创建服务于教学内容的、真实的"情景",为学生提供广阔的视角和仿真的情境,进行新颖且富有思考价值的学习,激发学习热情,动画学习过程,为学习者探究学习和创新思维的开发与拓展提供最优后台支撑。

第五,强调口译自主学习终极目的是进行"实战",通过预演操练培养并巩固各种必要技能,通过不断了解各种口译场景与领域,积累相关专业词汇,熟悉资料查询手段,提高临场应变处置能力,促进他们用"真实"方式,整合已有知识和技能,综合应用,实现"召之即来,来之能译,译之能胜"的前期实用演练。大部分学生在读到自主学习时都无所适从,更多是在被动地接受学习任务。因此,在学习者中进行自主学习的相关介绍,使其更多地了解自主学习策略,提高自主学习效率,非常迫切。

第六,学习进程中,教师的适度参与监控,可以有效保证自主学习全过程沿着正确的轨道进行。教师的参与不仅可以督促学生尽快习惯自主学习，还可以提高其学习绩效，最优化自主学习成果。

第三节　口译自主学习策略

1990 年，三位德国心理学家曾通过深入访谈和被试记日记的方式，对西柏林艺术中心的两组小提琴手（精英组和普通组）进行研究，探索精英组优秀的原因，结果发现：① 每周训练平均总体时长：两组相似；② 每周训练时长分配：精英组集中精力、有针对性地进行非娱乐、讲方法、旨在提高能力的训练时长是普通组的 3 倍；③ 每周训练时段与强度安排：普通组一天各时段强度基本均等，而精英组一天两个高强度训练时段；④ 每天休息时长：因策略得当，精英组更高效、放松，所以，每晚比普通组多休息 1 小时。该实验说明了策略的正确选择，于技能习得是事半功倍与收效甚丰。口译与小提琴同属技能习得，因而，上述实验结果适用于口译。

自主学习是培养口译技能不可或缺的环节。问题是采用何种策略培养学习主体的口译自主学习能力？笔者认为，可以从认知型和非认知型两个方面入手，培养学生口译自主学习能力。

一、非认知型策略

非认知型自主学习能力主要包括学生对自己的学习兴趣、学习态度、动机水平、情绪状态等非认知因素进行调节和监控的能力。自主学习要取得预期效果，除了学习主体本身的努力，还需要包括教师在内的各种外在因素的协调努力和通力合作。唯此，方能激发学习主体的学习兴趣，端正学习主体的学习态度，激励学习主体的进取精神，使之进入自主学习的最佳状态。

（一）改变口译课程评价手段，创设宽松、平等口译学习环境

考试成绩固然是评价教学效果的一种方式，但绝非唯一方式。学生口译能力

高低不可囿于期末考成绩。课堂参与程度,练习完成情况,课前准备情况,口译训练中的表现,实际口译中的应变能力、反应能力,都是评价学生口译能力的手段,依据评估纠正错误,调整策略,经常、定期、循环往复地进行。唯有评价手段多元化,方可创设宽松、平等的口译学习环境。

(二) 改变口译教学观念,建立学生自主学习教学目标

口译教师是口译学习的引导者,而非主导者。口译教学应以练为主,理论解说为辅。课堂教学目的在于提高学习者口译能力,即学生经过示范和引导,通过练习,展示习得,根据所获经验人士的建议,更有针对性地开展下一步学习。这一目的的实现,更多依赖于口译学习者自主学习。确立自主学习教学目标,学习才可成为自立、主动、高效的活动。

(三) 增强口译学习主体意识,培养自主学习积极性

口译题材千变万化,口译课的目的在于传授口译策略与技能,即“授人以渔”,而不在于灌输专题知识和词汇。在口译学习中,教师应明确学生的口译学习主体性,强调真正掌握技能依赖学习者自主学习。帮助学生认识到:课堂口译学习的时长,仅是口译习得所需海量复杂训练的冰山一角,远不足以通过资格考试,更难以达到口译资质要求。应投入更多精力拓展、补充,方可优化口译技能习得。如此,增强学生学习主体意识,激发学习热情,改善学习效果,提高自主学习绩效。

二、认知型策略

认知型策略是指学习主体确定学习目标、制定学习计划、监控学习过程、检查与评价学习结果并进行自我反省与总结。

(一) 口译自主学习目标和学习计划

自主学习成功与否在很大程度上取决于学习主体是否能制定出切实可行的学习目标和学习计划。作为整个教学的实施者和自主学习的引导者,口译教师应向学生说明口译课程的目标、进度、要求,学生有据可依制定切实可行的口译自主学习计划。另一种做法是,口译课程开设伊始,口译教师即组织相应摸底考试,排查

是否存在问题(漏译、犹豫、理解错误、表达错误、停顿过多、句子不完整等)。通过分析问题,指出各个阶段最常见错误,并根据学生具体需要,提出相应对策,引导学生制定阶段性自主学习目标和计划。阶段性自主学习完成之后,教师再次组织阶段性测试,进一步发现问题,提出相应对策,再度引导学生制定和确立新阶段的自主学习内容。比如,前三周可专门进行短时记忆练习,接着,根据学生个体进展,对短时记忆中存在的问题进行补救。随之,再拿出三周时间专门训练笔记技巧,并进行诊断与调整。如此循环往复,直至习得结束。

(二) 口译学习策略

口译学习策略是指"在学习过程中影响学习者编码过程的行为和思维",引导口译自主学习的方向,制定口译自主学习的方案,并最终决定口译自主学习的效果。基于国内外相关研究成果,结合笔者多年口译实践与教学经验,本书提倡结合以下四种模式提炼口译学习策略:蒙特雷模式、欧盟口译司建议、联合国的要求和PEPSI模式。

1. 蒙特雷模式

美国蒙特雷国际研究院(Monterey Institute of International Studies)是全球领先的口笔译教学机构之一,他们给翻译专业新生的建议(www. miis. edu)虽是一般性原则,但对于口译自主学习却若纲领性文件,内容包括A、B语言学习、时事要闻、百科知识、阅读写作、公众演讲、逻辑分析、综合技能及社会生活等方方面面。作为学习者,应对照该指导建议,发现自身不足及学习机会,认真评估学习过程,利用身边环境优势,时刻以职业译员标准要求自己。建议简述如下:

(1) 多读书,尤其要读外语作品。

Read extensively, especially in your non-native language(s).

每天读高质量的报纸(如《纽约时报》《华尔街日报》等),坚持至少一年。

Read high quality newspapers (e. g. the *New York Times*, *Wall Street Journal*) EVERY DAY for at least a year.

读高质量的杂志(如《经济学家》等),从封面到封底,每一页都要读。

Read high quality news magazines (e. g. the Economist), cover to cover.

阅读关于你感兴趣的主题的外语作品。

Read your favorite topics in your non-native language(s).

阅读其他高质量的,有助于拓宽视野的材料。

Read other well-written material that will help broaden your general knowledge.

(2) 多关注电视和广播里的各语种时事报导。

Watch the TV news and listen to radio news and podcasts on current events in all working languages.

不要只把新闻当故事听，要分析新闻。

Don't just listen to news stories; analyze them.

与时俱进，跟上时事的步伐。

Keep abreast of current events and issues.

把新闻节目和采访录下来，以便回顾。

Record news programs and interviews so you can listen to them later.

(3) 加强在经济、历史、法律、国际政治和科学方面的知识，了解一些基本的概念和原理。

Strengthen your general knowledge of economics, history, the law, international politics, and scientific concepts and principles (in that order).

可以通过学习大学课程或复习高中课本来达到这一点。

Take college-level courses, review high school texts, etc.

加强你在某个特定领域的知识(最好是某个技术领域，如计算机等)。

Strengthen your knowledge in a specialized field (preferably in a technical field, such as computers).

(4) 在通用语言是你所学外语的国家住上一段时间。

Live in a country where your non-native language is spoken.

推荐至少住上半年到一年。

A stay of at least six months to a year is recommended.

和以你所学外语为母语的人住在一起或保持互动。

Live with and/or frequently interact with native speakers of your non-native language.

参加一些外语教授的课程(如宏观经济学，政治科学等，而不是单纯的语言课程)。

Take content-related courses (e. g. macroeconomics, political science) in your non-native language (not just pure language courses).

在对你的外语水平要求较高的环境里工作。

Work in a setting that requires high level use of your non-native language.

(5) 提升写作和研究技能。

Fine-tune your writing and research skills.

参加有挑战性的写作课程(不仅仅是创意写作课,而是新闻写作、科技文章写作之类的课程),如此你方能熟悉"新闻体""联合国体""法律体"等写作风格。

Take challenging composition courses (not just creative writing courses, but classes in journalism, technical writing, etc.) so you can "speak" journalese, UNese, legalese, etc.

抄写外语课本和期刊段落。

Copy (by hand) sections of textbooks and periodicals in your non-native language(s).

把不常用或者易出错的语法点一一记下来,努力掌握它们。

Make a note of unfamiliar or troublesome grammatical points and work towards mastering them.

多做校对练习。

Practice proofreading.

(6) 提升公共演讲技能。

Improve your public speaking skills.

参加严格的演讲课程。

Take rigorous speech courses.

多练习写讲稿和在其他人面前做演讲,既要用母语练也要用外语练。(最好让以你所学外语为母语的人来修改你的讲稿。)

Practice writing and making presentations in front of other people in both your native and foreign language(s). (Have native speakers of your non-native language edit your speeches.)

(7) 磨练分析技能。

Hone your analytical skills.

练习口头总结出听到的演讲的中心思想。

Practice listening to speeches and orally summarizing the main points.

练习写新闻报道的摘要。

Practice writing summaries of news articles.

练习阐释难懂的文章(如哲学文章、法律文章等)。

Practice deciphering difficult texts (e. g. philosophy, law, etc.).

练习把复杂的概念解释清楚。

Practice explaining complicated concepts understandably.

为背景研究储备资源(包括图书馆、网络等)。

Identify resources for background research (e. g. library, Internet, etc.).

(8) 通晓电脑。

Become computer savvy.

熟悉如何在 Windows 操作系统下导航和管理文件。

Familiarize yourself with navigation and file management under current Windows operating systems.

了解 Windows 系统多语种进程的特点,比如特定语言的键盘布局,地区性设置的方法等。

Develop an understanding of the features Windows offers for multilingual processing, such as language-specific keyboard layouts, regional settings for units of measurement.

熟悉 Word,Excel 和其他办公软件的母语版本以及外语版本。

Learn to use advanced functions of Word, Excel, and other Microsoft Office applications in both your native and non-native languages.

通过日常的频繁使用,熟悉搜索引擎和网络资源搜索。

Become an expert in search engines and online research by using these tools on a daily basis.

(9) 学会照顾自己。

Learn how to take care of yourself.

合理饮食,经常锻炼,睡眠充足。这是成为优秀的译员所必需的习惯。

Eat sensibly, exercise regularly, and get sufficient sleep. These are all habits required of a good translator/interpreter.

(10) 活到老,学到老。

Be prepared for lifelong learning.

要有耐心。将自己的语言和分析能力提升到职业译员所需要的水平不是一朝一夕的事。只用通过长期不懈的努力，才能在这个充满挑战和刺激的领域取得成功。

Be patient. Bringing your language skills and analytical skills up to the level required of a professional translator or interpreter is not a task that can be accomplished in a few short years. Only with a lot of sustained hard work can anyone truly succeed in these challenging and exciting fields.

2. 欧盟口译总司建议

欧盟现有 27 个成员国，共 23 种官方语言。在多语言的欧洲，各国政府珍视各自母语及其承载的文化多样性。2004 年欧盟东扩之后，专门有一位欧盟委员负责语言多样性(multilingualism)战略。欧盟认为，给谈判桌上每位代表以母语发言的机会，是欧盟民主合法性的基本要求。在很多情况下，会上讨论形成的法律文本对各成员国人民生活产生直接影响。因此，与会人员不应当因为语言问题而产生任何理解上的困难。欧洲各国不必派语言学家来布鲁塞尔，因为欧委会设立了专门翻译机构确保各国官员和专家彼此能顺利沟通，即欧委会“联合翻译与会议总司”(Directorate General for Interpretation, DG SCIC)，专司欧委会、部长理事会、欧盟地区理事会、经社理事会、欧洲投资银行的同传服务。

1952 年，欧洲煤钢共同体初建之时，只有很小的翻译队伍，官方语言也只有法、德、意、荷四种。1958 年，《罗马条约》建立了原子能共同体和欧洲经济共同体，当时的欧委会主席沃特·霍尔斯泰因创立了 15 人的同传处。而随着 1973 年英国、爱尔兰、丹麦加入欧共体，同传处扩大为同传司。随着希腊、西班牙和葡萄牙等国先后加入，同传司需要负责翻译的语言迅速增加。至 2003 年，为迎接欧盟历史上最大的扩盟，口译司再度扩大为口译总司。至今，DG SCIC 已拥有了全球最大的翻译团队，共 560 名欧委会专职翻译和 3 000 名获得同传资质的自由职业者，平均每天需要 500 名的自由职业者为 50 场以上的会议提供服务。去年提供同传服务量为 94 224 天。有人曾指责欧盟在译员身上花费过多。同传总司的一份统计数字驳斥了这种观点。据 2005 年统计数据，同传总司每年运行成本为 1.05 亿欧元，摊到每个欧盟纳税人是 0.23 欧元。2015 年，口译运行成本为 1.17 亿欧元，平均每位欧盟纳税人支付仍是 0.23 欧元，占欧盟预算的 0.07％。

下图(图 4－1)反映的是 2015 全年，口译总司完成的会议口译任务：

How much interpretation do we provide?

LANGUAGES	Interpretation days / year	Share of meetings with interpretation into
ENGLISH	11158	98%
FRENCH	10762	76%
GERMAN	9600	60%
SPANISH	8475	51%
ITALIAN	8450	49%
DUTCH	4300	23%
PORTUGUESE	3797	20%
POLISH	3342	18%
GREEK	3282	17%
LATVIAN	2915	12%
BULGARIAN	2511	11%
ROMANIAN	2402	12%
LITHUANIAN	2373	10%
CZECH	2373	11%
SLOVAK	2186	10%
SLOVENE	2123	10%
HUNGARIAN	2009	10%
CROATIAN	1997	10%
SWEDISH	1964	11%
FINNISH	1899	9%
ESTONIAN	1833	9%
MALTESE	1806	8%
DANISH	1420	7%
NON EU LANGUAGES	1251	8%
Total	94224	

图 4－1　2015 年 DG SCIC 为欧盟各机构提供会议口译信息

总共 560 名专职译员中，男女比例分别是 31％和 69％，平均每位欧盟专职译员可以从 4 种外语翻译成母语，其中一位可以从 9 种语言译为母语，另外 7 位译员可以从 8 种语言译为母语。这些译员母语的分布情况如下(图 4－2)：

Staff Interpreters

On average staff interpreters can interpret from 4 foreign languages into their mother tongue. 1 interpreter can interpret from 9 languages and 7 others from 8 languages.

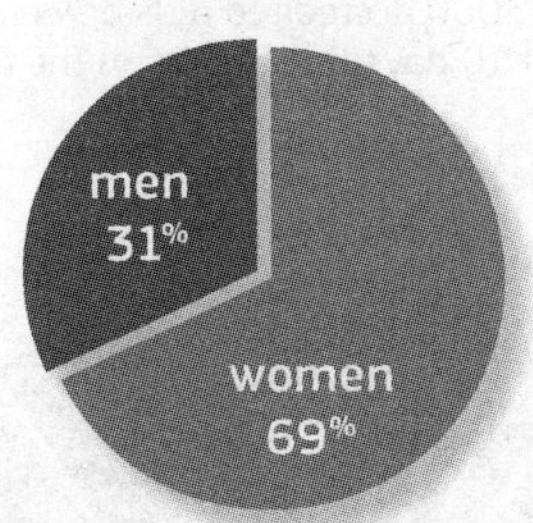

Language	Number	%
ENGLISH	67	12%
SPANISH	56	10%
GERMAN	52	9%
FRENCH	51	9%
ITALIAN	48	9%
DUTCH	30	5%
PORTUGUESE	28	5%
POLISH	25	4%
GREEK	22	4%
FINNISH	19	3%
SWEDISH	15	3%
HUNGARIAN	15	3%
SLOVAK	15	3%
DANISH	14	3%
CZECH	14	3%
LATVIAN	14	3%
LITHUANIAN	14	3%
ESTONIAN	12	2%
SLOVENE	12	2%
ROMANIAN	12	2%
BULGARIAN	11	2%
CROATIAN	8	1%
MALTESE	6	1%
Total	560	100

图 4－2　2015 年 DG SCIC 专职译员信息

2015 年，共有超过 3 000 名经过认证的自由译员为欧盟 DG SCIC 服务，其中，三分之一的译员至少工作了 10 天(图 4 - 3)。

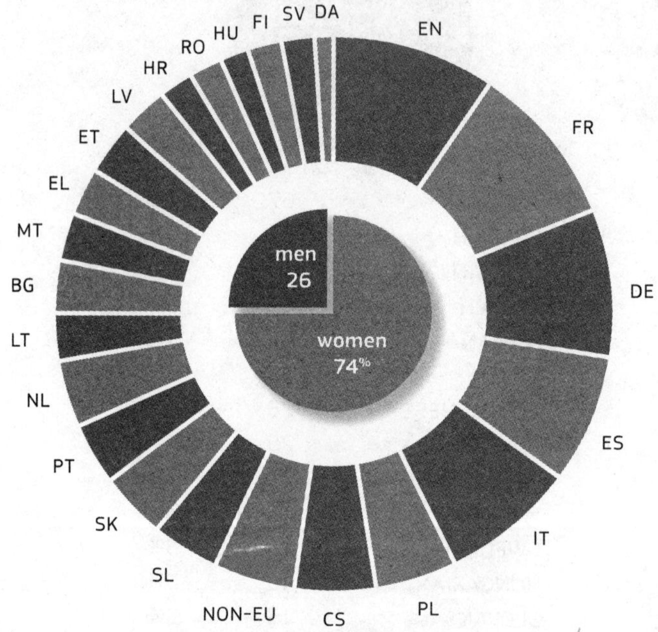

图 4 - 3　2015 年 DG SCIC 自由译员信息

（以上图来源：欧洲委员会发布的 *Interpretation in figures — 2015*）

要成为欧盟的译员，DG SCIC 列出了如下基本要求：

(1) 完美掌握母语；

An excellent command of your mother tongue;

(2) 掌握至少 2～3 种欧盟的官方语言(取决于你所申请的同传厢)；

A minimum of 2 or 3 other EU languages (depending on which booth you are applying for);

(3) 任何专业的学士学位；

A bachelor's degree in any subject;

(4) 会议口译的研究生学历或者拥有作为会议译员的重要工作经验(法庭口译、社区口译并不在认定的相关经验之列);

A postgraduate qualification in conference interpreting OR significant professional experiences a conference interpreter (work in court interpreting, community interpreting, etc cannot be considered as relevant experience);

(5) 对于语言的激情;

A passion for languages;

(6) 对于时事的广泛兴趣。

A wide interest in current affairs.

欧盟对于大会译员以及候选人不仅在专业上有着明确的指导和规定,在个人操守上还设有相关职业规定:"正直诚实、专业尽职、保守机密(integrity, professionalism and confidentiality)",违者受罚。

(1) 任何成员不可将业内机密信息在任何公共场合公示;也不可借大会译员职务之便,利用获取的机密信息谋私利。

(2) 任何成员不可接受不能胜任的口译任务,这是违背从业职业道德的行为。而且,同一时期不可以接受两个或更多口译任务。

(3) 任何人不得接受有辱个人人格和行业声誉的口译任务。

(4) 为了确保专业化,译员可以公开其作为欧盟口译司大会译员的身份:个人、所属团队或所属地区。

(5) 成员有义务为同事提供道义支持并共同合作。

(6) 成员不可进行有损本司或其他成员利益的言行,任何成员间不和、对组织决定的不满都要在本司内部解决。

(7) 成员间任何跟工作有关的问题(商业纠纷例外),都要提交本司进行仲裁。

而这些规定是国内自由译员或会议组织方容易忽视或不能真正落到实处,并严格执行的。我们的口译职业教育,也需要在这些方面投入更多精力,加强职业操守教育。

为了确保最佳的口译质量,欧盟对于大会译员的工作环境也有相关规定:

(1) 要努力确保令人满意的声音状态、可视性、舒适度以及本司所规定和通过的其他技术标准。

(2) 通常情况下,译员厢内,译员不可孤军奋战或者缺少可以提供帮助的搭档。

(3) 要确保大会译员团队搭档能够避免接力传译。

(4) 避免在译员厢缺位的情况下进行同传或者耳语口译，除非情况特殊而且口译质量不受负面影响。

(5) 要求从译员厢玻璃隔断可以直接看到讲话者和整个房间，否则，除非在特殊情况下，而且相关安排符合本司技术要求和规定，方可进行口译。

(6) 要求提前获得大会宣讲的文件、文本等。

(7) 情况许可的情况下，尽量要求短暂休息。

(8) 在承担大会译员的任务期间，不可再承担其他任务。

3. 联合国招聘译员的要求

联合国对译员的从业要求包括(Qualifications: United Nations Interpreters)：

(1) 已通过联合国译员竞争性测试(如需获取更多信息关于此测试的信息，可浏览 http://www.un.org/Depts/OHRM/examin/languageexam.htm)。

Have passed the United Nations Competitive Examination for Interpreters. (For more information about United Nations Competitive Examinations for Interpreters please go to http://www.un.org/Depts/OHRM/examin/languageexam.htm)

(2) 拥有受认可的翻译学校的学位，并且在校期间至少有一年从事于口译学习。

Hold a university degree from a recognized school of interpretation in which at least one full year is devoted to interpretation.

或者，(OR)

拥有相关学位，或者处同等地位的机构所颁发证书，该机构教学所用语言必须是工作所用语种。并且申请者需要有 200 天作为会议口译的工作经验或者在翻译，编辑，逐字记录及其他相关领域工作的经验。

Hold a university degree from a university or institution of equivalent status at which the language of instruction is the language into which they interpret, and have 200 days of work experience as conference interpreters and/or work experience in the field of translation, editing, verbatim reporting or other related fields.

(3) 熟练掌握工作所用语种。

Have a perfect command of their main or "target" language.

(4) 英国，法国，俄罗斯及西班牙的译员需要精通至少其他两种联合国官方语言：阿拉伯语，中文，英语，法语，俄语和西班牙语。在一些翻译活动中，需要与其他语种译员合作翻译。

English, French, Russian and Spanish interpreters have an excellent and documented knowledge of at least two other official United Nations languages: Arabic, Chinese, English, French, Russian and Spanish. In some booths special language combinations are required.

(5) 在某些场合下,对第三外语不做要求。

The requirement of a third language may be waived in certain cases.

(6) 阿拉伯语的译员需精通英语或者法语。

Arabic interpreters have an excellent knowledge of English or French.

(7) 中文译员需精通英语,如果精通其他联合国官方语言将额外加分。

Chinese interpreters have an excellent knowledge of English; knowledge of an additional United Nations official language is an asset.

联合国招聘译员时,对其专业能力要求包括(Competencies required of United Nations Staff Interpreters):

(1) 高度的专注力,快速的反应力,和翻译的准确性。

A high level of concentration and split-second accuracy.

(2) 能在压力下坚持工作,对诸多学科均有涉猎且掌握专业术语。

The ability to work under continuous stress and to assimilate a broad range of subjects and specialized terminology.

(3) 掌握演讲主旨,能够使用合适的措辞、语气、语言风格和术语,从而在符合原义的同时适应听者的习惯。

A mastery of subject matter and ability to tailor language, tone, style and register to the speaker's text and to the audiences.

(4) 能很好的理解口音以及地区性的语言变体,从而为那些使用非本国语言的代表提供翻译。

Excellent comprehension of accents and regional language variations to interpret for delegates who are not speaking in their main language.

(5) 能理解来自不同文化背景的发言人,并能从不同的视角,用不同的态度在目标语中表达他们的想法。

The ability to understand speakers coming from different backgrounds and cultures and with a diversity of attitudes, perspectives and outlooks, and to render their ideas in the target language.

(6) 能与同事相互合作,并乐意相互学习。

The ability to work collaboratively with colleagues and to demonstrate their willingness to learn from others.

(7) 保持对来自不同国家,说不同语言的,来自不同文化背景的人们的敏感性,而且能尊重不同,与此同时,可以建立和维系与这些人现有的工作关系。

The ability to establish and maintain effective working relations with people of different national, linguistic and cultural backgrounds with sensitivity and respect for diversity.

(8) 乐于与同伴分享因工作成就而带来的赞扬,也愿意承担由团队不足带来的共同责任。

Readiness to share credit for team accomplishments and accept joint responsibility for team shortcomings.

(9) 对于会议上所做承诺和达成结果,须具有译员应有的责任心。

Conscientiousness and efficiency in meeting commitments and achieving results.

4. PEPSI 模式

基于多年口译和教学实践,参考各种学习策略理论,结合学生实际,笔者总结归纳出口译自主学习的方法论—PEPSI,作为衡量和指导口译学习的基本原则。

P-Passion(激情);

E-Evaluation(评估);

P-Perseverance(坚持);

S-Strategy(策略);

I-Instrument(工具)。

(1) Passion for Interpreting(学习口译的激情)

对口译的激情,不仅表现在对于口译工作表面光鲜的热衷和痴迷,更应该具有在为达到职业水准的学习训练过程中,积极的学习态度、坚韧不拔的精神、对知识的渴望,以及对职业技能的不断磨砺。比方说,在日常学习中,应该做到以下几点:

你的电脑浏览器,需要设置一个英文主页。An English Homepage in your browser.

每天通过英语收听收看国际、国内新闻,了解国内外发生的时事动态。Daily Audio or Video Updates in English.

通过观看英文电影、电视剧和纪录片，深入理解英语文化，熟悉语言使用，掌握相关专业领域的动态(Movies，TV Dramas，& Documentaries)。

(2) Evaluation(评估)

口译是一种集理解、分析、转换、产出等智力活动的综合过程，包含即时性、反应、机智等充满挑战性的心智活动。任何单一环节的缺失，都会产生连锁反应，影响后续动作的衔接和从容。由于上述步骤密不可分，又是发生在毫秒之间，同步听说或同步听记等多任务处理能力(multitasking)即构成口译的核心技能。因此，在整个口译学习过程，都要定期对涉及口译学习与专业素养进行系统评估，乃至将自己的听、说、读、写、译能力做常态化评估，随时注意、提高 A、B 语言素养，均衡发展(Comprehensive Evaluation of Listening，Speaking，Reading，Writing，and Translating & Interpreting)。关于评估的详细论述将在本书第五章进行。

(3) Perseverance(坚持)

在学习口译的复杂过程中，极易遇到各种各样的挫折，作为学习者一定要有毅力(Steady Perseverance in Learning interpretation)。

"If at first you don't succeed,"

"Try，try，try again" [William E. Hickson：Try and Try Again]

(4) Strategy(策略)

理想状态下，学习口译的先决条件是优异的双语能力。但现实情况是，口译学生在初学阶段并未达到所需水准，造成学习上的诸多困难。

进一步而言，口译过程还包含许多造成压力的因素，如精力负荷超载、注意力、疲劳等。学习过程中需要先听演讲(接收信息)，了解内容(解码)，转换语言(编码)，最后说出口译内容(产出)，这一过程中仍然需要面临众多不确定因素，如讲者口音、术语、噪音干扰。即使口译实习公开陈述时，在台上面对听众，接受评价，从其他方面增加了口译学习者的压力。由此产生的焦虑感，虽不是眼前的威胁，而是一种莫名的负面情绪和经历，往往给学习者留下心理阴影，进而可能对口译学习感到焦虑，甚至敬而远之。

口译习得过程中要注重提高全面技能的综合策略(Comprehensive Strategy to Enhance the Overall Skills)。接下来，本书以语音、词汇、分析和"影子"练习为例，剖析策略的执行。

策略一：语音语调策略

充分利用音、视频资源(Audio & Video Programs)；

综合使用录音、像设备(Make Use of Recorder & Video Camera)。

策略二：词汇策略

平时的词汇积累宜采取多种适合认知规律的方式，大大提高学习效率。与普通扩大词汇量的习得不尽相同，口译译前短期词汇准备，尤其是术语的速记于口译活动的成功与否起举足轻重的作用，因而更需要适切的策略以确保事半功倍。

由于现场压力和即时要求，口译员需在听到原语信息的同时或稍后进行信息传达，此一过程中陌生的术语是难以逾越的障碍。鲍刚曾将口译基本因素分为四块，其中模块D指译员的知识基础，即百科知识、专业知识和语境、主题、交际环境等。他指出专业术语知识是译员感觉最困难的。

塞莱斯科维奇(2007)认为术语在讲话中保持着应有的意义，翻译必须在另一语言里找到相应的词语。译员只要具有足够的知识，能够解决单凭语言知识不能解决的问题，那么他无需成为某一领域的专家就能进行翻译(勒代雷，1990)。

据此，经过准备，掌握"零散的"、"被动的"专业知识而圆满完成口译任务是可行的。如何于短期识记术语，成为各种会议和专业领域的"行家"，需要策略性习得做支撑。

口译译前准备中术语的速记类型较特殊，有别于同传的瞬/短时记忆，不同于交传的短/长时记忆，也相异于百科知识的长时记忆，而是介于短、长时记忆之间的"中期记忆"(杨莉，2014)。术语的速记有强化突击性，通常保持一周左右，通过再认进行提取。

下文将以图式联想、语境综合记忆以及语义记忆策略为例，阐述术语速记。

① 图式联想记忆。作为图式网状词汇识记策略，促成新旧知识形成整体性记忆网络，实现由此及彼、由浅入深的复杂词汇群落深记。以水循环相关词汇识记为例，可以结合下图(图4-4)，提高记忆效果。

② 语境化的综合记忆法。将多渠道获得的信息结合起来，再嵌入主题知识、专业知识、背景知识等，融入语境，有选择地注意和识记各种有效信息。比方说，党的十八届五中全会发布公报称，中国将进一步放开实施了30多年的计划生育政策。为了更好地介绍中国的人口政策，《中国日报》双语新闻以"'二孩'不是'二胎'！全面放开二孩政策，这些概念你必须了解"为题，给出如下内容，非常适合口译学生掌握相关表达方式和基本背景知识。

"二孩"不是"二胎"！全面放开二孩政策，这些概念你必须了解

我们先来看看《中国日报》的相关报道：

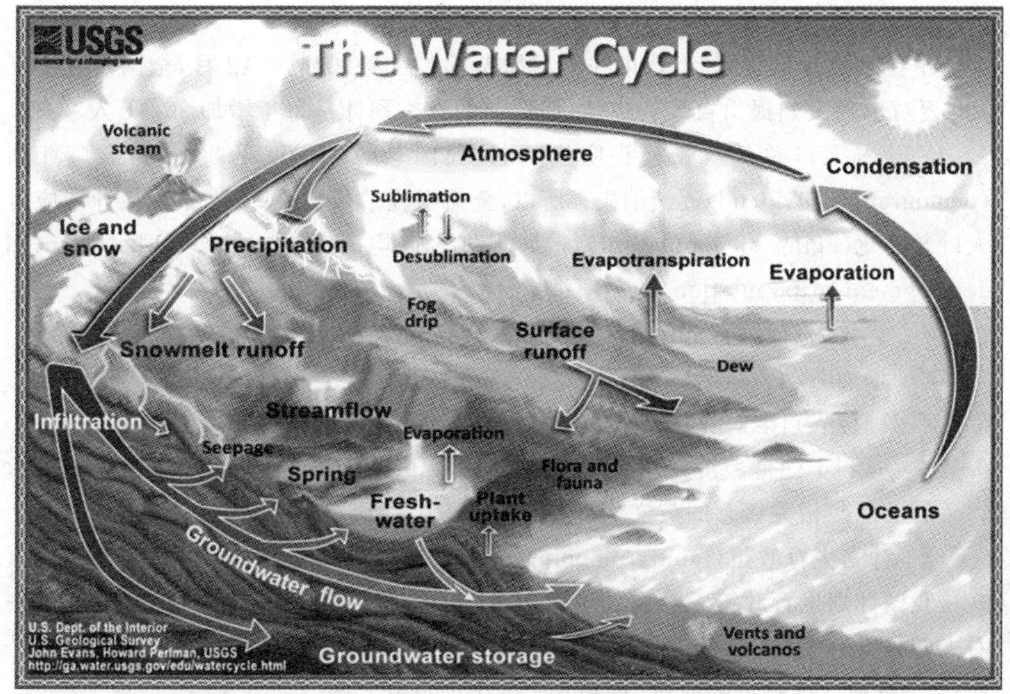

图 4-4　水循环示意图

China further relaxed its more than three-decade-old family planning policy, according to a statement issued on Thursday by the Communist Party of China Central Committee. The statement said the country's aging trend would be actively addressed by the universal two-child policy.

2015 年 10 月 29 日，中共中央委员会发布公报称，中国将进一步放开实施了 30 多年的计划生育政策。公报指出，"全面二孩政策"将有效应对人口老龄化趋势。

▶ "全面二孩政策"(the universal two-child policy)即允许全面实施一对夫妇可生育两个孩子政策。

▶ 这是继 2013 年，十八届三中全会决定启动实施"单独二孩"政策(two-child fertility policy for couples where either the husband or the wife is from a single child family)之后的又一次人口政策调整。

★有一个概念需要注意，"二孩"不等于"二胎"！如果你第一胎生的是——双胞胎 twins、三胞胎 triplets、四胞胎 quadruplets、五胞胎 quintuplets、龙凤胎 pigeon pair,那么你就不符合这个二孩政策了。

单独二孩政策实施后,效果并不尽如人意。截至 2014 年 12 月,全国仅有不足 100 万对单独夫妇提出再生育申请,而此前的官方预计是每年增加 200 万人左右。

而随着人口总量增长势头明显减弱,我国老龄化程度不断加深,人口红利(demographic dividend)逐渐消失。所以,全面实施二孩政策,是国家积极开展应对人口老龄化(aging of population)行动,促进人口均衡发展(improve the balanced development of population)的一项举措。

✓ 优化人口结构(optimize the demographic structure);

✓ 增加劳动力供给(increase labor supply);

✓ 减缓人口老龄化压力(ease pressure from the aging population);

✓ 有利于促进经济持续健康发展(help improve the health of the economy)。

附上一些相关概念的英文表述,帮助更好了解新政策。

▌ 计划生育政策(family planning policy)

我国计划生育政策一直在处于动态调整的"进行时",经历了从 1980 年提倡一对夫妇只生一个孩子,到 1984 年提出在农村适当放宽生育两孩的条件,然后是 2013 年单独二孩政策的通过,再到今天的全面放开二孩。

媒体经常用独生子女政策(one-child policy)来指代计划生育政策。

▌ 人口红利(demographic dividend)

人口红利,指在一个时期内生育率(fertility rate)迅速下降,少儿与老年抚养负担均相对较轻,总人口中劳动适龄人口(labor force)比重上升,从而在老年人口比例达到较高水平之前,形成一个劳动力资源相对比较丰富,对经济发展十分有利的黄金时期。

目前,我国正面临人口老龄化,人口红利正在消失,将面临剩余劳动力短缺(labor shortage)的重大转折。

▌ 刘易斯拐点(Lewis Turning Point)

即劳动力过剩向短缺的转折点,由诺贝尔经济学奖获得者威廉·阿瑟·刘易斯在 1968 年提出。它指的是在工业化进程中,随着农村富余劳动力向非农产业的逐步转移,农村富余劳动力逐渐减少,人口红利慢慢消失,最终枯竭。与"刘易斯拐点"相对应的是"人口红利"。

▌ 老龄化社会(aging society)

按照联合国的传统标准,一个地区 60 岁以上老人达到总人口的 10%,或按照新标准,65 岁老人占总人口的 7%,即该地区视为进入老龄化社会。

我国目前已步入老龄化社会,国家已经把老龄人口(aging population / graying population)问题作为长期国策(long-term national strategy)的一部分来应对。

▌ 低生育陷阱(low fertility trap)

从经济学的角度讲,所谓的"低生育陷阱"是由于消费欲望(consuming desires)的提升导致的育儿意愿(willingness to have babies)降低。

随着社会文明化程度的提高和经济快速发展(rapid economic development),生育意愿不断降低是人类社会发展的必然规律。正因为如此,很多工业化和城市化水平较高的西方国家,人口都出现负增长(negative growth)的趋势。

一旦一个国家陷入低生育陷阱,三个自我强化的机制(self-reinforcing mechanisms)——人口、社会以及经济将共同作用,使生育率保持一种螺旋式下跌的趋势(maintaining a downward spiral in fertility),并难以恢复。

低生育率会引发劳动力短缺、老龄化社会导致的经济负担等问题。

▌ 失独家庭(parents who have lost their only child)

失独者年龄大都在 50 开外,经历了"老来丧子"的人生大悲之后,已失去再生育能力。失独家庭在生活保障(basic living condition)、养老照料(elderly care)、大病医疗(critical illness medical care)、精神慰藉(mental support)等方面都面临一些问题。

▌ 空巢家庭(empty-nest family)

所谓"空巢",是指子女长大成人后从父母家庭中相继分离出去,只剩下老一代人独自生活的家庭。而空巢老人(empty-nester)因为过于孤独,有可能患上空巢综合症(empty nest syndrome)。

目前我国城乡老年家庭空巢率(rate of empty nest)超过 50%以上,许多老年人独居空巢。

▌ 丁克家庭(DINK(Double Income No Kid)family)

即夫妻双收入而无子女的家庭。

▌ 选择性堕胎(sex-selective abortion)

我国在 2014 年已出台政策,禁止非医学需要的胎儿性别鉴定(sex-selective testing)和选择性别人工终止妊娠。

根据规定,性别鉴定只能用于合理的医学目的(legitimate medical purposes),只有在胎儿有基因遗传病(genetic disease)或严重缺陷(serious defect),或者继续妊娠将危及母亲生命的情况下才能实施堕胎。这一规定是为了平衡国内的出生人口性别比(sex ratio at birth)。

▌以房养老(house-for-pension scheme)

也称住房反向抵押贷款/倒按揭(reverse mortgage loan),即把房子抵押给银行、保险公司等金融机构,后者在综合评估后,每月给房主发放固定资金。

在我国公共财政无力兜底所有养老问题的情况下,“以房养老”不啻为解决养老难题的一种积极补充。但受传统思想的影响,大多数人还是更愿意把房产留给子孙。随着我国迈入人口老龄化阶段,今后,我国还将发展居家养老服务(home-based care services),类似的还有社区养老(community nursing service),并为80岁以上的老年人发放高龄津贴(old age allowance),普及养老保险(endowment insurance),解决老年人的后顾之忧。

▌孝道(filial piety)

孝道由儒家创始人孔子提出,并提倡“百善孝为先”(filial piety is one of the virtues to be held above all else),强调照顾、尊敬并顺从父母之责(the responsibility to care for, respect, and obey parents)。

我国的《老年人权益保障法》规定,家庭成员应当关心老年人的精神需求(psychological needs),长年远离父母的孩子,应当经常看望或者问候老年人(visit them or send greetings on a regular basis),否则将构成违法。

▌社会抚养费(social maintenance fees)

也就是我们常说的“超生罚款”。

③ 语义记忆。利用长时记忆激活与新信息相关的原有知识,最大限度节省加工精力,以用于对新信息的编码、组合与强记。在口译界,该策略体现于释意学派的“释意”,即摆脱原语语言外壳,在词语消失时记住了理解后的意义。

该策略的实现方式有多种,本书结合口译术语的速记,简介两种:第一种是编码记忆法,通过有意识地逻辑分析和综合,对输入大脑的信息进行加工,省却无关紧要的信息,只保留最重要的信息。口译译前准备时间短,相关术语多,可采取强记重点,略记其余,而非眉毛胡子一把抓地强迫全部记忆。第二种是关键词法(keyword method KWM),通过视觉图像或心理图像,在关键词和目标词(to-be-learned TBL)之间建立某种密切联系,便于强记。例如:TBL 为 morose,可拆为 mo-(与汉语“没”谐音)和关键词 rose(与英文单词 rose 同)。将“情人节没有玫瑰花真郁闷”与该 TBL 建立关联(阳志清,2006),识记则易如反掌。据此,口译译前术语速记适合采用根据词根、单词结构、意义等言、形、意图式导向意义记忆，而非反复抄写背诵等机械性记忆。

总而言之，术语速记记忆方法可总结为主要根据词根、单词结构和意义识记，强记重点，略记其余。术语语义信息的提取，较少依赖回忆，以再认为主。将术语与主题知识、专业知识、语境、背景等结合进行强记的过程中，信息与术语融合进入记忆区域，进行存储。提取术语语义不是孤立地回忆术语，而是借力上述信息，通过心理提示进行再认。

理论结合实践，在口译教学的术语训练环节，教师要注意，不是要求学生机械地记忆、使用术语，而是不仅理论上帮助学生了解术语记忆和意义提取的过程及特点，还要从实践角度，将职业化译前准备植入，辅助学生进行术语收集与准备。

在模拟译前短期准备过程中，首先要了解任务的性质、主题、行业、背景知识等。其次，通过专业词典、行业术语手册找到术语目的语的语义等值。再次，借助网络或咨询专业技术人员理解其深层含义，并与之前的信息进行意义整合与建构。如此，将术语与更大情景关联，为术语速记提供更多线索，实现更高记忆率。这也符合艾宾浩斯的实验结果：记忆无意义或难于理解的材料，其困难是记忆有意义或容易理解的材料的九倍（仇保燕，1983）。也即，强记时理解性记忆明显优于机械性记忆。勒代雷（1990）“译员要掌握大量理解的、消化的词汇，而不是没有任何内容的空洞词汇”的观点再次支撑了该做法的可行性。

因此，结合专业、主题等背景知识，综合利用多种策略之精华，强记重点，略记其余，迅记术语，有效提取，实现高效口译。

策略三：分析策略

交传的基本原则是译员开始阅读笔记时，实质性工作已经完成，即文本、文本含义、文内逻辑等已充分理解。具体说来，就是要边集中精力积极地听，边分析（总结前面的内容，预测后面的内容，创建信息结构图，重组信息），落实笔记。待到阅读笔记开始翻译时，已基本成竹在胸。然而，积极地听辨分析在训练时却时常被忽略。本书将分析过程例证如下：

第一，积极地听。听外语演讲或新闻广播时，集中精力听出来每一个单词/音节。像译员一样精力高度集中地听不是件易事，需要训练，否则，难以很好地理解。积极地听有助于精力集中，在习得早期大有裨益。

第二，文本分析。关注关键信息及它们的逻辑关系。比如，在文字处理器上，移除文本的全部段落标识合成一段。通读全文，在每个逻辑连接处，回车两行。如此,在没有时间压力的情况下训练文本分析,并与其他口译活动分离,从而帮助学生在进入同传厢之前,实现分析自动化。

第三,内容总结。用自己的话总结主要思想,先简后详。加强听取信息、意义和主题,而非单个词汇。例如:一名学生发表一篇简短演讲,思路清晰,包含五个关键信息。其他学生听,只允许记录五个单词,然后,口译。听的学生必须边听边分析,决定哪五个词最能代表讲话的核心思想。

第四,内容预测。可以采用请一名学生大声朗读文本的一部分,中途停止,其他学生接续,对后面的内容进行推断。若听者关注讲话的整体信息而非个体单词,对下文做的预测会更加合理。也可以采用讲话者在讲话过程的不同阶段含糊其辞几个字,听者依靠逻辑分析进行推测并口译。也或者将文本首句以外的部分覆盖,逐渐展露后面的部分(从整句到更小的语义单位),同时进行视译,提高预测和推断能力。

第五,创建结构图。将给定的文本讲稿依信息内容分割成不同的结构组成部分。

第六,信息重组。与同传的训练类似,所有信息重组练习都或多或少要求译员更仔细地分析文本。

第七,笔记练习。可以采用多种形式。① 只记录逻辑关系连接词(或者只是逻辑连接词加上每段一字),复述文章。然后,咨询老师和其他同学,核对他们是否认可逻辑连接词的选择。因为选择要为令人信服,所以,该形式有助于提升分析技能。② 记笔记时,尽量延长讲话者开始讲话与笔记开始记录的“时间差”,提升文本分析的周密性。需要注意的是,笔记与讲话者保持时间差本身不是目的,该训练只是潜移默化地促进对原文的理解。③ 听讲话,不做笔记。讲话结束时,做一点笔记帮助信息重组,然后复述讲话。这种先听全文,然后做笔记,需要从整体上把握全文,进行分析,提高笔记的有效性。所以,笔记应该是结构与思想的再现。④ 照例边听边记笔记,讲话结束后,将笔记放到一边,凭记忆复述。若感觉此项训练困难,说明笔记过程的精力投入不够,需要更仔细地听辨讲话。重复训练,更用心听辨讲话。⑤ 通读文本的一部分,仅将重点思想做出标识,之后,覆盖全文,凭记忆复述。接下来,视译相同的部分。最后,继续视译后面尚未读过的部分。

策略四:“影子”策略

“影子”策略的跟读练习和技能是同传新手与经验译员须臾难离的。神经语言学和神经学的最新研究表明:同传中,80%的精力用于跟读的神经语言处理,仅

20%用于语言切换。跟读，在很多方面都是优异技能，对译员的积极语言（A、B语）不无裨益：改正和完善如口音、转达、音质、音域、重音、干净译文以及自信心等口译缺点。

“影子”训练是实现B语自动习得的最有效工具。大量的跟读练习将自动实现A语词汇和语域的正确以及B语节奏、口音和韵律的适切。该练习一般遵循以下原则：渐进、周密、逻辑；经常、定期、长期进行；多主体（本人、教师、指导者或同事）评估；结合传统口译技能，同步进行训练。

“影子”训练对于设备和讲话者有一定的要求：真实或模拟同传厢；若没有同传厢，笔记本电脑、智能手机或iPad加上耳机也可。讲话者的选择十分重要，为了实现口音、辩术、表达、语域等功能，讲话者需为本族语者，熟练掌握语言，基本没有口音，富有演讲才华，能够充分展示语言韵律。

跟读练习主要锻炼脑、耳、口能够习惯、无误、自然地产出外语（B语）音节和韵律，通过建立新的突触和神经路径网络，实现同传要求的神经与智力复制。这是译员的必经阶段，耗时长久，毫无捷径。

一般来讲，跟读训练最初是不加修饰地重复讲话人的话语：译员脑、耳、口协调工作，不需有意识的心智努力，复制目标语的声音和节奏，像儿童学习母语一样，创建“语言肌肉记忆”。此项训练要求海量时长的真正有声话语产出，即复制的语言必须是说出来的话语，否则，训练无效。

进行B语跟读练习最好有文本，因为有时会听不清冠词、介词，或听不懂使本族语者听起来更像母语讲话者的小音，若任之缺失，训练效果将打折扣。所以，将跟读练习录音、重放、与文本对照。为养成良好的口音，跟读最好从语言学习的磁带或光盘开始，因为其语速较慢，适合识别全部语音，而且文本简单、语法句法正确。

具体训练形式可参考以下内容：

第一，尝试不同的启动时间差，感受反思讲话者思维波动的弹性，锻炼大脑应对语言或大或小的缓冲。

第二，逐渐加入译员个人的表达方式：语义可与讲话者稍有出入；形式从最初的每句修改一两处表达到最后的每句只有一两处表述保持不变。

第三，为了实现资深译员像母语一样习得B语，有必要在训练表达和脑处理可接受译文的同时进行分神训练。比如：边跟读边书写固定渐变的数字序列（1,3,5,7……或1,6,11,16,21……），练习结束后，与跟读录音一同自查。再比如：译员边跟读边写下自己熟知的诗句或歌词。分神训练复杂程度的加强将带来事半功倍的功效。训练有效的前提是确保分神笔记作品和跟读语言产出两者的准确性和可接受性均良好。

第四,很多译员在同传厢内经历过转达与本人"语域"不同的困境,跟读练习将帮助习得这一"角色"技能,促成优秀译作。被跟读的讲话者将表达的欢乐、忧伤、愤怒、难过或热情等情绪灌输到"肌肉记忆",为确保传译信度,译员必须恰如其分、满怀信心地将这些信息和情感转达给听众。期间,毋需担心转译过度,因为被跟读人和跟读人之间总会有强度过滤和缺失。

第五,跟读快速讲话者也不失一个良好的尝试。很多译员(尤其是新手)即便母语也难以快速、清晰地连续讲出,被迫接受他人的讲话韵律则是捉襟见肘,这种状况移植到B语语境无疑是雪上加霜。

上述练习尤其适用于译员的B语练习,因为大量的练习对于培养本族语的口音、特定语境中语域和词汇的直觉选择都大有裨益。正如美国弗吉尼亚大学心理学教授Daniel Willingham曾经说过的,熟练的心智任务习得离开海量练习是行不通的。

(5) Instrument(工具)

使用先进工具,助力学习过程。(Cutting-edge Instrument to Facilitate the Learning Process)

工具一:教学资源创建的"众包"与"分包"

大数据时代面临海量的教学资源,除了借鉴MOOC、iTunes U、可汗学院等课程资源(包括讲解视频),或整合网易公开课、超星视频、国家精品课程资源网等网络课程,口译学习资源的开发和整合还需要加强不同地区、学校之间的合作,方可大大提高资源利用效率。此一过程可借力"信息需求分包",即利用网络,将口译教学过程中的困难提出并发布,通过网络,组织口译教师、相关从业人员以及其他志愿者,包括口译学生,共同发挥创意和挖掘能力,"众"人拾柴火焰高,提出解决方案。这将不仅能够减轻地区或单一院校口译教师/教师群体工作量,确保口译教学资源的多样性、即时性,而且通过师生协同,共创全面、丰富、实时的教学材料,能够激发口译学习者的学习热情和主动参与意识。

另外,信息需求分包模式可以培养学习者在虚拟学习社区的归属感。如果在自主学习、信息需求分包、多维评估基础上,设计出数码奖章或证书,并纳入期末课程评分体系,将能有效促动学生参与信息需求分配,使其由信息消费者转为生产者之一,有利于与其他学习者和资源使用者形成良性互动。

工具二:教学过程践行的多媒体化

社交媒体(social media)是人们用来创作、分享、交流意见、观点及经验的虚拟社区和网络平台,能够以包括文本、图像、音频和视频的多种形式来呈现。用户享有更多的选择权利和编辑能力,生产分众化或小众化,自行集结成某种阅听社群(许文胜,2014)。

Blackboard 教学管理平台、WebCT 异步课程传递及管理系统、维基百科等网络平台和博客、脸书、推特等社交媒体,无不成为教育者可有效开发和使用的教学路径,从而有效吸引并刺激学习者的课堂参与、学习协作、共享互动和学习界面拓展(Kim et al, 2009)。国内大学生比较常用短信、飞信、微信、QQ、微博、人人等即时通讯方式,所有这些社交媒体无一例外给学生更多的参与社会生活、了解周围的世界带来了便利,也同时给大数据时代的课堂教学带来了根本性的革新。这些特点非常适合语言、百科知识、专业背景基本理论、术语介绍、口译现场应变技巧分享与学习(许文胜,2014)。

本书尝试借力社交媒体,将云端存储和翻转课堂与之融合的口译教学模式。首先,利用社交媒体构建班级学习共同体——创建"翻转课堂"的微信群/QQ群,作为学生课前学习交流的公共网络平台;搭建"社交媒体+助学者+学习者"三位一体虚拟网络学习共同体环境。其次,以 iBooks 或电子图书为载体,采用翻转课堂形式实施教学,并音视频记录课堂口译过程,及时上传云端。再次,基于云端音视频,全体同学的自评、互评以及教师的综合评价通过社交媒体继续进行,将课堂讨论、视频回放、点评、反思等延伸至虚拟空间,确保全体学习者的深度参与。

工具三:教学环节借力高端技术——livescribe 数字笔

口译笔记习得过程中,学生面临信息加工挑战:记录前面提到思想的同时,可能会错失或误解当下发布的重要信息。这样的笔记不完整、组织不逻辑,导致讲话重点漏记。相关问题已引入研究,比如,Kiewra and Benton 发现:优秀笔记记录者有充裕的"工作记忆能力(working memory capacity)"去"注意、存储、处理即时选择的信息,同时,记录刚发布和当下加工的思想"(1988)。但是,"工作记忆能力"有限的人,在综合处理这些多任务时,却面临过重的认知负担,承受笔记之害。

但是,业内人士公认:有效的笔记技巧是交传译员从业的必备利器,笔记不仅是简单的话语在纸面上总结性重现，而是记忆强化剂。虽然业界一致认可良好笔记体系于优良交传的重要作用，但是，如何评估这一体系却略显苍白无力。

有关笔记技巧和体系的规则与模式评估，长久以来一直落入交传质量和最终笔记形式的结果型评估，无法展示笔记的推进过程。

为了克服上述困难，学界针对同步记录笔记和讲话进行了探索，尝试了多种方法和技术，但各有缺点。如，① 运用 OHPs 和透明纸张现场观察和评估笔记过程，或将译员工作过程录像，比对原语讲话和译员笔记。但问题是：原文讲话录音与笔记时间上不是同步进行，对比难考，或者，利用平板电脑实现讲话录音与笔记记录的时间同步，代价是平板电脑价格的昂贵和携带的不便。② 2002 年 Doerte Andres 进行了价值不菲的实证研究：选取 14 个学生和 14 个专业译员为被试；对被试的笔记和原语话语进行了录像；将每一个相同意义成份出现的时间分别在原文、笔记和译文中进行标识；将原文文稿、笔记和译文文稿置于同一张纸上，笔记位于另外两者中间，实现原、译文语言信息关联的视觉化，便于比对，评价优缺点。但该项研究所需时间和资源成本太过昂贵。

因此，成本经济、操作便捷的科技工具的研发势在必行。本书介绍一款可以以音视频形式同步记录原语讲话和译员笔记过程的数字智能笔(livescribe smartpen)。基于移动计算平台，该笔具有先进的加工能力，能够录像笔记过程，录音讲话过程、进行回放以及实现其他功能。该笔部件包括麦克风、内置扬声器、3D 录音耳机和红外线摄像头。内含墨盒、像普通笔一样可持，该笔在内含芯片的纸张上书写，记录笔记过程数据。因为有内置麦克、扬声器和红外摄像头，该笔能够实现同步记录原语讲话录音和笔记记录过程。

与该笔配套的内含芯片的纸张基于“点纸”(dot paper)技术，在普通纸张上印有大量“微点”(microdot)捕捉数据，而且纸张具有回放功能，从而确保实时现场笔记过程的记录与回放。用户可将笔尖点到笔记纸上记录的任何单词或词组，即可听到笔里回放与该词或组意义相关的原文录音部分。

该笔还可通过普通 USB 端口与电脑连接，将其中的音视频传入电脑，进行备份、搜索和回放，而且用户还可通过电脑将音视频进行上传或转成 Flash 动画或 pdf 格式文件。

由于该笔使用简单、能够实现原语讲话和笔记记录过程时间同步的音视频数据收集、还可通过电脑或平板进行音视频播放，为口译笔记学习提供了无可比拟的平台，帮助学生发现所记笔记是否有用、哪些有碍译文产出、如何进行个性化笔记提高等,成为学生课堂内外自主与集体口译笔记学习的理想工具。

具体该笔笔记记录范例的详情观摩可登录网站:

https://confluence-vre.its.monash.edu.au/display/DPCI/Digital+Pen+Technology+and+Consecutive+Interpreting+Training。

工具四:评估环节借力先进科技——ELAN软件

与livescribe数字笔配套使用,视频的评估可以通过软件ELAN实现。ELAN是专业针对音视频资源进行复杂注释创建的软件,用户可以通过该软件对目标音频、视频进行无限制注释的创建。注释可以是句子、单词、评论、翻译或者是观察到的媒体中任何特征的描述;注释可以多层次创建并实现层级的相互关联;注释可以与媒体的时间对齐,也可以指向已存在的注释。该软件的应用能够帮助评估者实现在译员表现的录像里实时加入同步注释,并且便于学生回看录像即时点播同步的评估注释。

Livescribe数字笔与ELAN软件在教学中的结合使用能够实现:学生笔记"现场"过程和原语讲话录音过程的同步;评估者"现场"评价与学生口译过程的同步;口译全过程的"现场"录像是同步的;"现场"笔记和评估者的评价注释在录像里是时间对齐的,即同步的。这种结合方式将真正意义上实现笔记习得过程的观测与针对性改良策略的提出,实现个性化笔记习得,提高口译习得绩效,促进口译教学良性发展。

5. 全面提高口译水平的方法[①]

大数据全媒体时代,全面提高外语水平的方法主要是指使用智能手机、平板电脑等电子学习辅助设备,重点强调安卓系统或苹果产品的应用商店,首推基于后者及其构建的学习生态圈(详见第二章第二节)进行高效外语学习。本书主要关注提高口译自主学习效果。

口译自主学习范畴,绝非仅囿狭义口译技能习得,包含与口译过程相关的听、说、读、写等各项能力。换言之,A、B两种语言及相互转换,都在本书口译自主学习讨论之列,比如,VOA视频可以作为口译初级水平自主学习材料,用作听力、笔记、总结、摘要、交传、视译、影子练习,最终过渡到同传的不同练习方式。

口译活动的起、终点分别是"听"和"说"。大军未动,听解先行,有效的听解是口译活动顺利进行的先决条件;言为心声的口语表达是口译活动的最终表现形式,

① 本节内容,参考了部分网贴分享经验,原作者已不可考。

对衡量口译活动成功与否有一锤定音之效。可见,听解和表达在口译习得过程中有着无可比拟的重要性,二者相辅相成。听力是口语的基础,提高听力是提高口语的必经之路,正如读与写的关系,大量阅读系写作文思泉涌的前提。对于大学阶段口译学习者,若发音不标准(如有地方口音),需先纠正口音。否则,张口而别人未必懂,甚至因口音自卑,久而久之,失去张口说英语的勇气。之后,打磨流利口语。流利口语并非一日之功。首先,需要进阶式实现毫无障碍听懂外语新闻、美剧等的阶段性进步。初级阶段,可以从听解 VOA Special English(慢速 VOA)开始,然后过渡到 standard English,实现语速提升。中级阶段,多听日常对话类美剧,还是推荐《老友记》,这是美剧经典之一,也是练习美语听力的绝好材料,应该反复听。建议有一定水平的听者不看字幕,单凭耳听。高级阶段,听英国英语材料。其语速更快,很少卷舌,因此短平快。首推优雅的 Queen's English,另外,BBC 新闻及专题节目、BBC 纪录片等都是品质很高的材料。

其次,跟读模仿是流利口语的另一点金术。模仿在口语学习的重要作用无出其右!正如母语婴孩语言学习从学舌开始,外语口语学习规律亦同。所有外语口语地道的人一定始于模仿,坚持不懈。模仿材料可考虑新闻,以新闻稿文档为基础,理解所有词汇短语句式,标注生词音标和释义,然后跟读、模仿。与新闻英语的刻板不同,好莱坞电影、美剧,均为鲜活日常用语,更便于依剧本进行模仿、跟读。

再次,朗读是打磨口语的另一重要"技巧",是不二法门。基于上述两种方法,实现自己发音地道,之后,坚持每天朗读,通过口、眼、耳朵、脑多任务同时处理,全心投入提高效率。每天朗读至少两个小时,朗读各种英语材料,边读边琢磨,走脑也走心,实现语言点滴渗透,语感逐步提升,词汇量短期暴增,最后长句脱口而出,自然地道。朗读练习最行之有效的手段是与录音、录像等结合,便于自我评估不足和差距,进行有针对性纠正。

依照上述方法进行口语提高需注意:口语表达不必过于拘泥语法。口语是在听力训练量之基础上的质的突破,是多听以后的脱口而出,要找到"脱口而出"的感觉,不需要太多正式、书面的词汇。英美人自己统计的日常对话词汇量只有 3 000,但要用活。比如 do,看似再简单不过,但相关短语、众多不同语境的衍生意义,令外语学习者摸不着头脑。这一问题可以借助多种工具书进行针对性解决:同一词的多语义、不同语境用法、各种固定搭配等的习得可以首先借力 lingoes,它自配专业词典库,像朗文当代、麦克米伦、英伦大百科。其次,像 Moby Thesaurus 这样专业同义词词典也可以参考。再次，根据自己的英语水平选择，还可搭配使用小语种词典包，其解释和例句都来自英文经典词典，很规范实用。

有人认为，练口语要找外国人，这样才有环境。而事实是，每个练成流利外语口语的人都必经自己一个人用功练习的阶段。具备交流能力是交流的敲门砖，若一个完整句子说好都难，如何跟英语本族语者对话？足不出国，也可以凭自己努力积累与练习，和外国人进行专业话题性的讨论。

6. 看美剧学英语

看原版英语影视剧提高英语听说具有无可比拟的优势：影视剧通过声音与图像共同组成完整信息，对听觉和视觉进行捆绑式刺激，可有效调动英语学习兴趣，实现寓乐于学。

但是，看美剧学英语时，不少学习者面临囧境：学习英语十几年，能够完全听懂标准语速的英语新闻广播，却听（看）不懂英语原版影视剧（无中文字幕）。此中缘由首先是语体差异：前者是书面语体的口头形式，用于正式的交际场合，经过加工和润饰，比较文雅，是合乎标准的书面语言，常见长句、复句、结构严谨的完整句。布局层次分明、逻辑关系严谨是其主要特征。后者为口头语体，以日常会话为基本形式，多用于交际双方直接接触的场合，多见短句、单句、省略句。随意性、不完整是其主要特征，具体表现为口语中流行的惯用表达方式、俚语以及相关的跨文化因素。其次是语言材料输出的迥然差异：英语新闻或英语故事通常是一人输出。输出者经过专业训练，发音标准流畅、语速均匀。以美国英语为例，语音输出速率一般在150音节/分钟。而影视的角色众多，根据剧情要求，各角色都有自身特有的语音、语调和语速，而且连读、弱读等发音技巧俯首皆是，使其与英语学习者所熟悉的听力材料相去甚远，故难以看（听）懂。

有鉴于此，为走出窘境，切实提高英语听说能力，需结合实际科学利用美剧，优化听看效果。

首先，选择恰当的影视材料。不是所有的美剧都适合学英语：要注意避免动作、枪战、恐怖、专业性极强或者充斥俚语、黑话以及非规范表达方式的剧目，选择对话含量较高、生活化、平民化片子。依据学习者习得阶段，有针对性地选择喜欢适切的剧目，激发学习热情，收获事半功倍。

初级阶段，注意避免以下几类剧目：① 专业术语较多或是逻辑推理较强的影视材料（科幻、法律、医学、刑侦等），其中认知负担过重，给语言习得造成过多负迁移。② 情景剧，因为一方面场景固定（一两个），故事情节不足，有碍学习者的剧情理解;另一方面对话多、信息量大且密集度高,而且富含俚语、流行语和文化背景知识,理解负荷过重。③ 卡通片,因为卡通片角色的语音和语调其极夸张,不易理解。建议选择与日常生活较贴近、故事情节较强的影视材料,如肥皂剧、电视剧,每一集比较短,一般在45分钟左右,情节交代比较详细,剧情发展比较慢而又相对独立,便于理解。《老友记》是经典中的经典,全剧遍布人物谈话,句式便捷,词汇简单,基本是 plain English 的典范,是突破发音和对话交流最好的美剧,非常适合于初学者。俗话说:好的开端就是成功了一半。入门阶段适切材料的选择异常重要。

中级阶段,《绝望主妇》(*Desperate Housewives*)是理想剧目。该剧曾经获得全美收视冠军,讲述美国中产阶层,剧情贴近日常生活引人入胜。更主要的是语言较简单、规范、地道且非常标准,相对于《老友记》有更多的长句和表达,没有充斥情景剧的惯用法、流行语和俚语。舒缓优美的女声旁白贯穿全剧,特别有助于剧情理解,这也是该剧的一大特色。非常适合中级水平学习。还可采用《吉尔莫女孩》(*Gilmore Girls*)(共七季),特别适合青少年观看的生活剧,或《篮球兄弟》(*One TreeHill*)(共七季),有关篮球的青少年偶像剧,语言规范易懂。

高级阶段,《白宫风云》(*The West Wing*)是理想的选择。这是关于美国白宫的政治题材美剧,全剧遍布对话,语速飞快,充斥辩论和演讲,词汇正式,语言优雅、悦耳,理解颇有难度。也可采用《欲望都市》(*Sex and the City*)(共六季),该剧描述了四位白领女性的都市生活,也是一部经典剧集,曾获多项艾美奖。或是《橘子郡男孩》(*The O.C*)(共三季)青春偶像剧。

通过分阶段按难度系数渐强的方式,对以上电视剧进行观看和学习,视听理解及口语能力的飞跃指日可待。

其次,注意语音语貌。对任何一门语言,语音是基础,它不仅包括单词发音,还包括真实交际中词汇、习语的连读、失去爆破、弱化、浊化、重音、缩读等一系列音变形式。至于语调节奏,则是地道流利表达英语的润滑剂,没有和地道的本族语者进行过面对面的交谈,很难感受到语调节奏在表达思想中的巨大作用和强大震撼力。因此,要仔细地体会美剧中人物发音和表达的语言习惯。

再次,了解文化。语言是文化的载体,用词和句式使用是否准确直接体现了对异国文化的了解程度。发音好只是与美国人的语言形似,掌握他们的思维习惯和文化,并付诸思维,方可实现神似。此立体学习过程的最好媒介是美剧。

第四,多次观看。美剧只看一遍关注的是情节,充其量算娱乐。若以学习为的目，需看过几遍对剧情免疫转而关注语言，而且必须多看、精听，理解句子词语的意思并用于日常交流。

第五，科学借力字幕。建议开始时不看字幕或将字幕隐去，强迫自己全身心听解，坚持由浅入深、循序渐进的原则。建议每天花一两个小时(集中或碎片时间)多次观看同一集：前两遍着重了解剧情，不计理解；之后全神贯注持续观看，遇到障碍，不要停下查阅或记录，努力通过剧目情景进行理解；最后针对性地观看，对于不易听懂的对话反复听，若听不懂，可参考英文字幕或剧本，弄清难点和生词，将较好的表达方式、典型句子、精彩对白和惯用法等记录下来作为积累，而且一定要趁热打铁，学以致用，如通过写微博、作文，或者到英语角去操练，不断提高口语能力。

基于上述积累，再次观看，理解情节已如探囊取物，人物对白的动机和理由了然于胸，对语言本身及其文化缘由的理解亦跃然纸上。与此同时，可以进行跟读。比如，听到一个人物的口语很好听，发音标准优雅，就刻意进行模仿，体会她的语音、语调、重音、节奏。如此，口语水平也会随着听力的大幅度提升而水涨船高，因为美剧的对白和旁白是最好的口语学习范本。

结合上述精看(听)的方法，也可进行些泛听(看)：观看台词不多或自己喜欢的影视剧，自娱自乐，缓解精听的紧张听力，检验精听效果。但无需压力，看(听)不懂也无妨。

循上述方法看美剧期间，同步进行相应阅读以增加词汇、惯用法、流行语以及文化背景知识的积累。由于目前能接触的绝大部分为美国影视资料，建议多浏览有关美国的语言文化资料，如《读者文摘》(*Reader's Digest*)，这是一本平民化的美国畅销杂志，与日常生活非常贴近。了解美国政治体制，首推《纸牌屋》(*House of Cards*)。还要阅读有关美国流行口语和俚语的书籍。这都将非常有助理解英语影视。

另外，还可以进行学习视频 DIY。自己选择合适的剧本作为学习素材，以引进的 DVD 最为理想，利用相关软件，转换成含英汉双语和无字幕的视频版本，以适合不同练习阶段和目的的训练。当然，最便捷的方式是在网上搜索现成的资料，践行"拿来主义"。

有人不无夸张地说，看一部美国影视胜过在美国生活十天。面对英语听说语言环境的缺失，通过看英语影视剧创造"习得听说"的语言环境，助力身临其境习得纯正地道的英语。不容小觑的是看(听)只是语言交际的输入，决不能忽略其输出——

说。因此与看(听)英语影视同步,要认真做好学习笔记,不断诵记、反复操练有用的表达方式,高效捆绑提升听说习得水平。

第四节 口译自主学习模式

一、自主学习模式的理论基础与技术支撑

建构主义学习理论认为,学习者的知识是在一定的社会文化背景下,通过教师、学习伙伴等人的帮助和协助,利用文本(包括教材、杂志、报纸)、音像资料、多媒体课件、学校自主学习中心的资源库、在线语料库等学习语料,通过多种意义建构方式获得的。教师应从传统的知识的传授者、灌输者转变为意义建构的总设计师、指导者、帮助者、合作者和促进者,而学生则从原来知识的获取者成为知识意义的主动建构者。以 Tim Johns 为主要代表的数据驱动学习理论主张,对数据(资料)的获取驱动学习者的学习需求,认为基于数据驱动的教学模式中的学习者能够根据各自的语言水平、需求和兴趣,利用检索分析工具,充分利用语料库提供的海量真实语料,发现式或者验证式地进行学习。提出"输入假说模式"(The input hypothesis)的克拉申(1985)认为:"只有习得者接触到'可理解的语言输入'略高于他现有语言技能水平的第二语言输入,且他又能专注于对意义(信息)的理解而不是对形式的理解时,语言习得才能产生。如果习得者现有水平为'i',能促进他习得的就是'i+1'的输入,略高于习得者的现有水平;理想的输入有四个要素:可理解性、有趣且具关联性、安排非语法程序性、足够的输入量(i+1)。"(刘寅齐,2014)上述诸理论为探索适应"特殊需求人才项目"的全日制专业学位研究生英语自主学习模式提供了切实可行、多方多面的理论视角和基础。大数据技术能实现从多种数据(包括结构化、半结构化以及非结构化数据)中快速获取有价值的信息,强调人工操作必须与机器学习相结合,由计算机代替人去挖掘信息和获取知识。互联网和云计算机技术的飞速发展,催生了大量的图、文、声、像等数据通过各种方式和渠道在大量不同的领域呈爆炸性增长,为基于计算机和语料库的英语自主学习提供了基于大数据的语料库,为探索适应"特殊需求人才项目"的全日制专业学位研究生英语自主

学习模式提供了技术支撑。

二、口译自主学习环境的设计与实现

指导思想源自建构主义学习环境模型。乔纳森曾提出了一个学习环境模型(简称 CLEs),包括六个方面:设计的问题、相关实例、信息资源、认知工具、会话与协作工具、社会背景支持等。从 CLEs 模型以及乔纳森对其中所含要素的分析来看,学习环境的设计成为建构主义教学设计的核心。对于在此环境下的学生自主学习,提供了三条教学策略进行指引,即从建模策略、教练策略和支架策略上予以支持(刘梦莲,2010)。由此可见,乔纳森模型较适合于学习者个人或协作知识建构;为设计支持建构性学习的学习环境提供指导。此外,乔纳森也提出建构主义学习环境的创设原则:构造仿真世界的环境,运用与学习相关的情境;着重于解决真实世界问题的方法;教师成为教练和策略分析者;强调概念之间的关系,提供多种表示和观点;教学目标应该协商而不是强加;评估应该成为自我分析的工具;提供工具和环境帮助学生阐释多种观点;学习活动应该由学生自我控制和协调。

建构主义和数据驱动学习理论表明:利用多媒体口译资源所营造的教学情景,能有效地激发学生新旧知识之间的联系和联想,即学习者能够利用已有认知结构中的知识和经验对新知识进行同化并赋予某种意义。克拉申"输入假说模式"的启示是:这种"i+1"的输入并不需要刻意为习得者提供,只要他能理解输入,且具备足够的输入量,这种输入便会自动获得。自主学习中多媒体和网络学习环境的构建与真实情景的营造,加上丰富的基于大数据的学习语料库资源,能促进学习者激活(activate)并提取(extract)永久记忆系统(long-term memory system)中的知识、经验与表象,能为学习者提供足够的真实而有价值的信息输入量(i+1)从而促进他的理想输入,有助于学习者专注于对意义的理解,有助于促进学习者语言习得效果的提高。充分发挥计算机网络、多媒体以及基于大数据的语料库的功能特性,必将实现和发挥上述理论和技术在培养和促进全日制专业学位研究生英语自主学习中的指导作用。

全日制专业学位研究生英语学习的目的,是实现对英语语言文化知识的意义建构。而这种意义的构建,须靠他们主动完成。自主学习中,计算机网络、多媒体以及语料库技术通过"人机交互"和"人际交互"模式构建的交互式语言文化学习环境和图、文、声、像多种感官综合刺激,能调动这类研究生参与英语语言和文化背景知识学习的积极性和主动性，能帮助他们按超文本方式对各种教学信息资源和语言知识“按需筛选”，实现“在用中学”(learn by doing)，能促进和提高这类研究生在筛选信息、分析问题和解决问题以及创新实践研究方面的能力。依此，社交媒体，教师助学身份与学生自主学习的结合，有利于口译教学生态系统建构，并呈多元化、多模态、多资源、大数据的特点。

三、搭建口译自主学习与绩效生态系统

要建立口译自主学习生态系统，第一步是利用科学对于学习机制的新认识。神经科学领域的研究为揭示学习行为的本质提供了有价值的新信息。此类研究更清楚地证明，学习的含义绝非仅局限于课堂教学。口译学习应该包括正式授课、自主学习或指导性训练，若想要达到理想效果，必须超越“完成学习任务”和考试结果。

当今，前沿的神经科学研究有助于更好地理解人们在生活和工作中是怎样学习的。口译学习更多发生在课堂之外；学习不仅来自教师、专家授课，也发生在学习伙伴之间。此外，业绩支持(Performance Support)手段也将有效促进口译学习效果。

四、口译自主学习的组织与监控

口译自主学习生态系统可以映射在整个教学过程。实际上，很多教学机构并未有针对性开发基于口译自主学习的资源库及构建良好的生态系统。而这正是未来口译教学的发展趋势。

口译教师面临的最大挑战是思维转换，要开启战略性思维，紧跟时代潮流，充分利用现有的技术优势，调整教学方案和模式。口译学习者，则需客观分析自身特点，认真评估自身学习阶段，设定切实可行的学习目标，制定细致有序的学习方案，实现有理有据有节的高效自主学习。简而言之，这取决于不可须臾离的口译自主学习有序组织和有效监控。具体操作可参考以下几点。

(一) 开展协作化学习

制定社会化、协作性学习策略。口译学习全过程首推协作化自主学习。众所周知，通过社交媒体进行协作式学习是行之有效的，这也是人们工作中最习以为常的学习方式，易融入学习生态系统，学习者参与建设，共同开发。此一阶段，社交媒

体的功能应得到充分发挥，小组成员之间的交流、相互反馈以及学习安排，均可通过该交流平台完成。

（二）进行职业导向设计

能够按需、即时提供学习内容（通过移动端推送有针对性的相关支持内容，同时可作为正式或非正式学习的补充材料），这也是学习生态系统评估中，始终需要支持的设计理念。一些时事性材料，在口译学习过程中不容忽视。作为口译从业者，时刻与世界保持同步，了解日新月异的周遭万物，是其终身学习的重要组成部分。

（三）选择优质学习资源

广泛寻找各领域具有代表性的音、视频或其他学习资源、课程，借鉴成功经验，并在此基础上，根据学习者需求，进一步优化提高。相对于定制课程，优先考虑既成课程，但要确保其效果和品质，并与特定的人才发展需求相符。

（四）适时开发定制课程

虽在学习的整个过程中，细化、可操作的学习目标是前提。但该目标并非一成不变，而应在学习过程中随时调整，以期适应个体学习特点与总体学习目标。若需开发定制课程与内容，则须全面衡量教学大纲与口译学习的关系，充分考虑其可行性、效果与影响。虽然开发定制课程是学习生态系统中成本最高的教学方式，但是引入协同创新理念，不同国家和地区的学校便可以深入合作，取长补短，定制课程可以适应更大范围、产生更高的价值。

（五）适当开展前期调研

在正式或非正式学习方案中，师生共同分析，适切设计实践、测试和活动，同时恰当安排复习。关注调研结果，并在方案设计中参考、运用调研结果。围绕基于电子设备的学习而设计的理论有许多华而不实，唯有经得起推敲的才可纳入教学体系。

（六）追踪学习过程与结果

学习与业绩结果的关联需要整合学习管理系统、学习档案库和绩效管理系统。公司高管希望了解你如何评估学习效果、学习进度。提出学习项目前不可以没有评估计划！自适性学习计划与目标的动态管理，理应与自我评估相结合，并进行针对性修正。

(七)为教师进行定期培训

教师也需要不断掌握口译自主学习和课堂教学的能力,并学会利用学习资源及绩效管理系统。培训永无止境,非正式的学习和绩效支持也一样,也需要管理者成为学习的"领头羊",在学习的道路上主动提供强有力支持。每年中国译协和MTI教指委都开展师资培训,邀请国际、国内一流学者,向众多一线口笔译教师传授教学世界经验,分享全球口译研究最新资讯,并结合学员模拟教学,理论联系实际,全面客观分析,为全体参与学员提供亲历先进教学理念的机会。

第五节　口译自主学习实践

有人说,口译是可以学会的,但不一定是可以教会的。换言之,真正掌握口译技能,单靠课堂教学是远远不够的。这是因为:第一,口译学习者必须投入相应的时间和精力,主动练习,方可真正掌握口译技巧;第二,并非所有口译技巧都适合每一名学生,同样的技巧对某些学生而言可能是行之有效的,而对另一些学生,却可能适得其反;第三,当下班容量过大,教师无法给予所有学生同样的关注程度,更不可能做到因材施教;第四,学生水平参差不齐,同样材料对某些学生而言太容易,而对另一些学生则可能太难。所有学生使用材料整齐划一,将挫伤优生积极性,消磨差生信心。

针对口译技能习得,无论是交传的准备、反馈、一般知识、A、B语言、积极听力与分析、记忆与复现、笔记、重组、自我监听、分心,还是同传的译出、分心、延时、预测、重组、自我监听、压力管理等,都可以通过个人训练的自主学习、小组练习的协作自主学习或两种学习方式相结合来加强。

一、个人自主学习

美国弗吉尼亚大学心理学教授 Daniel Willingham 曾经说过,熟练的心智任务习得离开海量练习是行不通的……一遍又一遍地重复练习同一项任务，方可实现习得的自动化，大脑逐步转变直至无意识地完成此项任务。Daniel 教授并非谈论某项具体任务，如笔记、交传表述、水平参差或同传……他指的是所有的心智习得，口译自然在范畴之内。个人自主学习为海量练习开创了前所未有的时空。

(一) 个人自主学习与口译习得的契合

个人自主学习，因其时间灵活、可控、简便而成为口译自主学习首选形式。尤其是现阶段，基本每个口译学习者都拥有电脑或移动终端，借助丰富的口译文本、音频、视频资料，学习者个人不仅可以练习交传、视译、同传等形式，还可以将自主学习的口译活动实时录音或录像，以便自我评估，或交由同伴或教师评估。

个人自主学习，若能结合设计较多切实可行的练习形式，摆脱个人学习环境或练习模式的单调局限，完全可以达到结对同伴或小组练习的效果，而且单位时间产出更多。

个人自主学习的最大优势之一，是时间安排的充分自主，无需协调小组成员时间，满足活动环境的客观条件，设计集体活动形式以及角色调整。

个人自主学习的上述特点与口译技能习得对于碎片时间、习得时段高频率的要求相吻合。口译习得过程中，每天进行训练是很重要的(可以以周为单位进行休息)，而且训练最好保证长时、集中进行：有口译课的日子，平均每天集中训练 90 分钟，分两个时段进行，内容涵盖各个学科；没有口译课的时候，集中训练时长需翻一番。训练内容要包括像“开始、着手、启动”等基本的口译技能，从而实现既能够即时、全神贯注处理手头任务，又能在恰当时机充分休息。

具体说来，第一，每天没有视频辅助地纯听英语至少一小时，训练脑、耳本能地习惯 B 语节奏并迅速提取音流意义，打磨积极听辨技能，专心致志地听与三心二意地听相结合。专心致志地听，可以提高对实事和地缘政治的把握，拓宽、加深词汇习得。三心二意地听，可以训练大脑进行多任务处理，期间，只以部分精力进行意义听辨与识别，这种训练于同传更加重要，因为大脑需要同时进行多种技能(如理解、加工和转码等)处理。

第二，每天进行“视译”训练：若训练语言为 A 语，一目扫过，每句提取 5～6 个关键信息，进行语法、句法和词序的改写；若训练语言为 B 语，同样速度，处理 3 个关键信息。这种训练，不限文本类型，随时随地进行，有益于改善思维速度和灵活度以及所有积极语言习得的宽度和深度。

第三,同传训练的语料应为讲话者的真实发言(没有因照顾译员而出现的各种语变),训练过程进行录音并自查,也要尽可能经常地请以自己的译语为A语的专业译员予以评估,如果有必要,通过邮件传送音频文件都不为过。

(二) 移动学习与口译习得的契合

个人自主学习的主要形式,是基于电子设备的移动学习,创建优质教育环境。移动学习(M-Learning),是指使用包括手机、手提电脑、掌上电脑和平板电脑技术在内的移动设备和手持设备进行训练、学习以及教学。随着网络和电脑成为重要教育工具,现代科技也变得更高效、便携。比起台式电脑,移动设备(手机和掌上电脑)价格更加亲民,上网的花费也相对较少。目前,接入移动互联网的平板电脑有着与台式电脑相同甚至更多的功能。移动学习是教育系统涌现的新兴工具,同时也是一个新的研究领域。随着移动设备的普及和变革,更多移动设备将有机会融入教育环境。移动学习,可以说是继利用主机学习、利用台式电脑学习这两拨教育革新后的第三次教育革命。移动学习全面提升教师和学生的学习体验。截至2013年,发展最迅速、上升势头最明显的计算平台有约16亿用户,它们分别是智能手机、移动设备和掌上电脑。移动设备在教育中有不同用法,例如,通过短信进行语言教学、词汇学习和训练,以及其他实践学习和非正式问题解决等。

相较台式电脑,移动设备更加便捷,且利用率极高。尽管世界各地已有大量台式电脑,学生们可以使用的机会却并不多。例如,大学中有许多计算机设施,同时也设有许多拥有大量台式电脑的实验室。但是,这些计算机实验室大多位于校园偏远角落,且常常只为课堂服务,因此,学生并没有充分的自主使用权。

多数大学生都会随身携带可联网的移动设备。每周,他们都在课间用移动设备发送简短的邮件信息、浏览大量网页。应允许学生有规律的运用这些时间,并让他们在课余也能使用移动技术。目前,鲜有要求学生用移动设备完成作业的情况。实际上,大多数高校都明令禁止学生在课内使用移动设备,学生也几乎不会在课堂上使用移动设备查询课程相关信息。在外语课堂上,部分学生可能会使用移动设备中固有的抑或联网的双语词典查询生词。其他学生则可能使用移动设备的摄影功能对黑板、幻灯片内容或其他重要文档进行拍照。于学生而言,移动设备使用便捷,且能通过网络提供充足的信息支持,因此可以作为一个高效的教育平台。在移动学习中整合现代方式与技术,增强学习过程更富趣味性、交互性,提高学习便捷度与灵活性。移动学习帮助学生摆脱传统束缚习得更多更好,从该意义上说,它是十分合算的学习方式。此外，若将移动学习系统整合进现有的电子学习系统，将更便于跟进教学研究领域最前沿的动态。无论课内还是课外，移动设备都应是须臾不离的部分，而非仅仅局限于常年冷清的计算机实验室中屈指可数的功能。

因为移动学习有所在位置的变化，也有对灵活性学习的不断需求。2002 年，Chabra 和 Figueiredo 将移动学习定义为随时随地使用特定设备进行学习。2003 年，另一定义是，移动学习是指在移动电脑设备的辅助下，随时随地可进行学习的机制。移动学习，可被定义为通过使用移动网络和工具，随时随地拓展数字学习渠道、享受教育服务、获取教育信息资源的新型学习手段（张燕，2009）。移动设备具有人性化的属性，它能持续对周围环境进行检测，从而使得移动应用保持情境感知的能力（包括地点感知、设备感知、时间感知等等）。目前，移动应用可感知的背景环境包括时间、天气、地点等。通过这些感知，以情境感知应用为载体向学习者提供动态、有针对性且丰富的内容。使用情境感知，是移动学习的新特征，同时也是决定移动学习应用普及度的首要因素。

移动学习是通过移动和无线技术进行教育活动的手段。通过移动学习，学习者们可以在协作环境中进行学习，获得更丰富的学习体验。现今，互联网和万维网帮助远距离师生实现高度互动，学习活动已经得到改善。事实上，互联网不仅仅能传输知识，也能为学习者创造合适的教育环境。在该环境中，学习者能够参与更多活动，例如，互动、协作、对话及问题解决。互联网让电子学习实现世界范围的远程教育，而移动学习则是远程学习的下一代产物。拥有移动设备的技术支持，学习者们能够突破时间地点的局限，随时随地进行学习。新一代学习系统的主要目标在于，通过现有技术的支持，提供新的学习、训练和教育手段，从而为想参与其中的人群提供更好的便利性。计算机环境与传统的分配系统有所不同：充满变数；更为灵活。该环境中存在着多种多样的手持设备、智能手机和移动工作站，这些使得学习者无论身在何地，都能进行学习。虽然移动学习可用于很多学习活动，但是关于学生对移动学习应用的需求、如何设计一款高效的移动教育软件的研究还远远不够。近五年，移动设备飞速发展，通过软件应用，带动了商业、社会、游戏、娱乐、市场和生产平台的变革。现如今，移动设备犹如小型个人电脑，内设全球定位传感器、有无线连接、声音识别、内置网页浏览器和拍摄功能，可向用户提供丰富、定位准确且有针对性的内容。截至目前，这些新的特质为移动应用开发者们提供了新的优势、挑战和需求。而这些，是传统软件工程应用所鞭长莫及的。

支持无线网络连接功能的计算和通信设备，如智能手机、手提电脑和掌上电脑，都能辅助移动学习。有了移动学习，教育者和学习者突破学校的地理限制（教室、辅导室、实验室、阶梯教室）进行教育活动。教室、便携试计算机设备及通信设备一方面提高教学活动的灵活度，另一方面也提供更多互动。移动学习的优势可以总结如下：

· 随时获取学习信息；
· 随地进行学习；
· 支持远程学习；
· 改善以学生为中心的学习活动；
· 利于即时训练和课后回顾；
· 有助残障人士高效学习；
· 支持根据不同学生的学习需求进行个性化学习；
· 扩展师生间的互动；
· 使用学生心仪的通讯渠道，减少学校机构与学生间的文化及沟通壁垒。

移动学习是电子学习自然发展的结果。按照当前发展势头，移动学习今后可能会渗透到学生生活的方方面面。移动学习的主要优势之一在于，它有可能打破传统学习时间和地点的局限性，随时随地提供学习资源，提高学习效率。与现有的电子学习环境不同，移动技术支持更便捷的学习方式。在它的支持下，学生可轻易得到教育信息，从而促进学习活动进行。学生以适合自己的理想速度进行学习，对移动学习提出不同学习要求。移动学习可增强师生双向互动：在这一过程中，师生直接沟通，也鼓励性格内向或犹豫不定的学生大胆和教师交流。同样，学生多的教师也能通过直接互动给予所有学生针对性指导。此外，移动学习还能帮助面临家庭、财政或健康问题的学生学习大学课程。最后，移动学习要求学习者是自发学习，能自律利用时间碎片，随时随地进行学习。

移动学习使科技和教育结合成为可能。在移动学习中，受众包括自由灵活的学习者、团体机构成员、在家中学习儿童及成人用户；学习环境则包括通过计算机独立学习、在课堂中学习、通过网络学习、基于网络的学习、灵活自主的学习、远程学习、协作学习、非同步学习与同步学习。学习环境的多样性将激起人们对远程学习二代产物（即移动学习）的巨大兴趣。本书就移动学习的背景和其在整个学习系统中发挥作用的机制进行了讨论，并提出几点教育环境中，移动学习的优点和将面临的挑战。

基于移动学习的口译习得应该首先进行结构设计，采取“增值法”(incremental

approach)：大致说来，首先，根据习得目标，将练习材料清晰明了地分门别类，以便逐次处理、操作简易。然后，学生根据设计的结构，渐次习得，在掌握一个目标之后，受到进步奖励。之后，学生继续追踪设计，努力实现下一目标。

事实上，很多优秀的会议译员培训学校从最初就热衷上述“目标中心法”(objectives-based approach)——将交传和同传培训分解为一系列具体技能，训练学生分阶段逐步习得。增值法在会议口译培训项目的基础结构中举足轻重。

基于电子设备的移动学习的其他黄金规则涉及参与、交流和互动等，让口译学生感同身受师生互动，积极参与，而不仅仅被动地通过屏幕学习，实现口译习得最优绩效。

有鉴于此，学习者和教育者都应做好准备，迎接新一代的学习和训练方式。移动学习基础组织的发展将满足其需求，并为电子学习和通信行业的发展开启新篇章。移动学习可用于解决传统学习系统中的问题——师生都需要合适且便捷的系统进行互动，促进教学系统运行。移动学习系统并非要取代传统课堂，而是为各学校、高校的教学过程提供支持。

二、协作式自主学习

(一) 协作式自主学习与口译习得的契合

口译自主学习之另一种行之有效、形式新颖的教学组织形式，就是协作式学习。所谓“协作式自主学习”，就是学生通过组织分工，共同达到学习目标。通过学生个体努力和成员间协作，完成并实施监督评估教师或自我设定的学习目标。该组织形式强调自主、合作与探究的学习方式，关注自主学习和自主发展，实现教师主导到学生主体的转型。教师可以结合口译教学特点，鼓励并推进“协作式自主学习”，组织和引导不同层次、形式多样的活动，结合社交媒体实时通讯功能，帮助学生在师生、生生相互交流的协作学习中，逐步掌握并巩固口译技能。

经常定期进行协作自主学习训练，期间，充分发挥想象力和双向思维，不轻易放弃。即便可能或已经很累或者情绪低落，也要坚持参加，因为团队成员互为动力，共同受益；当学习曲线比较陡峭时，小组学习比独立学习更易行。无论对自己的能力多么自信，都要系统参加小组训练，因为成员需要也依靠彼此的参与。

相较个人学习或课堂学习，小组自主学习优势明显。小组协作训练要求每个成员轮流准备并发表演讲，以增强信心、磨砺口译所需交流技能。和其他同学小组学习，相互准备发言，意味着练习材料（演讲）更多，并且难度适中。学生译员准备的发言通常结构、逻辑、词汇比真实演讲更加简单，这也是课程开始部分应该保持的特点，脚踏实地，循序渐进。准备发言稿对本人也大有裨益，不应片面看做是“为他人作嫁衣”。事实证明，准备一份好的发言稿，就是理解演讲结构和笔记，同时发言本身就是训练阅读笔记和公众演讲技能。

口译自主学习过程中，训练自我提高的最简单方法，其实是监听、评估同伴的口译表现，一心多用，包括监听自己的表现。在听同伴的时候，不必口译，只需关注听和评估，心里应有特定的评估标准，比如，口译表达是否良好，主要观点是否合理，语言场合是否得体？但开始只需关注一两个标准而非全部。评估不要流于表面的语言错误或精准与否，更要关切听辨、精力集中、推论归纳以及理解等深层次问题。成员间的互评要诚恳、严格并富有建设性，这样的互评才助力高效自评。因为，关注的同伴也有可能犯类似的口译错误，以人为鉴，洗缺革错。毋庸置疑，同声传译可以也应该单独利用音频或视频练习，同时使用手机或录音笔甚至摄像机记录自己的口译，交替传译也是如此。对于小组练习而言，别人的反馈或是监听评估他人的口译，学习价值不言而喻。

口译教学多以技能训练为主线，如听辨、记忆、信息重组、笔记、临场应变等，开展教学，技能掌握之后，可以应用于不同实战场景。这种方式，目的明确，旗帜鲜明。课堂教学可以针对具体技能，或者技能的综合应用，课外的“协作式自主学习”则是保证优质高效口译训练成功的前提。

大班教学对于口译而言，容易出现时耗长、效率低、挫伤学生学习积极性、教育资源浪费等问题。而两人互助或小组活动，则可裨补阙漏。如进行记忆训练、原语复述、目的语复述，两人一组，可以有效检查相互语言输出；影子练习或跟读练习，两人轮流参与，共同训练一心多用及多任务处理能力。这种小规模学习方式，还可克服成员的胆怯、害羞等心理障碍，营造良好的学习氛围。

加上教师的积极引导，协作式自主学习可以更有效促进交流知识的迁移，提高技能训练的效果。尤其是小组成员掌握的口译技能自如运用，认知范围扩大，知识理解深刻，分析、解决问题能力得以增强，这种成功喜悦必将催生学习热情、提高学习效率。协作式自主学习知识容量大、共同参与性高、系统性强、学生的持续兴趣强烈、习得效果更优。

（二）协作式自主学习的口译运作模式

协作式（结对、小组）自主学习既能够通过组内成员的合作训练和互评，打磨交传、同传技能，又比个人学习或班级教学更为高效、有趣。

一般说来，交替传译学习应该有 2～4 人，至少包括一名讲者和一名译员；交传练习时，讲者可以客串听众。而对于同声传译而言，小组应该为 3—6 人。这种人数增加，是因为同传中讲者不能像交传一样充任听众，即至少讲者、译员和听众各一名才能成为小组。小组成员构成宜多样化、高水平，最好可以包括专业译员、自由职业者、外语母语者以及学生新手等。

参与者依人数和所持母语自愿组织小组，每名成员均参与口译练习，并轮流用母语进行讲话，而且每人都收到并给予同伴有关口译表现的评估。

小组实训室要配备现场口译所需的设施，如：标准同传厢、集成视频录像和 MP3 的 TELEVIC 传译单元等。若没有同传厢，笔记本电脑或智能手机，任一加上耳机也可。

小组每周活动一到两次，高级阶段每次时长 3 个小时左右。活动内容由参与者自行视需要而定（如，就某个议题或术语进行训练）。每次活动，每组准备 8 篇演讲，至少涉及 4 种语言：4 篇时长 12～15 分钟的同传演讲和 4 篇时长 8～10 分钟的交传演讲。若本族语者所代表的原语不足 4 种，则选用在线视频或演讲补充。较低习得阶段的时长和语种可以酌情减少。

所有演讲均录音并上传到班级云端文件夹，供大家下载、研究、评估（自评和互评）。小组创设有微信群，作为平台，成员分享信息、讨论问题，也可师生邮件往来，进行一对一的探讨。

第五章 口译教学评估

教学评估是教学过程的调控手段和教学结果的质量诊断。教学评估以教学目的为标准，依据系列科学评测方法，主要针对师生的教、学过程与效果进行客观科学的判断分析，在整个教学过程中作用斐然。

教学评估关乎教学工作的效率和质量鉴定，与任课教师和课程学生均息息相关。对于教师，教学评估能够帮助展现教学态度、方法和内容等方面的不足，促进反思教学工作：找问题、深分析、定对策、常总结，进而有针对性地提高教学素质，调整教学目标，更好地为教学服务。对于学生，在某一特定场景中的学习表现数量和质量都可以通过教学评估中任何形式的教师反馈进行解读，分析个体学习行为和反应的适恰性，将结果与有关标准进行比对，分析水平现状，促进学习绩效提高。科学的教学评估能够及时反馈教学情况、改进教学方法、巩固教学经验、强化教学成效、促进教学质量提高。口译教学作为一个教学分支，自然落入上述教学评估多维、实时、反拨作用之范畴。

随着我国对外活动日渐频繁，各领域对具备良好素质(包括外语水平和相关专业水平)的翻译专业人才需求与日俱增。据中国外文局副局长、国际译联(FIT)副主席黄友义估计，目前全国职业翻译 4 万多人，相关从业人员 50 多万人，专业翻译公司 3 000 多家，但能够胜任翻译工作的合格人才缺口却高达 90%，其中高水平翻译仅约占总数的 5%。口译人才培养与口译人才市场供需矛盾渐行渐显，确保与提高口译教学质量成为亟待解决的问题。

口译教学评估，在口译教学过程中必不可少：可以作为课程评估数据资料来源，优化培养方案和课程设置。可以作为质量监控，教师检查训练目标是否达到；学生对照口译现场评估标准核对技能提升，进而保障并或提升教学水平。可以作为外在激励，辅助教师改变“轻评估、重教学”的思想，增强责任心，监测教学薄弱环节，及时改进教学方法、调整教学进度；帮助学生发现进步与不足，总结下阶段努力目标，并据此诊断个体教育需求，以量体裁衣，实现知识结构更趋合理。适切理解和处理教学与评估的关系，有助于形成良好的教学与学习氛围，提高口译教学质量，更好地满足社会高层次口译人才需求。然而，当下口译评估体系不同程度存在主体单一、标准简单、手段匮乏等问题，既影响评估信度提高又妨碍课程质量改善。因此，建立多维度口译评估体系势在必行。

口译教师和学者业已意识到问题，尝试探索多维评估体系的构建和分析其于教学的应用方案，目前学界已在口译教学评估的理论和实证研究中取得一些成果。口译质量评估理论研究涉及口译质量评估单位（蔡小红，2003）和五层级模式（徐文彬，2008）等。实证研究包括口译教学评估标准（鲍刚，1998；杨承淑，2005；刘育红，2014）、各评估项目的分值比例（刘和平，2001；陈菁，2003；杨承淑，2005；蔡小红，2005；刘银燕、张珊珊，2009；李游子，2013）、口译教学评估过程（陈菁，2003；蔡小红，2005）及口译评估方式（王虹、俞宝红，2010；王斌华，2011；万宏瑜，2013）。但在操作层面上，口译教师仍然缺乏客观科学、可操作性强、多维立体的评估措施；学生的自觉认识、批判性思维、自主学习能力以及实践水平的提高也尚未同步。

综观前期研究，或多或少存在标准各异、等级模糊、信度不高、操作性不强等问题。究其原因，多因相关教学方法过于传统，仅在教学评估单方面进行改进难免囿于治标不治本，换汤不换药的误区。教学和评估是相辅相成、相得益彰的教学环节，只有将二者有机结合、同步改革、与时俱进，方可治愈口译教学现存疾瘴。鉴于此，本书跳出传统“课堂讲解＋课后作业”的教学模式，开创性提出符合大数据、全媒体时代诉求而且将现代科技与教育技术相结合的云端翻转课堂口译教学模式。

翻转课堂系新教学模式：基于学习平台，颠倒传统的课上课下两个过程。课前，教师上传相关授课内容至学习平台，学生通过平台开展自主学习；课上，教师侧重组织学生进行讨论、小组活动、演讲等，实践知识习得。课上课下教学功能的置换，创造了多时空课堂延伸、多角色教学参与、多渠道学习途径等条件，摆脱了传统课堂较低层次的知识记忆，提高了知识习得效率。云端翻转课堂将社交媒体与翻转课堂相结合，方便师—生、生—生实时沟通交流，优化教学效果，实现对传统教学模式的革新。

云端翻转课堂口译教学模式与传统口译教学模式迥然不同：新模式凸显的自

主学习和协作学习，不同于网络环境下的自主学习和基于社交媒体的协作学习，翻转课堂适用范围更加广阔。翻转课堂可以推助整个教与学过程中自主学习、自我管理、合作学习、个性化学习和缩短学习者间差距。翻转课堂包含自主学习和协作学习，而传统的纸质考试方式无从展现学习者的自我管理能力和协作能力，但这些能力恰是译员必备素质，也是口译教学目标。因此，翻转课堂教学要彻底实现教学评价多元化。评价观导向多元化，能够引导学习者多方发展，结合独立探索与小组协作学习；促进教师多角度把握学生习得，实践学生中心教学理念，最终将全部教学过程通过评估进行监督与评定。

有鉴于此，以往的评价体系已不适宜，新型评估体系的构建已势在必行。将教学评估的三大部分（教师的教学效果评估；学生的学习成就评估；课程的设计与实施评估）融合为学生的自主学习评估（课前、课中、课后）和多主体的课堂教学评估两种模式，遵循全过程、多维度、易操作的口译教学评估原则，设计综合立体评估体系，改革传统评估标准，丰富评估类型，创新评估方式，完善评估内容，明确细化评估原则，提高评估信效度，将在真正意义上实现口译评估对口译教学的反拨作用，从根本上带来口译教学与习得革新。本章后面几节将通过具体原则探讨展示评估主体、标准、类型、方式、内容等多维度设计细则在口译教学过程中以自主学习评估和课堂教学评估为主要表现形式的运用。

第一节　口译教学评估基本原则

囿于我国前期口译人才培养缺乏积淀，口译师资建设缺少培训，口译教学评定既缺定性宏观评估标准，又少量化微观指标，导致口译教学评估教师无所指、学生无所得的蜻蜓点水和无的放矢。此种不成体系的评价，不能展现提纲挈领的口译标准，更无法指导自主学习之自我评估。走过早期混沌，教师学者们致力探索各种新型评估体系，并尝试按照不同的评估标准，以不同的评估方式，对不同的评估内容进行赋值，量化评估（详见上文）。新的评估体系确实在一定程度上改善了口译教与学的质量，但是，各种方法所依各异所指不同：理论指导、标准设计、内容选择、分值分配等百家争鸣，致使信度、效度、可行性均不尽如人意。这主要归咎于指导原则不够清晰、科学、系统。

为培养新形势下提高国家国际竞争力和适应国家全面进步所需要的高层次、应用型、专业性口译人才，仲伟合（2007）提出各个院校应当立足于职业规范、专业技能、语言百科等基础，遵循“技能性、实践性、理论性、阶段性”等原则，有序展开人才培养，以“技能性”教学为核心，循序渐进介绍各种类型口译技能。

指标体系构建的总原则可概括为“技能性、实践性、理论性、阶段性”。具体说来，构建过程需要落实以下基本原则：① 过程至上原则。注重对学生学习过程（课上和课下）进行跟踪观察，强调全过程的个体与小组的自评和互评。② 综合评估原则。大数据全媒体的新形势继续重视基础知识教育，更强调学生人格、情感、价值观等综合素质的提高。因此，结合口译现场环境，口译教学评估将基于评估主体、评估客体、评估标准、评估类型、评估方式、评估内容等多因素进行多维度综合评估。据此，相应评估指标的设计也依次设定多元模式并赋予多种权重，以提高口译教学评估标准的信效度和可行性。

鉴于云端翻转结合社交媒体的口译课堂是大数据全媒体时代应运而生的现代教学模式，借力海量网络资源和各种社交媒体，实时推送多维、立体、针对性强的教学内容，颠倒课上课下两个过程，并将二者有机融合为浑然一体，对整个学习过程的评估自然成为重中之重。围绕课堂教学的全过程，充分考虑教学目标、教学思路、教学安排、教学手段、教学效果、学生学习兴趣、学习动力、学习方式、习得知识、参与程度、自我反思等，为实现教师总结教学经验、提高教学质量以及学生总结学习进度、培养自主学习习惯，将复杂的评估目标层层分解，按照总目标、子目标的结构，若有可能，再进行加权递归，赋值权重，纵向比对，逐阶段展示教学过程进展。该模式能够引发师生参与教学的兴趣和热情，不断开创教与学的佳绩。

由此促发的教学评估不仅含有课堂师生交互评估，还包括课前、课后学生自主学习评估，同学互评，以及同行、外籍专家、社会机构的课堂与课后评估。为了呈现多维立体的教学过程评估，需要多维度评估体系提供更多观察机会和搭建更广测量平台，确保过程评估的易操作性。所以，云端翻转口译教学评估的原则更加关注过程和多维细化。

一、过程性评估

有关课堂测试的研究表明促学评估是提高学习绩效最有效的方法之一，过程性教学评估恰属促学评估(assessment for learning),能够为教师和学习者提供诠释习得过程的评估证据,帮助分析学习者当前的学习状况,并为未来努力方向和实现方式提供指导。

过程性教学评估架构于多项理论基础。人本主义认为评价是与教学过程并行且同等重要的过程,其主要功能是为学生学习提供服务,根本目的是促进发展。建构主义注重教学过程和学生自主知识建构,对过程性教学评估的作用主要体现在:翻转课堂课前,师生共建完整教学环节,教师进行视频资源设计与传递,学生借力视频资源完成学习任务;翻转课堂课前和课上,都为师生搭建宽松氛围和充裕时间的交流平台,培养学生的合作精神,促进其知识内化。霍华德认为,智能具有多元性:语言、空间、身体运动、人际交往等八种,彼此相互联系,表现形式不同,个体体现的智能比例各异,学生的优异水平取决于八种智能被激发的程度。因此,评价需彰显人本思想,突出个体需求,尊重个体差异,激发主体精神;通过培养学生的独立性、主动性和创造性践行自我评价;主张研究针对教育意义与价值,注重教育者与受教育者的主观意向、个体意识等;提倡多元化,推崇学生中心,高效发挥教师引导作用,最优化过程评估绩效。

云端翻转口译课堂创新之处在于颠倒课上、课下两个过程,借助社交媒体将其有机融合,延伸过程时空以实现“1+1>2”的过程效应。据此,与之对应的教学评估中心与重心自然落到过程,采用过程性教学评价。另外,口译作为一项技能习得,习得过程的点滴表现均有管中窥豹之效,因而过程中的每个环节也应纳入评估体系。通过对过程的评估,比对不同阶段的数据,监查技能习得的阶段情况。云端翻转口译教学的过程有四:一是整个学期中课程开始、中间和结尾的时间过程;二是学生从初级水平到中级水平再到高级水平的习得过程;三是单元授课所涉及的课前、课堂和课后的阶段时间与习得过程;四是教师组织课堂教学活动的课堂过程。四种过程都是口译教学评估所关注的方面。基于上述四种教学过程,“过程性教学评价”中的“过程”主要包括教学过程和学习方式两个要素。教学过程指教师、学生以及教学活动三者互相影响的过程,基本属于第四种教师组织课堂教学活动的课堂过程。学习方式是学生基于不同程度的学习基础和学习动机采取的学习策略,分布于教学过程的全部四种过程之中。评价过程即对教学过程的综合评估,评估对象既包括学生学习知识技能、策略、职业素养等又包含教师课堂活动的设计与组织。

教学过程中,以教师为主体对学生的评估在学期课程伊始一般以诊断性评估开场，宏观测量学生知识技能整体表现，微观测试学生具体知识技能把握，主要目的是分辨学生语言知识和语言运用的长处与不足，尤其关注不足，并尽快予以反馈，帮助诊断、展示学生目前水平与期望值之间的差距，帮助师生确定今后教、学重难点，制定相应计划实现能力提升。随后的教学过程，教师为主体对学生评估以形成性评估为主，监查学生课堂上知识技能、策略、职业素养等的习得情况，并定期(如期中、期末)辅以终结性评价，测试学生学习成果并进行阶段性比对，运用差异分析、回归分析等，量化学生习得进展中的优缺点。教学过程中，以学生为主体的评估，客体指向三方面：教师课堂教学过程的施教，如教学设计、教学过程和教学效果等；翻转课堂的满意度，如翻转课堂模式、翻转课堂教学评估指标体系、个人学习感受；自身和其他同学课堂教学过程的独立与协作学习习得，如知识技能、策略、职业素养等。

在学生习得过程中，为保证学习质量，促进身心发展，需对整个学习过程进行监控，以确保其获得正确全面的评价。如此，有必要将评价体系贯穿学生学习活动过程始终。初始阶段，学生自主进行诊断性评估，确定自己目前所处习得阶段是初级水平(重点是知识技能层面)、中级水平(重点是策略层面)还是高级水平(重点是专业与职业层面)，以此为基础，结合课堂教学之初教师对学生诊断性评估的结果，制定过程中后期学习计划。随后的过程评估置于云端翻转课堂口译教学模式之中，不仅包括传统的口译教学课堂过程评估，还需将嵌入翻转课堂的课前学生自主学习(独立学习和小组协作学习)过程以及课后学生自我反思过程纳入评估体系。

口译翻转课堂教学过程多样化决定了口译教学过程评估多面化，也决定了口译教学评估体系多维度。云端借力多种社会媒体推送的学习环境为口译师生整个教、学活动过程和学习活动结果的评价提供了多种选择，应用多样化的评价手段进行有效评价亦应运而生。因此，云端翻转口译教学评估体系需要多维度综合支撑。

二、综合评估

基于多元智能理论的综合评估强调教育评估应注重个体中心，评估方案需倾向个体差异、发展阶段和专业知识多元化。综合评估体系，根据培养目标、课程性质、教学目标和要求以及学生个性发展等多种需要，针对学生知识、能力、素质等多个维度，采用评估主体、内容、过程、方式、手段等多种模式，实现评价全面性、多样化。教师进行学生学习成果评分时，采用多种角度、方式与途径（诊断性评估、形成性或过程评估、终结性评估、自比性评估和行为表现评估等），注意学生个体差异，重点关注检验个体的学习成果或不足之处。

云端翻转课堂教学综合评价体系的构建需要尤其注意以下问题：① 发展学生自主评估。翻转课堂教学开始阶段是学生课前自学，教师无法监督其自主学习程度和学习时间，因此，学生需要进行自主学习成效评估。教师可以在课堂上经讨论确定评价标准，供学生评价自主学习情况，引导他们把握学习方向和重点。② 提供实时反馈。云端翻转课堂通过云端存储和社交媒体将课上和课下有机结合，保障了师生实时沟通以及教师对学生的实时评价。评价即反馈，教师通过云端实时推送给学生反馈，学生得以在学习过程中实时改善学习方式，成为高效自主学习者。③ 实施全方位评价。根据口译教学大纲、教学重点和教学目标，制订全方位评估体系。如教学目标可以分为情意、认知、技能三方面，评估时教师应考虑学生对学习情境、教材内容、学习策略、行为目标等方面的掌握情况，采用资料搜集整理、表演、报告、口试、笔试、实践等多种形式。

云端翻转课堂延伸了口译教学时空过程，增强了学生学习自主性，要求教师教学评估多元发展。新的“形成性评估”不仅是随堂测验，而要贯穿教学全过程，教师通过多种形式（小组活动、个体回答、学习总结等）了解学生习得进展，检查教学效果达标与否，并以据此调整教学内容。新的“总结性评估”亦非单元或学期结束后进行，可随教学目标规定的能力培养进行评定，贯穿教学全过程，侧重能力。教师还需要创造空间给学生自评、互评、反思。总之，教师要采用灵活多样评价方式，给学生更多发挥空间，以评促学，以评促教，切实提高教学效果。

另外，真实的口译活动均处于特定情境：正常交际的双方、紧张的现场气氛、真实的交际任务、切实的职业规范和标准。因此，对口译教学效果的评定不可囿于传统语言范式，而应关注社会语言学视阙下口译活动形式和功能双方的语用能力。口译活动能否顺利实现交际双方的沟通，取决于译员语言能力的高低、专业知识的多寡、心理素质的好坏、跨文化处理信息能力的大小、临场处理紧急情况能力的强弱等，因此必须基于云端翻转课堂采取多元化、多维度、多角度的一揽子综合评价体系。

综上所述，口译教学质量评估指标体系的设置，必须立足于多维评估主体，依据多维评估标准，采用多维评估类型，使用多维评估方式，参照多维评估内容对评估客体进行全过程、针对性强、多元立体的综合持续评估。

（一）评估主体多维

口译的交际过程是用一种语言转载另一语言包含的信息，这一过程包括讲话者、其所用语言和听众三方面。因此，口译评估的主体不应只局限于授课教师，理应进行拓展。

蔡小红（2005）曾提出“校内单向评估”与“学校与职业机构的合作评估”的模式。“校内单向评估”所指有二：一是口译教师个体评估主体，在口译教学中，其主观评价决定学生的平时、期中、期末成绩，如此单一的评估主体难免片面，难以给予学生口译能力科学反馈。二是校内同行评估主体，为了使评估结果更全面、公平、客观，可以邀请具有口译教学或实践经验的教师同行以及外籍专家共同评估。但是，作为以技能训练为核心的、实践性极强的课程，口译教学绝非仅限于课堂，其教学评估也不可囿于校内课堂评估，还应包括“学校与职业机构的合作评估”：学校与翻译职业机构联合对学生的口译表现进行质量评估，加强训练评估与市场需求的联系，这尤其适合翻译硕士（MTI）口译人才培养的职业化需求。

不容小觑的是，作为口译教学和评估的对象，学生对口译表现进行自我评估和同学互评，能够最直观地发现问题并培养主动分析问题的习惯。口译任务的高压性和即时性很大程度上决定了学生的心理素质在其口译表现中举足轻重。口译任务结束后，学生反思自己的表现，从翻译表达等语言能力、紧张不自信等心理因素归位表现欠佳的原因，并据此对下次任务的更好表现进行设计。因此，课堂口译活动结束后，学生比照评估指标，进行自我评估，理应成为课堂口译评估不可或缺的部分。同时其他学生扮演口译用户，参与评估，增加评估主体，客观上提高评估效度。而且，作为评教主体，学生亲历教学过程点点滴滴，能够通过独特视角发现教学过程中最根本问题。所以，多维度的口译教学评估主体需要包括任课教师、教师同行、学生本人、学生团队、翻译机构等，以确保多角度、更科学、更客观的全过程评估。

（二）评估标准多维

口译教学评估标准是评估尺度，主要对教师教学活动的组织和学生知识技能的习得进行具体的规范，提高教学质量。然而，口译作为一门新兴学科，其理论研究和教学实践都尚处起步阶段，唯有在教学过程中坚持多角度、多层次的效果尺度，方能有效提高教学质量，培养优秀口译人才。截至目前，口译教学在评估层面尚无统一易操作标准,标准不可纸上谈兵或经验主义,需具备科学的理论指导和可行的实践操作。

国外关于口译质量评估标准的探讨历史悠久。根据 Bachman 交际法语言测试理论,口译评估标准应该包含信度(reliability)、效度(validity)、真实性(authenticity)、交互性(inter-activeness)、影响性(impact)和可操作性(practicality)。近年来专家学者们借助跨学科的相关论述拓展了研究领域,探索出新的理论模式和评估方法。可惜多有不同程度的片面性,如忽视各种口译任务的不同要求、译员的主观努力、口译服务对象对效果的反馈以及彼此的相关性等。时至今日,尚无完整的评估标准体系可供参考。

国内李越然(1987)、钱伟(1996)、张维为(1999)分别提出过"准、顺、快"、"灵活度"、"准确、通顺、及时"的口译评估标准,但均过于注重译员主观努力,受制于经验为本的思辨与规约,系统严谨的理论依据不够充分,行之有效的可操作性不如人意。陈铁城(1988)曾将口译效果评定分为三个等级(尽情又尽意、尽意而不尽情、不尽意也不尽情),侧重口译在交际实践中产生的客观效果。如若将标准主客观合璧,口译教学评估将更科学、全面。以上标准均由真实的交际实践提炼而来,可视为口译质量的总标准。然而,蔡小红(1992)认为,口译课堂教学难以经常呈现口译实践真实场面,更多的是课堂技能操练与模拟训练。由于训练循序渐进,且经常各有侧重,有时甚至分项进行,所以,口译课堂自始至终完全套用现场口译质量评估标准是不切实际的,也难以达到预期教学效果。而根据教学模式、教学进度、教学环节等设计阶段性的评估标准,提高评估的针对性和科学性则更可行。陈菁(2002)根据厦门大学口译交际模式总结出口译技能和职业标准应贯穿于口译理解、分析和表达的全过程。基于前人研究,蔡小红(2003)将口译质量评估标准归纳为可信度、可接受度、简明度、多样性、迅捷度和技术性六个基本指标,根据口译任务的不同,调整各指标权重。

综上所述,首先,口译教学涵盖跨文化交际、双语转换、口译技能等因素,因而评估标准需考虑文化背景、语篇构架、口译技巧等;其次,口译作为一种强度高、专业性强的职业,对口译教学中口译训练的实战性要求极高,故而评估标准还需要包括身体素质、心理素质和职业素养等因素;再次,云端技术借力海量网络数据和多种社交媒体,要求口译教学评估标准涉及工具技能,以考查有效获取资源的效率;最后、翻转课堂颠覆了传统授课模式,为自主学习带来广袤时空,因而有关学习者独立学习与协作学习的规范成为口译教学评估标准必不可少的组成部分。

（三）评估类型多维

教学评估主要包含诊断性(diagnostic assessment)、形成性(formative assessment)和总结性(summative evaluation)评估三种类型。诊断性评估是一种“事前评价”，通常在教学目标设定之后、具体教学活动开展之前，为把握学生当下习得状况，并有效开展教学计划而进行的。形成性评估是在教、学过程中进行的，是持续、全面、反馈式的教学评价，旨在改进教、学和课程质量。总结性评估则是对一段时期的教、学效果进行考评的教学评价。教学过程的不同时段，采用不同形式的评价更有利于评、教、学的有机结合。

上述三种评估方式同样适用于口译教学。口译是一门专业要求很高的职业，译员需要具备扎实的双语语言功底、丰富的百科与专题知识、深厚的双语文化底蕴、优秀的记忆分析能力、灵活稳健的心理素质等。课程伊始，通过诊断性评估，教师可以了解学生整体和个体的基本情况，更有针对性地设计教学计划与活动，更合理地进行学习团队成员搭配，最优化教、学效果。进入教学流程之后，教师需要通过形成性评估持续跟踪学生习得情况，实时把握他们阶段性教学内容的掌握，及时调整后续教学目标、内容和方法，确保教、学最优效果。课程结束之际，口译教学也需要进行总结性评估，对课程教学整体效果和学生习得综合能力进行界定。但是，作为一门实践性很强的课程，口译课程的总结性评估绝不简单等于一场考试，而应对比诊断测试的结果，纳入整个形成性评估的阶段性进展，参考学生对教学的贡献以及口译实践情况，考虑校内同行、外籍教师、校外相关机构等的意见，最后综合形成较全面、客观的总结性评价。此多维评估类型，极大推动教学与评估优化组合，最大化了评估结果的全面、客观、针对和导向。

传统的课程评价方式多见终结性评价：以学期期末测试为主，评定师生教学效果。这种评价方式轻过程、重结果，因仅通过期末考试即可，多数学生平时学习目标不清晰，动力不充足，难免误入应试学习歧途。虽此种方式亦或搭配平时单元测验等监查学生学习情况，但目的不外阶段性的分数终结。如此单纯测验的模式有明显局限性：对学生阶段性学习结果的关注有限，无法展示其学习过程中产生的困惑、感悟等；学生的学习方法和习惯，难以全面呈现，教师的指导和教学调整有失实时，欠缺针对；仅以测验成绩作为考核标准，导致学生被动接受测试，缺乏主动反思学习。改革测验成绩主打的终结性评价模式，需结合教学过程具体情况，以形成性评价为主导，实时收集加工反馈信息，推助教师多维、及时掌握学生学习状态并引导学生成为自主学习者。形成性评估的核心思想是人文主义对学习个体的重视和对学习动机与过程的关注,强调知识建构过程中个体的决定作用。其理论植根于反思式学习理论、经验哲学,以及社会建构理论。社会建构的最近发展区以及支架(scaffolding)理论作为实践操作的理论支持,为形成性评估提供了新技术路线,如动态评估(Feuerstein et at,1979;韩宝成,2009)、建档式评估(Hamp-Lyons & Condon,2000;王华,2011)、自我评价和学友评价(蔡基刚,2011)等。

形成性评价是教与学的双向评价:同时敦促教师全面、细致、深入地总结课程、教材和教法等,改良教学方法,提高教学质量。形成性评价不对被评对象进行优良程度区分或等级鉴定,这一特点恰符合口译教学侧重个体技能发展的差异和提高整体教学绩效的目的。形成性评估包含多种概念和形式,如前瞻性评估与回顾性评估,课堂评估和课下评估,校内评估和学校与机构的合作评估等。这些特点契合云端翻转课堂重视课前、课堂、课后一体化的自主学习模式要求。因此,若将这些概念和形式合理搭配运用于大数据时代实践性极强的口译技能课,将形成性评估设计为培养课堂评估、自我评价、团队协作能力的工具,必能有效培养学生自主学习能力,长远提高课堂教学绩效。

(四) 评估方式多维

刘润清提出,翻译测试应属主观测试,评分方法可参考作文中常用的机械法(mechanical method)、印象法(impression method)和分析法(analytical method)。机械法通过计算错误数量扣分,分解了语言形式,属"分割式的语言观(atomistic view of language)",与现代语言教学和测试的主流观点相悖。印象法完全依据阅卷人主观印象评分。分析法按照评分标准分项评分,但对要素和权重等级的规定易流于主观。国内现行的口译测试,即目前我国三大翻译资格证书考试,基本采用直接测试(机械法或分析法)进行评分。虽然《高等学校翻译专业本科教学要求(试行)》(2012)的出台为规定了本科翻译专业人才培养的明确目标,为其口译教学质量评估提供了指南,但目前其口译课程具体统一的测试与评分细则尚处缺位状态。

整体而言,当前口译教学评估方式较为传统,且尚无统一标准。传统口译教学评估多见直接评估和录音、录像评估:针对学生根据所听、看内容进行的双语互译,教师对学生口译表现直接打分,或者将学生的口译录音、录像,事后教师听录音、看录像评分。

以口译教学期末评估为例,常见的直接评估模式有:教师或发言人朗读文稿,学生进行口译，现场由教师进行评分；模拟会议口译情景，发言人无稿发言，学生同步口译，评分人现场进行评分。厦门大学俄语口译课程评估和西安外国语大学高级翻译学院的会议口译课程评估均采用后者进行。常见的录音、录像评估模式有：教师或发言人朗读文稿，将学生口译录音/录像，考试结束后评分；发言人无稿发言，将学生口译表现进行录像，事后评分人根据录像评分，如厦门大学外文学院英语系的口译录像评估模式；学生听源语录音或看源语视频，将口译内容录音，评分人据此评估，如上海市中高级口译证书考试、教育部外语翻译证书考试、人社部全国口译资格证书考试以及大部分院校的口译考试。

上述口译课程评估材料多为双语句子或短篇互译，材料难以全面涵盖口译课程知识和技能，难免缺乏系统科学性，而且，测试中的师、生、语音室以及干净、标准、匀速的录音均为学生所熟悉，与真实口译工作环境差异迥然，无法展示真实挑战与压力下学生的具体表现，也就无从评估学生心理素质、职业素养等口译活动必备能力。

口译这种跨语言文化的交际活动高度情境化，口译教学的终极目标是培养学生在真实交际场合中的口译能力。根据情境学习理论、体验式学习和社会建构主义，包括口译教材开发的口译教学设计应该如实还原口译活动真实场景，根据学生水平选择难易适中材料，进行口译模拟实战和实习等教学活动。为检验口译教学设计的教学效果，口译教学评估亦应遵循真实性原则。因此，口译课程评估方式的深入研究与规范乃大势所趋。

鉴于口译职业能力的多维度要求，口译教学评估也需相应结合多种途径与方法进行，诸如考核评定、现场观察、问卷调查、记录检测、学习档案等。考核评定常见于传统的口译教学评估。现场观察和问卷调查也是口译教学评估之成效斐然的手段：口译活动现场对职业能力要求甚高，因此，技能中心的口译教学应鼓励学生进行模拟口译活动和参加校外口译实践，期间，任课教师、教师同行、学生团队以及社会机构等通过现场观察和问卷调查的情况，对学生的口译表现进行评估，此种理据较传统的考核评定更真实、更客观。记录检测也不失为高效教学评估方式：将课堂学生口译活动录音或录像，之后上传云端，便于多次播放，进行记录和检测，捕获有关信息增漏、语言使用(口头禅等)、反应速度、非言语行为等一系列宏微观数据，基于数据分析学生口译能力，量化评估结果，自然更有针对性、说服力。为实时持续根据学生学习状况进行评价，可建云端学习档案，据实时获取的数据对比不同时段的习得进步与学习障碍，提高反馈的针对性和导向性。

同时，考虑采取常模参照评定法（将学生个人成绩与他人比较）、标准参照评定法（以既定标准评定学生学习成就）、自我比较法（把历次考试评价结果加以比较）以及复合评价法。

值得注意的是，较之其他职业活动，口译更加可能而且非常必要进行译员自我评估。首先，作为双语交际媒介的当局者，译员在洞悉双方意图、悉晓交流顺畅或阻滞及原因、监控译语产出、领悟交际现场反馈等方面具有其他评估主体所无法媲美的优越条件。其次，自觉即时的自我评估是译员圆满完成任务、不断提高口译能力所不可或缺的：面对复杂的口译现场，任务又常随语境、专题、听众等因素变化，译员唯有及时发现问题，随时调整策略，方可推助顺利交际。任何口译活动难免得意与遗憾，个中缘由唯有译员最明了，及时的自我评估、经验总结有益于口译能力的百尺竿头，不言自明的是自我评估需要明确的技能意识、质量标准和职业规范为指导。

另外，不容小觑的是，翻转课堂为学生自主学习提供了前所未有的时空便利，学生华丽转身为教学主角，高效的自主学习须臾难离合理自主评估的反拨。

据此，结合口译训练、口译职业、云端翻转课堂口译教学模式，多维评估方式拟结合使用定量分析法和定性分析法。定量分析法以等级量表赋值评估指标，科学客观、快捷方便，但缺乏更大空间供评估者自由表达观点。定性分析法以描述性评论或评价体现，可补定量分析之不足。具体执行过程可根据评估目的的差异，结合两种方法，交替使用，如采用标准参照评定法、自主评估法、自我比较法以及复合评价法，通过考核评定、现场观察、问卷调查、记录检测、观看录像和学习档案等具体方法对教师课堂活动的组织、安排、效果等和学生自主学习的过程进行地毯式评估，全面科学地为口译教学提供反馈。

（五）评估内容多维

口译评估内容依评估主体、标准、类型和方式的变化而相应发生改变。本书的评估主体以授课教师、学生本人和学生团队成员为主；评估标准关注口译教学、口译职业、云端技术和翻转课堂四个方面；评估类型侧重通过形成性评估跟踪过程；评估方式注重学生口译自主学习和口译教学实践；评估客体包括学生自主学习过程和口译课堂教学过程，以此为基础，细化评估指标，探讨评估内容组建。

口译质量评估即对译员整体素质的评价。因此，对口译学生的评估，内容需包含体现译员整体素质的方方面面。目前相关的研究成果主要要求：译员双语素质高、技巧运用熟、综合知识广、专题知识精、心理素质稳和职业素养深；语言知识和语言外知识（百科知识）两手抓；突出文化因素、口译交际性、语言外知识、口译技巧和职业规范；从知识能力、技能能力和心理能力进行口译评估；注重双语知识、百科知识、口译技能（职业口译技能和艺术表达技能）；提出智力因素和非智力因素并重。

《高等学校翻译专业本科教学要求（试行）》规定翻译专业本科阶段人才培养目标："熟练掌握相关工作语言，具备较强逻辑思维能力、较宽广知识面、较高跨文化交际素质和良好职业道德，了解中外社会文化，熟悉翻译基础理论，较好掌握口译专业技能，熟练运用翻译工具，了解翻译及相关行业运作流程。"可见《教学要求》的评估内容与专家学者对职业口译员知识模块的界定基本吻合。此外，欧洲语言能力等级共同量表界定的语言能力包括知识、技能、交际语境和范畴。众多指导性文件都不谋而合地将语言能力评估从技能和知识角度拓展到重视社会文化以及策略能力。

对学生的口译评价不便囿于知识技能的考查已然成为不争事实，多元评价同时强调与之相关的其他维度。基于前人研究成果，结合口译教学大纲和相关规定，将口译自主学习过程评估分为口译能力评估和个人素质评估。其中具体评估项目有关口译技能部分视交替传译和同声传译要求不同而有些许差异（详见本章第二节）。

口译能力评估主要包括认知技能和职业能力。认知技能主要由两部分组成：认知能力和学习技能。前者可分为语言知识和学习策略。语言知识指的是双语语言水平和双语知识结构。双语语言水平包括基于语篇的听力、理解和分析以及语言表达的规范性。双语知识结构包括百科知识和文化知识。口译的技术性很强，技巧的掌握和运用很大程度上决定活动成功与否，所以，学生需要掌握各种口译技巧和工具技能。交替传译的口译技能主要包括信息处理；翻译难点、翻译技巧、其他技能。另外，口译作为一门技能课，需进行大量自主学习，此一过程中，学习策略的作用不容小觑，翻转口译课堂的引入为学习策略的运用开辟了更加广阔的天地，学生需掌握有效的自主学习策略（独立学习与协作学习）。作为一种高强度、高压力、高要求的职业，口译要求译员具备专业、高超的职业能力，包括健康的身体、从容的心理和良好的职业素质，促成双方有效交际。

口译个人素质评估主要从学习态度、学习过程和学习结果三个维度开展。学习态度包括学习兴趣和学习积极性。学习过程包括焦虑程度、专心程度、时间管理、信息加工、选择要点、任务导向、学习手段、协作能力和凝聚力。学习结果包括创新性、考试策略和自我测试。

以口译课堂教学过程为客体的评估包括三方面内容。第一，学生对教师课堂教学过程的评估：教学设计（教学素材、教学内容）、教学过程（教师行为、教学方法和学生活动）和教学效果（情感教育、教学教育、教学个性）；第二，学生对翻转课堂满意度的评估：翻转课堂模式、翻转课堂教学评估指标体系和个人学习感受；第三，教师对学生课堂习得的评估（详见本章第二节“口译能力评估”）。

完整的评估体系是由一系列评测考核构建起来的，以师—生、生—生评估为主，其他主体评估为辅，参考教学、职业、云端和翻转所决定的多维标准，进行评教（教师自评和学生评教）和评学（教师评学、学生自评、学生互评以及同行专家和社会机构对学生评价），建立整个教学过程的自主学习与教学实践评估档案，记录语言水平、认知能力和教学实践的发展状况，有针对性地选择和搭配诊断性、形成性和总结性评估，关注云端翻转口译教学全过程，采用考核评定、现场观察、问卷调查、记录检测、学习档案等，进行自主评估（含自比评估）和教学评估，促成其成为训练链条中不可或缺的节点。细化评估指标提高评估可行性，将促学评估融入真正意义上的形成性过程评估，并藉此为教师展示训练进度和教学效果；为学生提供自己训练达标的情况和存在的问题。基于上述诸原则，构建“口译技能＋口译实战能力＋社会服务”三位一体的口译教学评估体系，实现多维评估体系最优评估与反拨效果。

第二节　口译自主学习评估

Holec(1981)最早提出自主性学习概念，即学习者能够在学习过程中对自己的学习负责的一种能力。随着素质教育的推广和“学生中心”理念的提倡，学生自主学习能力的培养成为国内专家学者关注的焦点。自主学习理论基于建构主义学习理论和交互假设理论。建构主义学习理论认为，知识是内在建构的、发展的、并以社会和文化为中介的。学习者在认知、理解和解释世界的交互过程中建构知识。束定芳认为，自主学习在外语学习中主要包括态度、能力和环境。态度是指学习者积极主动对待学习，对学习负责并积极投身其中；能力指的是学习者应该培养的学习策略能力，以独立完成学习任务；环境即学习者应该获得的、大量的、锻炼自己并负责自己学习的机会。外部环境的缺失，如老师、教学设施、学习资料等，将影响学习者自主学习态度和能力的实现，培养自主学习的初级阶段尤其如此。

自主学习评估一改传统教学评估的单一封闭，植根于开放式教学评估，彰显开放、民主、合理，体现在口译教学过程，则以形成性评估为主，注重培养和激发学生的积极性和自信心，检测学生综合实践应用能力时辅以终结性评估。如此，打破传统“教师中心、应试中心”评估体系，注重记录学生学习过程，真实反映学生学习发展，实事求是全面推进教学评估。这种评价体系遏制任何成见和偏见，保护学生自尊心和自信心，凸显学生自主性和创造性。

一、自主学习评估的现状与困境

大数据时代的技术进步必然推助学生成为教学主角，课堂涌现更多师—生、生—生互动和平等参与的局面。口译学习正由课堂教学向自主学习转变：学生不仅可与别人共享自己的思路，而且拥有更多自由组合、分工协作的机会，拓展讨论和评价他人观点的时空。教师从传统教学的传授者，转向现代教学的发现者、引导者、组织者和促进者，注重教学过程由教向学转化，推动学生自主知识技能建构，促进他们自主能力、独立能力和协作能力不断攀升。

虽然作为一个不同于传统模式的新评估体系，形成性评估业已在高校英语教学（包括口译教学）评估中蔚然成风，但是目前各高校的实施情况和成效却不尽如人意。虽然课堂评估尚可通过教师的课堂教学和行为进行客观记录，但是对于学生课外活动和学习中的自主学习记录，却缺失严重。以学生为主角的自主课外学习活动，若缺少严格指导和适量监控，极易造成学习懈怠，活动取消，甚至积极性和兴趣丧失，进而导致重结果轻过程的学习态度，自主学习效果无法保障，学生自主学习能力的形成受到阻碍。有鉴于此，自主学习评估应运而生。

二、全媒体时代口译自主学习评估方案

自主学习评估要求口译课堂教学，首先创设开放教学情境：拓展教学时空、多元评价方法、增进师生交流，营造开放学习空间，提升学习动力。其次激发学习激

情：持续挖掘学生探索、想象、发现和表现的潜能，提升其思维、心态开放程度。再次促进多元发展：基于教材但不拘泥于教案，充分利用学生各种信息反馈，设计多样教学活动和多变学习过程，促进学生综合发展。最后倡导“学生主体、教师主导”新型师生关系，实行开放的“师—生、生—生”多向交流，进行讨论式、合作式学习。

需要强调的是，教师要尊重课堂中学生教学活动的主体地位，给予活动和学习的自由在技能训练和口译实践中培养其习得口译的能力。教师的教学角色是组织者、引导者和合作者；学生成为教学主体，是体验者、实践者和创造者。教师精心组织和正确引导学生积极参与、感知、内化，从而提高口译综合运用能力。上述四种要求在云端翻转口译教学的课前、课中和课后均得以完整且充分的实现。

云端翻转课堂口译教学颠倒传统课上课下角色和过程，再现真实口译环境，提供自主学习空间，创设交互学习平台，倡导开放课堂自主学习环境，激发学生课上课下大量参与的兴趣与主动性。在云端翻转口译课堂中，教师由传统课堂的知识传授者和课堂管理者变为学习指导者和促进者；学生由传统课堂的被动接受者变成主动研究者；教学形式也由传统课堂的“课堂讲解＋课后作业”转变为“课前学习＋课堂探究”；课堂内容从传统课堂的知识传授变为问题探究；技术应用也从传统课堂的内容展示变为“自主学习＋交流反思＋协作讨论”工具。由此可见，云端翻转口译教学中学生的角色也被“颠覆”：成为积极、主动、自主学习者，扮演主体角色，对他们的评估也势必成为教学评估重点之一，评估也自然从传统课堂的纸质测试升级为“多维度＋多方式＋全过程”的评估。鉴于此，唯有同步完善教学评估体系，方可实现对口译自主学习全方位的监控和评估，真正实现口译课程教、学过程的自主。所以，云端翻转口译教学为口译自主学习评估提供必要且充分的客观条件；口译自主学习评估又将完整且切实推进云端翻转口译教学最优化效果。

口译员的职业特色——作为双语交际的媒介，译员是唯一洞悉双方意图的当局者，而且任何一场口译活动总有得意与遗憾，个中缘由只有译员最了解——决定了译员进行自我评估具备其他评估主体所无法媲美的优越条件。

三、云端翻转口译自主学习评估设计

口译教学与自主学习评估相辅相成的共赢良性循环已引起国内部分前瞻性专家学者的关注，相关定性定量研究已起步。蔡小红(2005)认为课下评估应以学生自评为主。王虹(2010)设计了学生口译自我检查表，旨在提高学生的自查意识，增强自我监督、自我评估的责任感。张琳琳(2014)对自主学习评估的研究从口译个人素质评估着眼,主要从学习态度、学习过程和学习结果三个维度进行。冯欢(2015)强调评估体系应包含自主学习的自比性评估。王永花(2015)将自主学习分解为:课前模块和课中模块。

以口译教学大纲和相关规定为指导,前人研究成果为基础,结合云端推送翻转课堂以及顺应口译职业化需求,对学生口译的评价除了传统的知识技能考查,还需同时注重相关方面多维度评价,将口译自主学习过程评估分为两个模块:口译能力评估和个人素质评估。其中具体评估项目中有关口译技能部分视交替传译和同声传译要求不同而有些许差异。

口译能力(交传、同传)系列评估表格和口译个人素质评估表格的设计主要采用五级量表(Likert Scale)和对照表形式。五级量表的指标赋分 1—5 分别表示非常不满意;不满意;一般;满意和非常满意,量化评估结果。"备注"栏列举评估项目的详细解释。"综合评价"栏填写表格未尽,但评估者认为比较重要的评估指标相关文字补充,作为定性评估,对量化结果进行界定和补充。相应"评估分数"栏填写自评等级,根据自评结果,从数字 1—5 选择一个填写。

具体评估执行过程,可依据学习者习得水平和侧重点的发展变化,选择不同层级评估指标进行,相应备注也进行同步编辑,保持习得过程中的学评动态平衡,纵横比对评估结果,进行教学反拨。而且,为数据统计方便,可采用 Excel 表格进行评估统计,利用其中的自动计算功能,通过公式设定分数权重,实现基于终端评估项目打分之后的层递自动生成分数,为教学提供理据参考,以评促学。

(一) 口译能力评估

口译能力评估主要包括认知技能(智力因素)和职业能力(非智力因素)。

1. 认知技能评估

认知技能主要由两部分组成:认知能力和学习技能。前者可分为语言知识和学习策略。

语言知识指的是双语语言水平和双语知识结构。双语语言水平包括基于语篇的听力、理解和分析以及语言表达的规范性。学生需要在原语语篇情境中顺利听清、听懂内容,并随时加工信息整理逻辑,为译语输出做充分分析准备。语言表达规范可从语音、语法、词汇和表达四个方面进行考察。语音包括发音清晰标准;音量适中;语调自然;语速均匀从容平稳。语法要正确,符合本族语者讲话规则。词汇需贴切、丰富、专业。表达可细分为语言表述和信息表达两方面。语言表述包括表述流畅(无过多停顿,如卡壳、停下来查阅笔记;无过多填充词,如这个、那个、well、ok 等;无过多自我修正、重复);逻辑连贯(句法转换灵活,如善用顺句驱动处理双语转换;使用合理衔接手段,如使用必要的连接词和关系词等);语言地道(文化可接受性强,有跨文化意识;语言得体,如语言风格、语体与原语情境相符;语言自然,不是语码机械对译,而是信息对等翻译)。信息表达包括信息完整忠实(主干信息完整;次主干信息完整;细节信息,如数字、时间、专有名词、专业术语等正确和信息组织逻辑连贯(信息组织有逻辑性,清晰易懂)。双语知识结构包括百科知识和文化知识。口译涉及领域广泛、话题众多、内容丰富,因此,要求学生博古通今纵览各行,掌握广博的百科知识结构并拥有深厚的文化底蕴。(详见表 5 - 1)

表 5 - 1　　自主能力评估表(语言知识)

<table>
<tr><th colspan="6">评　估　内　容</th><th>评估日期:</th></tr>
<tr><th colspan="5">评　估　指　标</th><th>备　　注</th><th>评 估 分 数</th></tr>
<tr><td rowspan="12">双语语言水平</td><td>语篇听力</td><td></td><td></td><td></td><td>能够在语篇情境中顺利听清原语内容</td><td></td></tr>
<tr><td>语篇理解</td><td></td><td></td><td></td><td>能够在语篇情境中顺利听懂原语内容</td><td></td></tr>
<tr><td>语篇分析</td><td></td><td></td><td></td><td>能够在语篇情境中边听解原语内容边加工信息、整理逻辑为译语输出做充分分析准备</td><td></td></tr>
<tr><td rowspan="9">语言表达</td><td rowspan="4">语音</td><td></td><td></td><td>能够发音清晰标准</td><td></td></tr>
<tr><td></td><td></td><td>能够保持音量适中</td><td></td></tr>
<tr><td></td><td></td><td>能够运用自然语调</td><td></td></tr>
<tr><td></td><td></td><td>能够语速均匀从容平稳</td><td></td></tr>
<tr><td>语法</td><td></td><td></td><td>能够使用正确语法</td><td></td></tr>
<tr><td>词汇</td><td></td><td></td><td>能够选择贴切、丰富、专业词汇</td><td></td></tr>
<tr><td rowspan="3">表达</td><td rowspan="3">语言表述</td><td rowspan="3">表述流畅</td><td>能够控制过多停顿,如卡壳、停下来查阅笔记</td><td></td></tr>
<tr><td>能够控制过多填充词,如这个、那个、well、ok 等</td><td></td></tr>
<tr><td>能够控制过多自我修正、重复</td><td></td></tr>
</table>

续表

<table>
<tr><th colspan="6">评　估　内　容</th><th>评估日期：</th></tr>
<tr><th colspan="5">评　估　指　标</th><th>备　　注</th><th>评 估 分 数</th></tr>
<tr><td rowspan="9">双语语言水平</td><td rowspan="9">语言表达</td><td rowspan="9">表达</td><td rowspan="5">语言表述</td><td rowspan="2">逻辑连贯</td><td>能够灵活转换句法，如善用顺句驱动处理双语转换</td><td></td></tr>
<tr><td>能够使用合理衔接手段，如使用必要的连接词和关系词等</td><td></td></tr>
<tr><td rowspan="3">语言地道</td><td>能够确保文化可接受性强，有跨文化意识</td><td></td></tr>
<tr><td>能够使用得体语言，风格、语体与原语情境相符</td><td></td></tr>
<tr><td>能够语言自然，信息对等翻译而非语码机械对译</td><td></td></tr>
<tr><td rowspan="4">信息表达</td><td rowspan="3">完整忠实</td><td>主干信息完整</td><td></td></tr>
<tr><td>次主干信息完整</td><td></td></tr>
<tr><td>细节信息(数字、时间、专有名词、专业术语等)正确</td><td></td></tr>
<tr><td>组织逻辑连贯</td><td>信息组织有逻辑性，清晰易懂</td><td></td></tr>
<tr><td rowspan="2">双语知识结构</td><td>百科知识</td><td rowspan="2"></td><td rowspan="2"></td><td rowspan="2"></td><td>能够注意广泛涉猎，搭建广博的百科知识结构</td><td></td></tr>
<tr><td>文化</td><td>能够挖掘语言的文化原因，积累深厚的文化底蕴</td><td></td></tr>
<tr><td>综合评价</td><td colspan="6"></td></tr>
</table>

学习技能主要包括口译技能和工具技能。口译的技术性很强，技巧的掌握和运用很大程度上决定活动成功与否，所以，学生需要掌握一些口译技巧。交替传译的口译技能主要包括信息处理——信息听解(能够抓住原话核心意义，把握整体内容)、信息记忆(短期记忆：规定时间内，准确完整地记住所听内容；笔记：借助自己熟悉的文字、符号体系，准、快、全记录原话大意)、信息预测、信息归纳；翻译难

点——术语翻译、专有名词翻译、数字翻译；翻译技巧——运用意译、概括、顺句驱动等较熟练运用套语或固定表达，调动平时知识积累，较敏感把握两种语言差异，通俗易懂译出原话大意；其他技能——公共演讲技巧；第一人称使用；口音适应；妥善处理误译；应对策略（较灵活处理翻译难点，利用场景排除困难较准确、及时、通顺译出原话大意，译语引发听者为讲话人所期待的反应）；时间控制（口译启动时间：源语人讲话结束后 3～5 秒，译员必须开始翻译；口译翻译时间：英译汉时，译文时间≤原文时间；汉译英时，译文时间≤原文时间×120%）。（详见表 5－2）

表 5－2　　自主能力评估表（交传口译技能）

评估内容				评估日期：
评估指标			备注	评估分数
信息处理	听解		能够抓住原话核心意义，把握整体内容	
	记忆	短期记忆	能够在规定时间内，准确完整记住所听内容	
		笔记	能够借助自己熟悉的符号体系，准、快、全记录原话大意	
	预测		能够边听边记边预测原话逻辑推进和内容进展	
	归纳		能够边听边记边归纳原话主要逻辑和整体意义	
翻译难点	术语		能够顺利、准确进行术语翻译	
	专有名词		能够顺利、准确处理专有名词的翻译	
	数字		能够顺利、准确进行数字相关的翻译	
翻译技巧	意译		能够运用意译，确保译文完整通顺	
	概括		能够通过概括，将原文意思完整且逻辑地译出	
	顺句驱动		能够利用顺句驱动，保证译文通顺和流畅	
	语块		能够善用语块，译文通顺、地道、流畅	
其他技能	公共演讲		能够利用场景排除困难，译文较准确、及时、通顺，能够引发听者为讲话人所期待的反应	
	第一人称		能够有意识且顺利采用第一人称进行翻译	
	口音适应		能够适应不同口音，确保译文信息完整、正确	
	误译处理		能够妥善处理误译，礼貌、轻描淡写甚至无痕无迹消除误译影响，确保译文信息正确	

续表

<table>
<tr><td colspan="4">评　估　内　容</td><td>评估日期：</td></tr>
<tr><td colspan="3">评　估　指　标</td><td>备　注</td><td>评　估　分　数</td></tr>
<tr><td rowspan="3">其他技能</td><td>应对策略</td><td></td><td>能够灵活运用各种应对策略，克服翻译过程各种困难，保证翻译顺利进行</td><td></td></tr>
<tr><td rowspan="2">时间控制</td><td>启动时间</td><td>能够在原语人讲话结束后3—5秒，开始翻译</td><td></td></tr>
<tr><td>翻译时长</td><td>英译汉，译文时间≤原文时间；
汉译英，译文时间≤原文时间×120%</td><td></td></tr>
<tr><td>综合评价</td><td colspan="4"></td></tr>
</table>

与交替传译不尽相同，同声传译的口译技能评估内容包括：信息处理——信息听解（能够抓住原话核心意义，把握整体内容）、信息记忆（短期记忆：规定时间内，准确完整地记住所听内容；笔记：借助自己熟悉的文字、符号体系，准、快、全记录翻译难点）、信息预测、信息归纳；翻译难点——术语翻译、专有名词翻译、数字翻译；翻译技巧——运用断句、等待、增补、省略、意译、概括、顺句驱动等较熟练运用套语或固定表达，调动平时知识积累，较敏感把握两种语言差异，通俗易懂译出原话大意；其他技能——公共演讲技巧；第一人称使用；影子练习；分散使用注意力；口译轮值；团队合作；设备使用；时间控制（尽量与讲话者保持同步）；口音适应；应对策略，即较灵活处理翻译难点；妥善处理误译；适应箱内压力较准确、及时、通顺译出原话大意，译语引发听者为讲话人所期待的反应。其他方面两种口译形式基本相像。（详见表5-3）

表5-3　　自主能力评估表（同传口译技能）

<table>
<tr><td colspan="4">评　估　内　容</td><td>评估日期：</td></tr>
<tr><td colspan="3">评　估　指　标</td><td>备　注</td><td>评　估　分　数</td></tr>
<tr><td rowspan="5">信息处理</td><td>听解</td><td></td><td>能够抓住原话核心意义，把握整体内容</td><td></td></tr>
<tr><td rowspan="2">记忆</td><td>短期记忆</td><td>能够在规定时间内，准确完整记住所听内容</td><td></td></tr>
<tr><td>笔记</td><td>能够借助熟悉的符号体系，准、快记录翻译难点</td><td></td></tr>
<tr><td>预测</td><td></td><td>能够边听边记边预测原话逻辑推进和内容进展</td><td></td></tr>
<tr><td>归纳</td><td></td><td>能够边听边记边归纳原话主要逻辑和整体意义</td><td></td></tr>
</table>

续表

评估内容				评估日期：
评估指标			备注	评估分数
翻译难点	术语		能够顺利、准确进行术语翻译	
	专有名词		能够顺利、准确处理专有名词的翻译	
	数字		能够顺利、准确进行数字相关的翻译	
翻译技巧	断句		能够善于断句,断句不断意,保证译文信息完整	
	等待		能够把握适时等待,保证译文通畅信息完整正确	
	增补		能够利用增补,调整译文信息,确保意义完整传递	
	省略		能够利用省略,消除译文细节臃肿,提高信息浓度	
	意译		能够运用意译,确保译文完整通顺	
	概括		能够通过概括,将原文意思完整且逻辑地译出	
	顺句驱动		能够利用顺句驱动,保证译文通顺和流畅	
	语块		能够善用语块,译文通顺、地道、流畅	
其他技能	影子练习		能够比较得心应手进行影子练习,同时逻辑清晰,信息完整,重要细节正确	
	注意力		能够分散使用注意力,一心多用,并且较长时间保持良好注意状态	
	口译轮值		能够把握轮值时长与时机,顺畅实现无缝轮值,确保译文顺畅	
	团队合作		能够保持积极团队合作精神,积极主动为搭档提供力所能及的帮助,确保译文高质量	
	设备使用		能够熟练操作翻译工作台,边译边自我监听,确保译文质量,并顺利实现与搭档的轮值	
	箱内压力		能够适应箱内压力,从容镇定进行翻译	
	公共演讲		能够利用场景排除困难,译文较准确、及时、通顺,能够引发听者为讲话人所期待的反应	
	第一人称		能够有意识且顺利采用第一人称进行翻译	
	口音适应		能够适应不同口音,确保译文信息完整、正确	

续表

评估内容			评估日期：
评估指标		备注	评估分数
其他技能	误译处理	能够妥善处理误译，礼貌、轻描淡写甚至无痕无迹消除误译影响，确保译文信息正确	
	应对策略	能够灵活运用各种应对策略，克服翻译过程各种困难，保证翻译顺利进行	
	时间控制	能够尽量与讲话者保持同步，减少停顿与延时	
综合评价			

工具技能指的是大数据时代多媒体的迅猛发展带来了林林种种的工具便捷：掌握翻译工具（网络工具、桌面词典、在线翻译、机器辅助翻译软件等）的使用；熟悉网络课程、博客、网络音频等民主便捷的交际方式；使用各类搜索引擎获得国内外各学术网站、各大期刊杂志、报纸文摘、引用数据库等提供的大量资源，能够使学生紧跟最新技术发展，符合现代化人才口译市场的需求。（详见表 5－4）

表 5－4　　自主能力评估表（工具技能）

评估内容		评估日期：
评估指标	备注	达标（是/否）
翻译工具	能够熟练使用网络工具、桌面词典、在线翻译、机器辅助翻译软件等	
媒体方式	能够驾轻就熟网络课程、博客、网络音频等民主便捷的交际方式	
搜索引擎	能够熟练使用各类搜索引擎获得国内外各学术网站、各大期刊杂志、报纸文摘、引用数据库等提供的大量资源	
综合评价		

另外，口译作为一门技能课，需要大量自主学习，这一过程中，学习策略的作用不容小觑，翻转口译课堂的引入为学习策略的运用开辟了更加广阔的天地，学生需要掌握有效的自主学习策略（独立学习与协作学习），充分利用课上和课下的独立学习、小组协作学习以及二者的有机结合。独立学习包括课前独立涉猎教师上传云盘的相关学习任务、背景资料、教学音视频和相关文本；独立完整阅读并观看上述材料；独立阅读与观看过程中独立进行记录；阅读观看之后能够提出疑难问题；

阅读观看之后能够有效查找相关学习（文本、音频、视频）资源上传云盘，并按照统一表格填写分类信息，方便其他同学检索，从而完成共享优质资源的初始搭建规范。课堂独立学习指的是独立分析教师分配的问题；独立围绕确定的问题分析查找资料；独立根据确定的问题提出可行解决方案。课后独立学习指的是课后认真、及时、有效撰写学习反思，发现问题、解决问题，从而实现高效与创新学习。协作学习体现在课堂上协作学习过程、课堂上小组成果展示与交流以及课后组间、组内互评。课堂上协作学习过程包括协作态度（态度积极热情、积极参加小组讨论、虚心采纳别人的意见）；沟通交流（积极主动地与他人交流、沟通交流的内容与本节课问题密切相关）；任务分工（小组成员分工明确、任务按照成员兴趣和能力等科学分配）；配合情况（协作中配合默契、与别人共同商讨解决问题、认真听取别人意见）；完成情况（顺利完成所承担任务、给他人提供可行性建议）。课堂上小组成果展示包含口头报告（内容组织严密、条理清晰；语言生动、准确；结果圆满；成员轮流发言）和成果展示（内容准确、全面、重点突出；形式轻松、有趣）。课后组间、组内互评指的是全体学生需在规定时间根据视频记录及综合表现，各小组成员在做记录的同时，对照评估表格，完成互评，以书面形式上传云盘，供教师和其他同学评阅，主要包括反馈及时、意见针对性强、建议可行性强。（详见表5－5）

表5－5　自主能力评估表（学习策略）

评估内容			评估日期：
评估指标		备注	评估分数
独立学习	课前	意识	能够独立涉猎教师上传云盘的相关学习任务、背景资料、教学视频、音频及相关文本	
		内容	能够独立完整阅读、观看教师上传云盘材料	
		笔记	能够独立阅读与观看过程中独立做笔记	
		思考	能够阅读观看后提出疑难问题	
		拓展	能够阅读观看后有效查找相关学习（文本、音频、视频）资源上传云盘	
	课堂	分析	能够独立分析教师分配的问题	
		手段	能够独立围绕确定的问题分析查找资料	
		结果	能够独立根据确定的问题提出可行解决方案	
	课后	反思	能够认真及时有效撰写学习反思，发现解决问题	

续表

<table>
<tr><td colspan="5">评　估　内　容</td><td>评估日期：</td></tr>
<tr><td colspan="4">评　估　指　标</td><td>备　注</td><td>评 估 分 数</td></tr>
<tr><td rowspan="12">协作学习</td><td rowspan="11">课堂</td><td rowspan="5">协作学习</td><td>态度</td><td>能够态度积极热情、积极参加小组讨论、虚心采纳别人的意见</td><td></td></tr>
<tr><td>沟通</td><td>能够积极主动地与他人交流、沟通交流的内容与本节课问题密切相关</td><td></td></tr>
<tr><td>分工</td><td>能够分工明确、任务按照成员兴趣和能力等科学分配</td><td></td></tr>
<tr><td>合作</td><td>能够配合默契、商讨解决问题、认真听取别人意见</td><td></td></tr>
<tr><td>完成</td><td>能够顺利完成所承担任务、给他人提供可行性建议</td><td></td></tr>
<tr><td rowspan="6">小组成果展示</td><td rowspan="6">口头报告</td><td>内容组织严密、条理清晰</td><td></td></tr>
<tr><td>语言生动、准确</td><td></td></tr>
<tr><td>结果圆满</td><td></td></tr>
<tr><td>成员轮流发言</td><td></td></tr>
<tr><td>内容准确、全面、重点突出</td><td></td></tr>
<tr><td>形式轻松、有趣</td><td></td></tr>
<tr><td>课后</td><td>总结</td><td></td><td>能够在规定时间，根据综合表现，做记录同时，完成互评</td><td></td></tr>
<tr><td>综合评价</td><td colspan="5"></td></tr>
</table>

2. 职业技能评估

作为一种高要求、高压力、高强度的职业，口译要求译员具备专业、高超的职业能力，包括健康的身体、从容的心理和良好的职业素质。首先健康的身体是顺利承担高强度口译活动的基础。再者，口译总是面对公众进行的，端正态度，激发热情，培养克服心理障碍、努力战胜自己并从容面对听众的心理素质是学生的必修课，心理素质即临场发挥能力，要自信谦和安详稳重，保持强烈求知欲，擅长交流，擅长控制情感——顺不骄，逆不慌。最后，从业于专业要求很高的职业，除了基本的交际策略以外，学生还需具备强烈的责任感和良好的职业素养：仪态大方、声音洪亮悦耳、着装正式整齐、立场中立、守时、应对策略灵活。仪态仪表在口译中起着举足轻重的作用，作为译员，应当仪表端庄，行为落落大方，表情自然，眼神交流顺畅，没有由于紧张而挤眉弄眼的恶习，也不能在翻译过程中有过于夸张的表情、手势和身体语言，以免喧宾夺主。口译是双语交流的桥梁和媒介，声音洪亮悦耳是口译的基本要求，没有洪亮的声音，语言交流的双方无法听清译员的翻译，将非常影响交流效果。应对策略灵活指的是通过自身努力，应对口译过程的突发情况，促成双方有效交际。（详见表 5-6）

表 5-6　　自主能力评估表(职业技能)

评估内容			评估日期：
评估指标		备注	达标(是/否)
身体素质	身体健康	能够具备顺利应对口译任务所需的精力和体力	
心理素质	态度	能够端正态度	
	热情	能够保持热情	
	好奇	能够保持强烈求知欲	
	自信	能够自信谦和安详大方	
职业素质	仪态	能够行为落落大方，表情自然，眼神交流顺畅，没有由于紧张而挤眉弄眼的恶习，也不能在翻译过程中有过于夸张的表情、手势和身体语言	
	声音	能够保证译文声音洪亮悦耳	
	着装	能够着装正式整齐，与现场情景搭配	
	立场	能够面对不同服务方时，保持立场中立，不偏不倚	
	守时	能够在翻译开始之前的合适时间到位，进入状态	
	应对	能够通过自身努力，灵活应对口译过程的突发情况，促成双方有效交际	
综合评价			

（二）口译个人素质评估

口译个人素质评估主要关乎三个维度：学习态度、学习过程和学习结果。学习态度包括学习兴趣和学习热情。学习过程包括焦虑程度、专心程度、时间管理、

信息加工、选择要点、任务导向、学习手段和协作能力。学习结果包括创新性、考试策略和自我测试。(详见表 5-7)

表 5-7　　　　自主学习个人素质评估表

评估内容			评估日期：
评估指标		备注	评估分数
学习态度	学习兴趣	能够挖掘并保持浓厚的学习兴趣	
	学习热情	能够激发并维持积极的学习热情	
学习过程	焦虑程度	能够把控情绪，保持适度焦虑	
	专心程度	能够专心处理任务，效率高效果好	
	时间管理	能够合理安排时间，优化时效	
	信息加工	能够高效处理海量信息，逻辑清晰	
	选择要点	能够迅速甄别重点信息，选择适切	
	任务导向	能够快速切中任务要求，采取行动	
	学习手段	能够高效利用媒体，搜索能力强	
	协作能力	能够与他人合理搭配，有效协作	
学习结果	创新性	能够解决问题且方案具有创新性	
	考试策略	能够科学应对考试，事半功倍	
	自我测试	能够有效进行自我诊断，进行调整	
综合评价			

(三) 口译自主学习评估注意事项

执行评估的过程需要注意：① 评估各项并非均匀着墨，若学生“语言表达”不能基本达标，亦或“信息表达”支离破碎，那么其他指标(如职业素养中的项目)自然失去评估意义。② 评估指标“翻译难点”中的“术语”、“专有名词”、“数字”若在口译任务中存在，则赋值；若口译任务不包含，可将其权重转移到其他评估指标中。③ 为展现自主学习过程的完整性，两种评估遍布整个教学学期，可以选择根据每单元教学任务不同进行评估，也可以选择根据学生习得的初中高级进阶进行评估，也或者仅仅按照时间间隔……依教学任务侧重不同，评估指标选取以及权重倾斜相异。④ 为展现自主学习过程阶段性进展，可在学期初期侧重语言能力评估，学期中期转向学习策略与口译技能评估，学期后期着重职业技能评估。同步还可进行各类评估的前后阶段比对：将不同阶段评估量化结果，结合差异显著性与回归分析等方法，分析差异是否显著、是否具有统计学意义，探讨习得进展情形与评估指标之间的相关性，展现过程阶段性习得，并依此调整自主学习方向和策略。

第三节　口译教学评估实践

教学评估是针对教学活动进行的评估和信息反馈，于教学活动的方式、效果和发展方向有着不可替代的反拨作用，在成功的教学活动中扮演举足轻重的角色。科学合理教学评价指标体系的建构犹如拔丁抽楔：要兼顾每一指标公平、公正、独立和完整需要复杂的制定程序，而且，评估指标体系是不断发展的——不同时期，不同情况需要不同侧重或者新指标补充。因而体系构建只能尽量根据实践经验和研究预期结果设定相对适切且综合的指标，对大部分教学过程进行较综合考查。

一、口译教学研究现状与存在问题

鉴于口译教学评估之灯塔作用，国内外学者、研究机构等进行了旨在更科学、易行、可信的评估实践，尝试了各种具体、细化、简操作的评估标准与方法。依据定性与定量分析汇总，大致可分为：等级量表、权重分配表、图示、问卷调查以及它们的结合使用。

权重分配表的运用情况如下：国外，美国蒙特雷学院口译专业考试评分表包含意义与清晰度、风格、表达，每个标准都分四个等级和详细的评分说明。而英国纽斯卡尔大学注重忠实与完整(80%)、表达(20%)。国内，厦门大学提出口译评分标准：信息转换或完整性30%、准确程度30%、语言表达10%、清晰程度10%、流利程度或速度10%、应变能力10%，每一项进行分数分段，后改为信息传递40%、语言使用30%、译文表述20%、综合素质10%。对外经贸大学的考核标准为：准确性60%，流利程度30%，总印象(语调、语音、音高、仪态)10%。随后，杨承淑(2000)、陈菁(2002)、李游子(2003)、蔡小红(2007)、刘银燕(2009)、康晓芸(2010)、刘育红(2014)等综合古今中外涉及口译质量评估的标准,分别依据不同标准进行不同的权重分配,并建议指标权重随评估对象相应变化。

等级量表的使用状况是:鲍刚(2005)的口译竞赛评估表设计了内容、隐含意义、数字、专有名词和头衔、译语表达以及沟通效果等标准,采用定性法对口译质量进行评估。北二外的口译质量评估表包括陈述流畅度、语言准确度、逻辑连贯度和信息忠实度。其他课堂口译质量评估及评估体系构建的探讨,涉及定量法和定性法的结合,以及从教学态度、内容、方法、效果四个维度 11 个项目为网络匿名评教指标,探讨形成性评估及其在口译教学中的应用(1～5 级)等。

权重与等级结合使用的典型先例有:刘和平(2001)的口译测试评估表分别从理解 35%、表达 35%、反应速度 15%和心理素质 15%等方面,对每一方面细化并划分不同等级,采用扣分法进行评估。王斌华(2011)将信息内容 60%(准确性、完整性)、目标语表达 30%(语言规范、交际功能)、口译技巧和仪态 10%(技巧娴熟、仪态大方)分别分为优、良、中、及格和不及格进行考评。

万宏瑜(2013)图示展示为实现口译教学评估服务的目的和时效,将每次练习录音后按时间顺序存档,每个录音文件以 WAV 格式保存,便于使用 CoolEdit 软件分析确定停顿时间和频率。录音练习由学生自己转写成文字,教师反复听练习录音,将学生译者的停顿与重复或自我纠正加以标识,再请学生译者对自己的停顿、重复或纠正进行回顾内省(retrospective interview)以确认其认知或翻译困难所在。教师最终整理原文和标注译文并标识评语。同期,对学生进行跟踪式形成性评估,比对不同时期学生的评估结果,并通过柱形图、棱锥图等分布图显示学生的习得进展。

曹荣平(2013)通过问卷调查,以教学态度、内容、方法、效果四个维度 11 个项目为网络匿名评教指标,探讨形成性评估及其在口译教学中的应用;运用匿名调查,回收学生评教满意度。

综上所述,林林总总研究从各自角度旁征博引、提纲挈领,各有见地地剔抉爬梳,但共存的问题是:鲜见标志性统一标准、等级较模糊、可信度不够高、可操作性不够强。

二、大数据时代口译教学评估设想

据此,本研究尝试结合传统的理论演绎和大数据时代的教学实践,构建云端翻转口译课堂的教学评价指标体系。课堂是教学活动的重要舞台,师生共现,即时沟通，在成功的教学活动中扮演举足轻重的角色，其质量评估在口译教学评估中起指挥棒的作用。通过分析课堂教学基本要素，优化评估指标体系并进行分级细化，完成云端翻转口译课堂教学评价的指标体系构建。

建构主义学习理论和学习环境强调“学生中心”：学生转为学习过程的“信息加工主体”和“知识意义主动建构者”；建构主义教学理论要求教师转为学生主动建构意义的“帮助者”和“促进者”。与此相反，奥苏贝尔的“有意义接受学习”理论、“动机”理论和“先行组织者”教学策略都是“教师中心”教学结构的主要理论支撑。本书倡议将两者合璧为“主导—主体”的教学结构，并据此拟定云端翻转口译课堂教学评价指标体系。云端翻转口译课堂的教学评价指标体系强调学生、教师、教学内容和教学媒体，并将其归纳为教学过程、教学设计和教学效果。这种评估指标设计不仅凸显双主体（师、生）教学结构，而且能够在课堂教学评价过程中引导师生完善教、学过程，优化教、学效果。

三、三位一体云端翻转口译课堂评估体系

课堂教学质量评估指标体系的设置，必须立足于评估主体。评估主体不同，指标体系的范围、内容都需相应改变，如此方能多维、实时展现教、学过程，真正改善评估效果。

首先，在云端翻转口译课堂教学过程中，学生能够最全面、最实时亲历教师课堂活动的安排、效果和评估标准，因而，是最适合、最权威的评估主体。而且，课堂活动以个人、小组甚至班级形式进行，学生参与评判交际效果，自评和互评既有利于训练沟通交流，更有利于深化认识技能标准。再者，口译技能习得过程中，只有学习者本人对自己工具使用、身体素质等情况最了如指掌，其自主评估自然是信度最高的评估方式。所以，评估指标将着重教师课堂直接表现，如教学态度、教学方法，教学内容、教学效果等；课堂活动模式，如课堂教学活动与在线活动以及有关教学态度、方法、内容和效果的评估标准等；其他同学课堂活动（个人或小组）直接表现，如同学个人的语言知识、学习技能、协作学习策略、心理职业素养等以及同学小组的口头报告和成果展示等；本人课堂直接表现，如语言知识、学习技能、学习策略以及职业能力等。各分解指标尽可能用行为化、操作化、诊断性的语言和符号表示，简洁易行，便于反馈。

其次，云端翻转口译课堂教学评估中，教师主要围绕学生课堂直接表现展开评估，如语言知识、学习技能、协作学习策略以及心理职业素养等。评估可以是个案

分析,可以是小组解析,也可以对全班学生进行总体评估,为确保评估的针对性,前两种评估是本研究重点。另外,与传统教学相异,教师盖棺定论式评估多于训练后期给予,结局已不可逆转,云端翻转口译课堂却是互动式训练模式的天堂,教师评估贯穿整个训练过程,利用多媒体,随时反馈给学生诊断性、分析性的过程评估,并定期对训练情况进行概括总结,形成阶段性总结评估。

最后,同行、专家、校外合作机构评估主体,可以参与教师和学生主体的全部类型评估(学生自主评估除外),这种三位一体(学生+教师+其他)多评估主体的评估方式更能使学生感同身受现场口译的交际效果,帮助学生从认知思维程序的角度关注口译效果。

但是,同行、专家、校外合作机构作为评估主体,对课堂上教师着重提高课堂教学组织效率,学生努力展示学习成就和过程感受的直接表现,了解不够全面、深刻,通过听一二节课对教师和学生在课堂上的表现做出评价,可能存在一定偏差。有鉴于此,本书所探讨的口译课堂教学评估主体,以教师、学生为主,同行、专家、校外合作机构为辅。评估客体重点围绕师生课堂表现和课堂活动展开。

(一) 学生主体口译课堂评估

本书所依托云端翻转口译课堂教学中,教师在口译课程前一周向评分人发送关于本次评估相关信息的电子邮件,包括具体的评估要求、评估程序、评分标准和评分表、模拟口译活动的主题、参与人员以及时间地点。学生译员在课程评估前一周,由云端获知模拟口译活动的主题、提纲、发言人基本情况以及教师上传的部分背景资料,并进行相应译前准备,但并不知情具体活动内容。平时课堂教学口译原材料的选择,均为大型国际活动、本族语者公众演讲等视频节选,以使形式更接近现实口译活动,助力学生体现真实口译能力。学生的口译表现总被录像,学生已习惯站在摄像机前进行口译,录像过程不会对学生的口译表现产生影响,课堂课程结束后,教师将录像上传云端,供课下学生自主评估、小组评估等各种评估参考。

1. 学生对教师的课堂评估

学生作为所有教学活动的直接对象和全部教学过程的亲历主体,对课堂教学最有亲身感受,评估也最写实。学生对教师课堂直接表现评估涉及教学设计、教学过程和教学效果。

学生对教师课堂教学设计的评估,侧重教师对现代教育理论理念和发展趋势的把握与时俱进,对教学目的和要求的分析具有系统性,相关教学内容的安排注重因材施教，教学流程和教学模式的完整与高效得以确保。作为展现翻转课堂知识传授主要渠道的教学素材应包含符合教学大纲与教学目标规定、长度适宜的文本、音视频素材以及课件素材，突出教学内容，彰显教学重、难、关键点，并兼顾连贯性与系统性。

学生对教师课堂教学过程的评估：云端翻转口译课堂为师生互动提供了广阔空间，为教学过程全方位立体展现创造了极其充分的条件。任何成功课堂都须臾难离师生默契配合，因此，教学过程评估将从教师行为、学生活动和教学方法三方面展开。① 口译教师学高为师，需要具备准确得体的教学语言和深厚渊博的专业功底；作为翻转课堂教学的组织者，需驾轻就熟清晰的教学思路，严谨的课堂结构，高超的组织能力，对学生特点和参与程度了如指掌等。由此，留给学生思考空间，鼓励自主学习，培养领悟能力，激发创造性。② 学生活动是其参与课堂教学实践的具体表现。翻转课堂为参与课堂活动提供了前所未有的空间，学生是课堂活动参与主体，他们积极、主动、独立完成个人学习和小组探究，分享所学，提出问题，沟通见解，养成自主学习习惯。学生评价指标可以完整、真实反映课堂教学学生参与的积极性、学生的适应度、教学内容的需求度、教学目的的达标度等。所以，学生评价是课堂教学评价中最有价值的部分。③ 教学方法，顾名思义是"教法（教师'教'的行为方式）"和"学法（学生'学'的行为方式）"的有机统一体。有效的教学应结合教学实际与学生状态制定适切的方法，理论与实践并进，充分利用翻转课堂的"颠倒"，先学后教，当堂训练，灵活多变借力云端社交和教学媒体，有效引导学生个人独立学习与小组协作探究，实现新旧知识转化和内化，确保高效教学。

学生对教师课堂教学效果的评估可以从教学、情感和个性等方面展开。教学教育体现在教学活动的凝聚力；教学目标的实现效果以及教学的知识传授量和知识体系建构，即课堂气氛活跃，学生主动参与；教学效果良好，教学目标实现；教授知识信息量适切，避免被大数据网络时代海量信息淹没，同时，注重搭建知识体系。情感教育主要表现在师生地位平等，课堂气氛良好，激发学生兴趣爱好；关注学习习惯和动机，注重培养创造力，培植信心、习惯、情绪等非智力因素。教学个性指教师素质，具体表现为独特的教学风格可以保证学习质量；幽默和蔼，师生关系良好，能够有效利用云端和"翻转"避免死板教学。

由此，口译教学评估中学生对教师的课堂评估，借用特尔斐法、层次分析法（AHP 法）两种评价指标项权重的确定方法，对一级和二级评估指标进行赋值，结果如下表（表 5-8）（程洋洋，2015）。本表结合使用五级量表制，1—5 五个数字分别表示"1＝非常不满意"、"2＝不满意"、"3＝一般"、"4＝满意"和"5＝非常满意"。

"备注"列是评估项目的详细解释。相应"评估分数"栏填写自评等级，根据自评结果，从数字1—5选择一个填写。"综合评价"栏供填写本表格未尽的相应综合评价文字内容。本节后续五级量表表格均采用同样理念进行设计。

表 5-8　　学生对教师课堂表现评估表

评估内容				评估日期：
评估指标			备注	评估分数
教学设计（25%）	教学内容（15%）	资源运用	能够注重资源开发整合，联系学生和社会生活	
		教学目标	能够确保教学目标明确具体、符合大纲要求和学生情况	
		教学重点	能够把握重难点，抓住关键点进行教学	
	教学素材（10%）	课件素材	能够制作符合教学大纲和教学目标的课件素材	
		音视频素材	能够选择时长适宜的音视频素材，符合教学内容并突出重难点	
教学过程（40%）	教师行为（14%）	教学组织	能够实现课堂结构严谨，教学思路清晰，教学密度合理	
		教学重点	能够重点培养学生自主学习习惯，开发领悟力，激发创造性	
		授课模式	能够鼓励学生自主学习，留给学生思考空间	
		授课教态	能够运用准确得体教学语言，教学态度和蔼，答疑及时	
		应对策略	能够有效关注学生，因材施教；组织协调，及时评价	
	学生活动（10%）	学习态度	能够主动参与教学活动，自主学习习惯良好	
		习得方式	能够积极分享所学知识，提出问题和新的见解	
		学习策略	能够独立完成个人学习，自主完成小组协作	

续表

<table>
<tr><th colspan="4">评估内容</th><th>评估日期：</th></tr>
<tr><th colspan="3">评估指标</th><th>备注</th><th>评估分数</th></tr>
<tr><td rowspan="4">教学过程
(40%)</td><td rowspan="4">教学方法
(16%)</td><td>辅助手段</td><td>能够恰当高效运用现代教学辅助手段(多媒体、教具)</td><td></td></tr>
<tr><td>教学方法</td><td>能够结合实际情况和学生状态灵活制定教学方案与方法</td><td></td></tr>
<tr><td>讲授模式</td><td>能够运用“翻转”，传授与训练结合，理论与实践并进</td><td></td></tr>
<tr><td>教学安排</td><td>能够遵循翻转课堂特点，先学后教，当堂训练，落实掌握</td><td></td></tr>
<tr><td rowspan="7">教学效果
(35%)</td><td rowspan="3">教学教育
(22%)</td><td>课堂气氛</td><td>能够确保学生积极主动参与，课堂气氛活跃且有序</td><td></td></tr>
<tr><td>知识数量</td><td>能够把握教授知识的适当信息量，注重构建知识体系</td><td></td></tr>
<tr><td>知识习得</td><td>能够实现知识型教学目标，信息类教学效果良好</td><td></td></tr>
<tr><td rowspan="2">情感教育
(8%)</td><td>情感目标</td><td>能够实现师生融洽相处，地位平等，课堂气氛良好</td><td></td></tr>
<tr><td>情感效果</td><td>能够关注学生兴趣、习惯和动机，注重培养信心、习惯、情绪等非智力因素</td><td></td></tr>
<tr><td rowspan="2">教学个性
(5%)</td><td>个性特色</td><td>能够凭借独特教学风格，激发学生学习兴趣，保证学习效果</td><td></td></tr>
<tr><td>个性效果</td><td>能够吸引学生，激发学生学习热情，引导学生有效自主学习</td><td></td></tr>
<tr><td>综合评价</td><td></td><td></td><td></td><td></td></tr>
</table>

鉴于学生对教师进行形成性持续评估尚属开创性尝试，学生难免会有不同程度的顾虑，因而，学生对教师的评估结合使用“问卷星”(sojump)，匿名进行。问卷星是专业的在线问卷调查、测评、投票平台，专注于为用户提供功能强大、人性化的在线设计问卷、采集数据、自定义报表、调查结果分析系列服务。系统支持多渠道发布方式，即可通过手机或 PC 端发布到微信、微博、QQ 或团体网站，确保问卷借

助社交媒体、即时通讯等渠道快速到达被访人群，反馈信息能即时汇总并由系统自动生成统计分析报告。较之传统调查方式和其他调查网站或调查系统，问卷星具有易用、快捷、低成本的明显优势，是进行各类市场调查和学术调研的利器。本研究首先发布问卷并设置属性：将设计好的评估表（表5-8）直接发布并设置相关属性（问卷分类、说明、公开级别、访问密码等）。其次发送问卷并设置密码：将评估表嵌入口译教学云端并设置单个唯一密码，将问卷链接和密码发给学生。随后，教师查看调查结果：可以通过柱状图和饼状图查看统计图表，卡片式查看答卷详情，分析答卷。另外，教师还可以创建自定义报表：自定义报表中可以设置一系列筛选条件，根据答案做交叉分析和分类统计。教师可以选择下载调查数据：调查完成后，下载统计图表到 Word 文件保存、打印，或者下载原始数据到 Excel 导入 SPSS 等调查分析软件做进一步分析。进而为更好改进教学质量提供理据参考。

2. 学生对口译翻转课堂的评估

学生对口译教师的评估离不开课堂这一客观的、不可剥离的载体。另外，翻转课堂应用于口译教学尚属开创性尝试，对这种口译教学创新模式最有亲身体验而且最具发言权的当属学生。为获得学生对翻转课堂应用于口译教学的反馈信息，本书采纳了口译翻转课堂满意度调查表。调查内容包括学生对于翻转课堂模式、翻转课堂教学评估指标体系以及自己学习感受的反馈。翻转课堂模式主要包括教师安排课堂教学和在线学习；教师课堂教学目标，答疑安排；学生个人独自探究完成学习任务；学生与小组他人合作预期与结果。翻转课堂教学评估指标体系的相关内容详见表5-9。自己学习感受主要从“适应口译翻转课堂教学；培养口译自主学习能力；口译翻转课堂学习效果和继续翻转课堂学习口译”四个方面进行调查。

表5-9　学生对口译翻转课堂满意度调查表

评估内容		评估日期：
评估指标	备注	评估分数
翻转课堂模式	教师安排课堂教学和在线学习	
	教师课堂教学目标，答疑安排	
	学生个人独自探究完成教学任务	
	学生与小组他人合作预期与结果	

续表

评　估　内　容		评估日期：
评　估　指　标	备　　注	评估分数
翻转课堂教学评估指标体系	教学素材评价指标标准	
	教学内容评价指标标准	
	教师行为评价指标标准	
	学生活动评价指标标准	
	教学方法评价指标标准	
	教学效果评价指标标准	
	情感教育评价指标标准	
	教学个性评价指标标准	
本人学习感受	适应口译翻转课堂教学	
	培养口译自主学习能力	
	口译翻转课堂学习效果	
	继续翻转课堂学习口译	
综合评价		

3. 学生课堂互评

学生为主体的第三种评估围绕其他同学课堂活动（个人或者小组）的直接表现展开。学生课堂互评包含同学个体的语言知识、学习技能、协作学习策略、心理职业素养等以及同学小组活动的口头报告和成果展示等。评估指标围绕认知技能和职业技能展开。（详见表 5－10）

表 5－10　　　　学生课堂互评表（语言知识）

评　估　内　容					评估日期：
评　估　指　标				备　　注	评估分数
双语语言水平	语言表达	语音		能够发音清晰标准	
				能够保持音量适中	
				能够运用自然语调	
				能够语速均匀从容平稳	

续表

评估内容						评估日期：
评估指标					备注	评估分数
双语语言水平	语言表达	语法			能够使用正确语法	
		词汇			能够选择贴切、丰富、专业词汇	
		表达	语言表述	表述流畅	能够控制过多停顿，如卡壳、停下来查阅笔记	
					能够控制过多填充词，如这个、那个、well、ok 等	
					能够控制过多自我修正、重复	
				逻辑连贯	能够灵活转换句法，如善用顺句驱动处理双语转换	
					能够使用合理衔接手段，如使用必要的连接词和关系词等	
				语言地道	能够确保文化可接受性强，有跨文化意识	
					能够使用得体语言，风格、语体与原语情境相符	
					能够语言自然，信息对等翻译而非语码机械对译	
			信息表达	完整忠实	主干信息完整	
					次主干信息完整	
					细节信息（数字、时间、专有名词、专业术语等）正确	
				组织逻辑连贯	信息组织有逻辑性，清晰易懂	
双语知识结构	百科知识				能够注意广泛涉猎，搭建广博的百科知识结构	
	文化				能够挖掘语言的文化原因，积累深厚的文化底蕴	
综合评价						

交替传译的口译技巧主要包括信息处理——信息听解(能够抓住原话核心意义,把握整体内容)、信息记忆(短期记忆:规定时间内,准确完整地记住所听内容;笔记:借助自己熟悉的文字、符号体系,准、快、全记录原话大意)、信息预测、信息归纳;翻译难点——术语翻译、专有名词翻译、数字翻译;翻译技巧——运用意译、概括、顺句驱动等较熟练运用套语或固定表达,调动平时知识积累,较敏感把握两种语言差异,通俗易懂译出原话大意;其他技能——公共演讲技巧;第一人称使用;口音适应;妥善处理误译;应对策略(较灵活处理翻译难点,利用场景排除困难较准确、及时、通顺译出原话大意,译语引发听者为讲话人所期待的反应);时间控制(口译启动时间:源语人讲话结束后3～5秒,译员开始翻译;口译翻译时间:英译汉时,译文时间≤原文时间;汉译英时,译文时间≤原文时间×120%)。(详见表5-2)

与交替传译不尽相同,同声传译的口译技能评估内容包括:信息处理——信息听解(能够抓住原话核心意义,把握整体内容)、信息记忆(短期记忆:规定时间内,准确完整地记住所听内容;笔记:借助自己熟悉的文字、符号体系,准、快、全记录翻译难点)、信息预测、信息归纳;翻译难点——术语翻译、专有名词翻译、数字翻译;翻译技巧——运用断句、等待、增补、省略、意译、概括、顺句驱动等较熟练运用套语或固定表达,调动平时知识积累,较敏感把握两种语言差异,通俗易懂译出原话大意;其他技能——公共演讲技巧;第一人称使用;影子练习、分散使用注意力、口译轮值;团队合作;设备使用;时间控制(尽量与讲话者保持同步);口音适应;应对策略,即较灵活处理翻译难点;妥善处理误译;适应箱内压力较准确、及时、通顺译出原话大意,译语引发听者为讲话人所期待的反应。(详见表5-3)

学习策略指的是独立学习、小组协作学习以及二者的有机结合。课堂独立学习指的是独立分析教师分配的问题;独立围绕确定的问题分析查找资料;独立根据确定的问题提出可行解决方案。协作学习体现在课堂上协作学习过程和课堂上小组成果展示与交流。课堂上协作学习过程包括协作态度(态度积极热情、积极参加小组讨论、虚心采纳别人的意见);沟通交流(积极主动与他人交流、沟通交流的内容与本节课问题密切相关);任务分工(小组成员分工明确、任务按照成员兴趣和能力等科学分配);配合情况(协作中配合默契、与别人共同商讨解决问题、认真听取别人意见);完成情况(顺利完成所承担任务、为他人提供可行性建议)。课堂上小组成果展示包含口头报告(内容组织严密、条理清晰;语言生动、准确;结果圆满;成员轮流发言)和成果展示(内容准确、全面、重点突出;形式轻松、有趣)。(详见表5-5)

职业技能从镇定的心理素质和良好的职业素养两方面进行考察。首先口译总是面对公众进行的,端正态度,激发热情,培养克服心理障碍,从容面对听众的心理素质是学生的必修课,心理素质即临场发挥能力,要自信谦和安详稳重,保持强烈求知欲,擅长交流,擅长控制情感——顺不骄逆不慌。其次,从业于专业要求很高的职业,除了基本的交际策略以外,学生还需具备强烈的责任感和良好的职业素养:仪态大方、声音洪亮悦耳、着装正式整齐、立场中立、守时、应对策略灵活。仪态仪表在口译中起着举足轻重的作用,作为译员,应当仪表端庄,行为落落大方,表情自然,眼神交流顺畅,没有由于紧张而挤眉弄眼的恶习,也不能在翻译过程中有过于夸张的表情、手势、身体语言,以免喧宾夺主。口译是双语交流的桥梁和媒介,声音洪亮悦耳是口译的基本要求,没有洪亮的声音,语言交流的双方无法听清译员的翻译,将非常影响交流效果。应对策略灵活指的是通过自身努力,应对口译过程的突发情况,促成双方有效交际。(详见表 5-6)

4. 学生课堂自评

学生主体的最后一种评估模式是学生课堂自评,即对自己课堂直接表现评估。学生课堂自评对象是课堂活动所展示的自己的语言知识、学习技能、协作学习策略、心理职业素养等。评估指标围绕认知技能和职业技能展开。

认知技能包括认知能力和口译技巧。认知能力包含语言知识(双语语言水平和双语知识结构)和学习策略。双语语言水平包括基于语篇的听力、理解和分析以及语言表达的规范性。学生需要在语篇情境中顺利听清、听懂原语内容并随时加工信息整理逻辑为译语输出做充分分析准备。语言表达规范可从语音、语法、词汇和表达四个方面进行考察。语音包括发音清晰标准;音量适中;语调自然;语速均匀从容平稳。语法要正确。词汇需贴切、丰富、专业。表达可细分为语言表述和信息表达两方面。语言表述包括表述流畅(无过多停顿,如卡壳、停下来查阅笔记;无过多填充词,如这个、那个、well、ok 等;无过多自我修正、重复);逻辑连贯(句法转换灵活,如善用顺句驱动处理双语转换;使用合理衔接手段,如使用必要的连接词和关系词等);语言地道(文化可接受性强,有跨文化意识;语言得体,如语言风格、语体与原语情境相符;语言地道,即语言自然,不是语码机械对译,而是信息对等翻译)。信息表达包括信息完整忠实(主干信息完整;次主干信息完整;细节信息,如数字、时间、专有名词、专业术语等正确)和信息组织逻辑连贯,即信息组织有逻辑性,清晰易懂。双语知识结构包括百科知识和文化知识。口译涉及领域广泛、话题众多、内容丰富,因此,要求学生博古通今纵览各行,掌握广博的百科知识结构并拥

有深厚的文化底蕴。(详见表5-1)

交替传译的口译技巧主要包括信息处理——信息听解(能够抓住原话核心意义,把握整体内容)、信息记忆(短期记忆:规定时间内,准确完整地记住所听内容;笔记:借助自己熟悉的文字、符号体系,准、快、全记录原话大意)、信息预测、信息归纳;翻译难点——术语翻译、专有名词翻译、数字翻译;翻译技巧——运用意译、概括、顺句驱动等较熟练运用套语或固定表达,调动平时知识积累,较敏感把握两种语言差异,通俗易懂译出原话大意;其他技能——公共演讲技巧;第一人称使用;口音适应;妥善处理误译;应对策略(较灵活处理翻译难点,利用场景排除困难较准确、及时、通顺译出原话大意,译语引发听者为讲话人所期待的反应);时间控制(口译启动时间:源语人讲话结束后3~5秒,译员必须开始翻译;口译翻译时间:英译汉时,译文时间≤原文时间;汉译英时,译文时间≤原文时间×120%)。(详见表5-2)

与交替传译不尽相同,同声传译的口译技能评估内容包括:信息处理——信息听解(能够抓住原话核心意义,把握整体内容)、信息记忆(短期记忆:规定时间内,准确完整地记住所听内容;笔记:借助自己熟悉的文字、符号体系,准、快、全记录翻译难点)、信息预测、信息归纳;翻译难点——术语翻译、专有名词翻译、数字翻译;翻译技巧——运用断句、等待、增补、省略、意译、概括、顺句驱动等较熟练运用套语或固定表达,调动平时知识积累,较敏感把握两种语言差异,通俗易懂译出原话大意;其他技能——公共演讲技巧;第一人称使用;影子练习、分散使用注意力、口译轮值;团队合作;设备使用;时间控制(尽量与讲话者保持同步);口音适应;应对策略,即较灵活处理翻译难点;妥善处理误译;适应箱内压力较准确、及时、通顺译出原话大意,译语引发听者为讲话人所期待的反应。(详见表5-3)

学习策略指的是独立学习、小组协作学习以及二者的有机结合。课堂独立学习指的是独立分析教师分配的问题;独立围绕确定的问题分析查找资料;独立根据确定的问题提出可行解决方案。协作学习体现在课堂上协作学习过程和课堂上小组成果展示与交流。课堂上协作学习过程包括协作态度(态度积极热情、积极参加小组讨论、虚心采纳别人的意见);沟通交流(积极主动地与他人交流、沟通交流的内容与本节课问题密切相关);任务分工(小组成员分工明确、任务按照成员兴趣和能力等科学分配);配合情况(协作中配合默契、与别人共同商讨解决问题、认真听取别人意见);完成情况(顺利完成所承担任务、为他人提供可行性建议)。课堂上小组成果展示包含口头报告(内容组织严密、条理清晰;语言生动、准确;结果圆满;成员轮流发言)和成果展示(内容准确、全面、重点突出;形式轻松、有

趣)。(详见表 5－5)

职业技能指的是身体素质、心理素质和职业素养。首先口译总是面对公众进行的,端正态度,激发热情,培养克服心理障碍、努力战胜自己并从容面对听众的心理素质是学生的必修课,心理素质即临场发挥能力,要自信谦和安详稳重,保持强烈求知欲,擅长交流,擅长控制情感——顺不骄逆不慌。其次,从业于专业要求很高的职业,除了基本的交际策略以外,学生还需具备强烈的责任感和良好的职业素养:仪态大方、声音洪亮悦耳、着装正式整齐、立场中立、守时、应对策略灵活。仪态仪表在口译中起着举足轻重的作用,作为译员,应当仪表端庄,行为落落大方,表情自然,眼神交流顺畅,没有由于紧张而挤眉弄眼的恶习,也不能在翻译过程中有过于夸张的表情、手势和身体语言,以免喧宾夺主。口译是双语交流的桥梁和媒介,声音洪亮悦耳是口译的基本要求,没有洪亮的声音,语言交流的双方无法听清译员的翻译,将非常影响交流效果。应对策略灵活指的是通过自身努力,应对口译过程的突发情况,促成双方有效交际。(详见表 5－6)

(二) 教师主体口译课堂评估

口译教学课堂评估,对于教师主体来说,指标主要围绕学生的课堂直接表现展开,包含语言知识、学习技能、协作学习策略以及心理职业素养等。评估方式以个案分析为主,小组解析为辅。评估指标与学生互评(交传和同传)基本相同。

(三) 其他主体口译课堂评估

其他主体主要指同事、同行专家、校外合作机构评估主体,可以参与教师和学生主体的全部类型评估(学生自主评估除外),口译课堂评估的指标可参考教师主体口译课堂评估指标。

(四) 口译教学课堂评估注意事项

学生自评、学生互评以及教师和其他评估主体对学生的评估过程需要注意:① 评估各项并非均匀着墨,若学生“语言表达”不能基本达标,亦或“信息表达”支离破碎,那么其他指标(如职业素养中的项目)自然失去评估意义。② 评估指标“翻译难点”中的“术语”、“专有名词”、“数字”若在口译任务中存在,则赋值;若口译任务中不包含,可将权重转移到其他评估指标中。③ 为展现教学过程的完整性,评估可以跟随整个教学学期,可以选择根据每单元教学任务不同进行评估,也可以选择根据学生习得的初中高级进阶进行评估,也或者仅仅按照时间间隔……依教学任务侧重不同,评估指标选取以及权重倾斜相异。四、为展现教学过程阶段性进展,各类评估可以各自进行前后阶段比对:将不同阶段评估量化结果结合差异显著性与回归分析等方法,分析差异是否显著、是否具有统计学意义,探讨评估进展情形与评估指标之间的相关性,展现教学过程阶段性特点,并依此调整教与学的方向和策略。

第六章

云端翻转课堂与社交媒体融合

为提高口译教学效果，国内不少专家曾提出口译教学一定要考虑学校和区域特点。刘和平(2012)呼吁各类高校应结合地方特色，培养服务地方经济的本土化口译人才。鲍川运(2013)倡导，本科阶段口译教学要考虑到学生的实际情况、学校的定位和区域经济的具体需求，采用“务实”的口译教学原则。

哈佛大学的 Eric Mazur 指出：教学的核心不是单纯传递知识，而是帮助学生吸收知识(转引自 Dan Berrett，2012)。口译教学则意味着，以有指导的自主学习为基础，在课堂或其他模拟实践中，运用客观全面的评估，以及适当的自我内省，最终获得应有的职业技能。

反观目前的教学现状，却很难令人满意。主要表现在以下几方面：

首先，口译教学课堂时间严重不足，不少学校的交替传译课程每周 2 学时，而且班容量过大。这种情况的本科教学难以培养合格译员(陈延军，2014)。

其次，从事口译活动需要储备大量百科知识、及时了解时事动态、具备良好的心理素质和职业素养(王洪林，2015)，由此，学生的终身学习意识和学习能力亟待提高。

再次，本科阶段，绝大多数学生仅将口译课作为提高外语水平的手段之一，口译学习动力不足；而且目前普遍采用的训练手段、内容和强度，无法保证训练效果，口译学习与市场需求脱节。

最后，学生的口译学习理念落后，口译训练方法低效，尚不能充分利用课外学习时间提升口译学习能力。

为缓解上述疾症，翻转课堂不失为一剂良药。翻转课堂作为一种新型教学模式，颠倒传统的课内外学习顺序，提倡学生通过自主、探究式学习以及师—生和生—生间互动协作完成知识的建构。据此，可以遵循“以学生为中心”“以学习为中心”“以教师导学为保障”的原则，兼顾教师“导学”与学生“行动”，进行如下翻转：① 翻转以教师为主导的技能学习模式，搭建以学生认知水平发展为参照的口译技能学习模式；② 翻转“教师课堂技能讲授＋学生课堂训练”的单一口译训练模式，构建学生“口译自主学习”、“课内即时口译成果展示”、“课后口译实战演练”的混合型学习模式；③ 翻转以口译教学为核心的评价方式，组建“口译技能＋口译实战能力＋社会服务”一体化口译人才评价机制。

但是，如何搭建自主学习与课堂教学之间的良性互动？课后的学习，已不可简单处理为完成课堂布置的作业。从教师角度来看，应该根据教学进度、认知规律、以及课堂实践中反映出来的问题，有针对性安排适切练习；更重要的是，培养学生的自我评估能力，掌握适合自身特点的学习策略。对于学生而言，不仅需要切实完成老师安排的学习任务，还应具有积极主动的学习精神，寻找更加适合的个体学习风格，解决具体问题。除却师生的主观努力，自主学习与课堂教学之间的良性互动还依靠客观学习环境的建构：基于云端存储功能进行资源最优化共享，师生互动最充分借力社交媒体的教育功能，最终实现云端翻转课堂与社交媒体相辅相成、水乳交融的创新教学模式。

第一节　云端翻转课堂简介

一、云端翻转课堂的基本属性

近年来，现代科技与教育技术的发展为教育领域带来颠覆性革新，传统的课堂传授教育方式对大规模学习的效应受到挑战，翻转课堂(flipped classroom/inverted classroom)悄然兴起。所谓“翻转”就是将传统课堂讲授的内容在课外传递给学生，即授课教师将视频讲座、播客、电子书等在课前发布给学生；课堂内专注于高质量的学习活动，让学生有机会在具体环境中应用所学内容，是一种最大限度融合了电子远程学习与课堂训练的理想教学模态。(Jacot et al, 2014)云端翻转课堂是指教育者将教学资源(文本、音频、视频等)置于云盘,学习者在网络环境下通过计算机或平板电脑读取。所有知识传授过程置于课外,学生可自主选择学习方式接受新知识,确保课前深入学习;知识内化及检验过程放在课堂,便于学生间、师生间更充分沟通和交流,确保课堂教学能够真正引发观点的相互碰撞,把知识学习和问题思考引向自主、自为层次。

翻转课堂教育理念中老师不再是“台上圣贤”,转成为学生的“贴身教练”(McNulty, 2013)。在传统教学模式中,信息传递是通过教师课堂讲授完成的,知识内化则由学生课后通过作业、操作或者实践独自完成。这种“课堂讲解＋课后作业”的教学形式,很难满足学生个性化学习的需求。课堂教学的大部分时间用于讲解知识点和梳理核心概念,势必造成师生之间、生生之间分享、讨论乃至争论机会的丧失,知识内化的过程被迫推至课外,学生遇到疑难问题无法及时与教师沟通,导致问题的搁置和僵死知识点的叠加,更甚之,可能冰封学生学习动机和成就感。

云端翻转课堂的最大特点不在于学生课前发生深入学习,而在于充分利用课堂学习时间组织有效的活动,提高学习效率,实现学生知识内化的最大化。建构主义者认为,知识的获得是学习者在一定情境下通过人际协作活动实现意义建构的过程。(何克抗,1997)翻转课程学习的目标非常明确——让学生通过实践获得更真实的学习,能够将所学高效、准确地运用到工作中去。(Sink, 2008)此外,学生在课后自主规划学习内容、节奏、风格和呈现知识的方式,教师采用讲授法和协作法满足学生的需要并促成他们的个性化学习,由此确保教师与每个学生交流的充裕时间。

二、资源共享平台与云存储

翻转课堂需要借助计算机网络支撑的教学管理系统,此类教学系统应具有管理(登记注册、登录控制、追踪评价)、相关课程的辅助教学(发布教学目标、电子课件、组织网上考试与自测及链接课程资源)交流协作(文字交流、BBS论坛、基于视音频的会议讨论、电子邮件、文件共享)、教务管理等功能,其软件不仅需要专业人士进行开发,网站的发布、运行、维护及所需服务器的搭建等都需要大量资金的投入,大大增加了翻转课堂实施的运行成本。于是,探索大数据时代简便易行、稳定高效的网络平台成为构建云端翻转课堂的先决条件。

云存储技术当下已然切实存在，各式网盘就是其在技术领域的实际运用。网盘，即网络 U 盘（硬盘），是由网络公司提供的在线存储服务，用户可以通过网盘实现存储、备份、共享等文件管理功能。与传统闪存盘和移动硬盘相比，网盘不需要担心设备丢失问题。不管用户身在何处，只要接入互联网，就可以随意管理、编辑、共享网盘里的文件。为资料安全，可以设定选择分享哪些文件、选择分享方式并发布相应链接，其他用户便可以下载。云盘应用的手机或平板电脑客户端，借助触控设计以及友好界面，在易用性上超越 PC，大大拉近云盘与用户之间的距离，随时开展移动评估、共享各类资源、高效利用碎片时间，使得“无处不在的学习”成为可能。

实施云端翻转课堂取决于三个关键因素：第一，确保课外真正发生深入学习；第二，精选优质教学资源，实现 24/7 资源高速共享；第三，高效利用课堂时间进行学习经验的交流与观点的相互碰撞能够深化学生的认知。此外，大学生的学习既具有自主性又具有探索性，不适合采用“满堂灌”的讲解方式，而应以自学为主，在研讨式教学、课外学习中得到自主发展。云端翻转课堂，强调自主学习，并鼓励学生积极主动探究相关专题知识与技能，这一教学理念契合大学生的学习特点。而在大数据时代，学习资源的便捷共享，云盘的直观架构与操作，都为这种理念提供了操作方案和流程，在大学外语教学中有着较好的应用前景。云端翻转课堂引入大学外语教育，结合社交媒体的多方即时通道，可以丰富教学形式，提高自主学习效率。

第二节　社交媒体的教育功能

社交媒体（social media）作为虚拟社区和网络平台，供人们创作、分享、交流意见、观点及经验。用户享有更多的选择权利和编辑能力，生产分众化或小众化，自行集结成某种阅听社群。社交媒体呈现形式多样，包括文本、图像、音频和视频。流行的社交媒体传播介质包括微信、博客、vlog、播客、维基百科、脸书、推特、Google＋、Instagram 等，一些网站也加入类似功能，例如腾讯、新浪、百度等。

社交媒体具有扁平化、无阶层、依照多元生产或使用的需求，便宜或免费使用，专业门槛相对较低，偏好轻薄短小的图文发布，制作时间较少，信息随时更新等特点。借助其强大的即时通讯功能，推送学习信息，学习评估和反馈平台，延伸学习时空，并达成生－生、师－生、师－师之间的良性互动和交流。目前，大学生群体普遍使用包括 QQ、微信、飞信、微博、人人等即时通讯方式，所有这些社交媒体无一例外给学生更多的参与社会生活，了解周围世界带来了便利，也同时给大数据时代的课堂教学带来了根本性的革新。

作为社交媒体的主流和领跑者，微信是一款基于智能手机的应用 APP 软件，一种典型的即时通信工具。根据腾讯企鹅智酷 2016 年度发布的关于微信用户行为报告，微信拥有 7 亿月活跃用户。每天，61%的用户打开微信超过 10 次；28%的用户有超过 200 名好友，是上一年的两倍多；61.4%的用户，打开微信时会查看朋友圈。微信已经发展成为基于移动互联网的应用终端之一，仅次于 QQ。技术的发展和社会需求的不断增加推动了社会交往的变革，微信主要源于手机媒体而诞生，具有私密性和高度的社交性，助力个体、群体间跨时空交流。正是这种社交性特点，赋予了微信超越物理特性的特殊含义，使它更多地成为一种生活状态的写照以及现实交际的代名词。尤其是朋友圈功能的广泛应用，人际交际方式和领域发生细微变化（陈燕，李天龙，2015）。

以微信为代表的移动媒体终端所引发的混合式学习是对传统教育模式的推动还是阻挠？它使学习活动更加频繁还是更具有惰性？胡钦太、林晓凡提出的“新媒体社会教育的互动循环模式”、“新媒体社会教育的裂变传播监督模式”和“新媒体社会教育的分级传播模式”三大模式，说明微信的教育功能及其现实应用已经引起了学界的关注。研究成果有微信支持下混合式学习的设计与实施、微信公众平台在高校教育领域应用的可能性和现实性、微信在教育培训领域的应用实践、微信移动学习平台建设与应用等探讨。本书主要关注以微信为主打的社交媒体之传播特征所带来的教育功能以及其在云端翻转口译教学中的实现方式与特点。

一、微信传播功能的教育特征

微信的众多传播特征可归纳为个人可控范围的关系传播；社交群体的互动传播；多类型、多内容的多元传播。

第一，个人可控范围的关系传播。首先，微信的本质是即时通讯，更是一对一的私密通讯，因此，微信通讯关系以手机通讯录和 QQ 好友为基础，确保了社交的稳定和隐秘。其次，用户通过订阅号、公众号、微信推送等渠道获得新鲜有趣的信息，并把信息转送至朋友圈，其好友看见信息又可把信息传播至自己的朋友圈，形成一种基于熟人关系相互勾连的圈层之间的传播链条。再次，微信平台上的受众对于教育信息的接收因其个人把关也存在一定的限制，受众个体对教育信息渴求程度、内容需要的不同，决定其下一步传播行为是互动反馈，还是裂变传播（陈燕，李天龙，2015）。个人可控保障了教育设计与执行的可操作性。

第二，社交群体的互动传播。微信是借助于互联网技术和移动智能终端发展起来的自媒体形式，其最基本的传播模式就是点对点的人际传播，并且微信是基于熟人朋友的强关系传播，一个个体发布的信息会发生原子裂变效应，迅速扩散、渗透到一定区域甚至全社会。对教育而言，微信传受双方关系较为紧密，具有一定的情感黏性，加上微信群、朋友圈、群聊等功能为用户群体交流提供的便利，均推助群体交流形成一致意见并产生群体倾向，此一集群效应更利于教育活动的开展。

第三，多类型、多内容的多元传播。从传播资源来看，微信是一种富媒体传播。微信有效整合了手机媒体和社交媒体的各种资源，使智能手机功能得到最大利用。可以通过发送文字、语音、图片、表情、视频，实现沟通交流的零距离。微信教育所打造的移动化学习平台，构筑了当下社会化教育的新模式，多重传播类型相较于传统学校教育，更易于多路径提高受众教与学的绩效。

二、微信教育功能的实现方式

微信的传播功能与社交功能共同推进其教育功能不断走向成熟：微信形象生动的音视频信息和勾连封闭的场域环境为学习者提供了诸如虚拟教室和虚拟教学之类的私属拟态移动学习场景；基于微信传播介质的动态教学平台，随时更新的教学资源库为在线教育开拓了新的空间；教学内容和媒介信息技术的深度融合，也适应了教育部制定的《全国现代远程教育发展规划》中提出“充分利用现代信息技术，以现有中国教育和科研计算机网、卫星电视教育网为基础，形成现代远程教育网络，推动各级各类教育的改革和发展，提高教育质量，构建开放的学习体系和终身教育体系”的要求。微信教育功能的实现方式可以概括为微教育与群体教育两种。

移动通讯技术的发展、智能手机的普及、移动网络的覆盖为微信实时信息的传播提供技术支持与保障；微信相对聚合的综合平台为其提供渠道保障；微信的图片、语音、视频上传功能则为其提供功能支持；微信碎片化的微传播内容、移动化定制化的订阅方式与新媒体环境下信息的传播与接受需求同脉搏。随着微信功能的进一步完善和微信平台的进一步发展，碎片化的微语态传播带来微引导，这种主要的微信传播特性是其教育功能实现触发器,促发私属化的微教育。

微信具有推送阅读功能,微信的公众号可以通过后台用户分组和地域控制实现精准的消息推送,使基于微信平台的社会化教育可以达到专属化的教育定制,彰显群体教育的针对性和有效性。而且,群体之间信息的传播交流、反馈以及意见的互换、知识的更替补充,也是群体间基于一定范围进行的教育活动,不断直接或间接提升群体教育的有效性和协同性。

三、微信助力口译教学的创新

微信传播功能的教育特征,借力其教育功能的实现方式,助力口译教学的创新,主要表现在:拓展师生沟通渠道;优化师生沟通效果;提升学生自主学习热情。

(一) 拓展师生沟通渠道

首先,从口译本质看来,口译是一种高强度的语言认知加工和转换活动。教师应结合教材内容及学生特点适时、适量地通过媒体向学生推送目的语风俗习惯、风土人情、价值观、信仰信念等的语言外知识,以储备学生的口译背景知识,发展口译能力,降低口译任务难度。

其次,从译员主体性角度看,教师可利用媒体培养学生的参与意识和主体意识,扩展课堂口译学习的时间和空间。虽然“能力”是内部稳定的不可控因素,但通过微信这一发送信息的媒体渠道,教师可帮扶学生增强主体性意识,在一定程度上增加口译学习精力投入量,进而推进口译能力更好地发展。

再次,教师作为助学者,一方面可以引导学生充分合理利用网络资源,拓展学生参加口译实践领域,提升课外口译自主学习的意识和能力,另一方面又可以通过媒体推助学生明确学习口译的目的,增强自主口译学习和实践的动机。

最后,建立和谐的师生关系可以提高唯一可控的努力因素的积极影响。由于口译教学要通过学生大量练习和实践才能到达满意的语言输出效果,期间,需要教师即时持续地给予指导、反馈和鼓励。微信媒体为教师关注、鼓励学生开设了新渠道,有助提高其自主学习效果。

(二) 优化师生沟通效果

许多研究表明,教师的反馈是影响学生进行成败归因的主要因素(张庆宗,

2002)。教师除教学生知识之外,必须注意对学生的态度随时随地都可能影响学生的口译自主学习动机。努力因素对激发口译自主学习能力发展最重要,它不同于能力、任务难度和运气这些不可控因素,是受意志控制的。要使学生取得成功,就应不断地使他们感觉到自己的努力是有效的,不断地给予他们成功的反馈,督促他们坚持努力。对此,教师可借助媒体实时关注学生状态,推送反馈,激励学生进行更多更有效课堂内外自主学习。

口译自主训练因受制于师生时空的隔离,学生学习主要依靠自己的主观能动性,教师反馈信息的效果大打折扣。因此,通过社交媒体对自主学习进行管理和个性化引导举足轻重。通过媒体评价系统,学习者对口译自主训练的效果进行自我评价,结合教师反馈,对已开展的所有训练进行比较和总结,更高效率对自己的学习进行管理和调节。

此外,教师的导学不容小觑。社交媒体可帮助教师对学生的口译自主学习包括学习者的自主训练和自主评价进行有效管理与监控,并根据学习者的学习表现给定个性化的学习任务和有关扩展资源,有效提高学习者的口译技能,并真正实现个性化的学习。借助媒体,教师推送根据学习者的学习表现而制定的科学学习引导决策,提升引导学习者自主训练的成效。

(三) 提升学生自主学习热情

口译教学中,教师应更多考虑学生自主性,引导学生体验以职业教育为导向MTI项目教学的特点。期间指导学生正确认识类似"运气好坏"的外部不稳定的不可控因素,调动学生口译训练的主动愿望、强烈的主动思考和积极的探索,借助媒体经由认知结构主动获得更多语言外知识,发展全面口译能力。

教师可采用"外延化"教学模式,突破封闭的备课形式,通过社交媒体吸引学生参加备课,进行课外的收集与整理口译现场相关资料,激发学生利用媒体的潜能。一些院校的MTI项目不能提供学生充足的现场口译实习机会,此种媒体导向的"模拟会议口译""准口译现场"的实践形式对发展学生课外口译自主学习能力尤为重要。

四、微信推助口译教学的特点

上述微信助力口译教学的创新有其鲜明的口译课程教学特点,主要表现为感官刺激;信息反馈;速度控制;信息增值;弃取便利和特需满足。

（一）感官刺激

微信作为全新的媒介，是人们视觉、听觉和语言表达的综合表现及媒介外化。它能将信息传播引入到一些公共领域，所有的一切以不同于传统媒体和传统教育模式的方式给人以全新的感官刺激，向受众提供了与学校、家庭教育等线下现实社交完全不同的感受。这尤其符合口译训练现场模拟的需求。

（二）信息反馈

微信构建了深度交互、循环传播的环境，受众在接受信息的同时主动生产信息，并通过互动、点评、即时沟通，生成整个信息形成过程的连锁反馈。微信的强反馈性铸就了社会教育全新模式，乃至微信进课堂：在具体课程及教学环节中结合传统教学和微信平台，打造线上线下混合式学习模式，更加强化互动与反馈，提升教育教学效果。此一模式特别契合口译翻转课堂教学，为师生实时、多维、充分的沟通保驾护航。

（三）速度控制

微信的信息传播具有实时性，用户较多使用点对点即时沟通，双方即时推送信息，传播的有效性高。另外，微信的反馈速度可控：即时互动与延迟互动共存。这恰好满足教学过程对不同层次学生因材施教的要求，体现在口译教学即为：不同水平学生应对不同任务侧重不同训练的个性化需求，从而最大限度确保了最多数学生最佳口译习得效果。

（四）信息增值

微信圈里的信息被认同及转发和再度转发，使信息生产、传播、二度传播同步，瞬时的传播速度无法推进增值的飙升。因为熟人的圈子、一对一的传播，致使信息广度增值能力有限。但是信息浓度更大，适合口译等强职业性的信息增值。未来传统媒体与新兴媒体间的互动融合，将增强微信传播增值的可行性，最大程度优化微信教育功能的增值。

（五）弃取便利

微信依附于手机移动终端存在，作为贴身媒介冲破了时空障碍可以随时获取信息，比起广播、电视等大大降低了弃取难度。可以在线读书、在线学习、在线浏览，能最大程度满足并适合受众对碎片化信息的接收，是社交媒体与口译教学进一步融合的表现，帮助提高口译教学绩效。

(六) 特需满足

分享到朋友圈，赋予碎片化的微信阅读内容与模式能长期保持的功能。从满足特定需要的功能来说，微信既是人际传播平台，也是组织传播平台，更是教育传播平台；从技术层面来说，微信具有实现大众传播的技术基因：能通过订阅号实现信息的定制化服务（陈燕，李天龙，2015），是真正的贴身信息传播平台，越来越多的口译师生对于微信媒体“取得起、舍不下”。

第三节　云端翻转课堂与社交媒体融合创新

云盘虽然为翻转课堂提供了资源平台，但其互动功能与教学环节实时交流及评估的要求相去甚远，仍需诉诸云端翻转与课堂社交媒体的多维融合，方可成就最优解决方案。

一、师生互动借力社交媒体

社交媒体的服务和功能更加先进和多元，使用相对普及和便利，广受现代年轻人偏爱。根据2015年1月31日发布的中国互联网络信息中心（CNNIC）第35次《中国互联网络发展状况统计报告》，近一个月内，89％的网友频繁使用微信，其中朋友圈的使用率高达82.6％。（《澎湃新闻》2015年9月5日）

社交媒体在受众中的普及为学习者搭建了分享与沟通的立体高架。学生通过参与教师测评、自我测评、学习者互测等途径了解自己各阶段的学习情况，从而不断调整学习目标、计划和进度（吴丝、刘芹，2011）。

利用社交媒体构建班级学习共同体，首先要创建“翻转课堂”的微信群/QQ群，作为学生课前学习交流的公共网络平台；搭建“社交媒体＋助学者＋学生"三位一体虚拟网络学习共同体环境。助学者由任课教师担任,主要解决学生自学过程中遇到的问题。开展课前自主学习时,教师首先把录制好的教学视频和课前练习上传到云端共享,并通过社交媒体实时发布教学进度,便于学生自主选择学习节奏;要求学生观看教学视频,完成课前练习,把学习过程中的疑难问题发布到社交媒体,便于教师即时掌握学生的学习情况,进而设计出更为科学的课堂学习活动和教学方案。班级学习媒体共同体方便学生之间分享交流;不同学科间的问题或同类问题则可通过创建讨论组,开展小组讨论解决。

社交媒体作为先进技术支撑,开通了师生全天候、线上线下、课前课后的文本、音频、视频等多模态互动沟通快车道,便利师生情感交流,推助师生学术探讨,深化师生认知理解,进而实现清扫教学死角,排除习得盲区,优化学习绩效。

二、云端翻转课堂借力社交媒体

云端翻转课堂与社交媒体的融合,扩展了基于电子设备学习渠道。在线学习不受任何时空限制,可帮助学习者灵活便捷获取海量学习资源,成为备受欢迎的学习方式。然而,学习者单靠个人很难达到最佳学习效果,在共同目的的基础上构建网络学习共同体,通过学习伙伴间的协作会话来完成知识建构则不失为一种很好的解决办法(杨洪刚,宁玉文 2010)。

在现行的口译教学模式下,教师和学生之间的交互活动通常是在教室这个环境中(黄和斌,2010)。相对而言,教师对学生发送的信息量最多,其余种类的信息发布量寥寥无几,这种情况使学生陷于被动状态,也严重束缚口译教学质量的提高。利用社交媒体这一平台,可以围绕课程教学设立在线交流互动。在即时交流的虚拟空间中,对学生而言,教师仿佛就在身边,距离不再成为隔阂。教师则可根据论坛里的提问及回帖,挖掘学习难点及薄弱环节,设计出促进知识深化的高水平练习或活动主题,并上传共享。通过激烈的讨论和观点的碰撞,促进学生对学习内容、学习过程的反思,从而有利于加深学生对认知内容的理解。展示讨论也是评价反馈的过程,教师和学生都参与其中,不仅有利于教师对学生的学习方法、情感、态度等方面加以了解,更加客观地从形成性评价与终结性评价两方面来评价学生(刘建伟、李忠康,2011),这种融合,可以及时检验知识和技能的掌握情况,还有利于实现学生互评、师生互评,推进教学评价的多元化发展。

教师为每个学生建立电子学习档案，即时通讯功能把对学生的总结性评价及时反馈，帮助学生更加实时、客观地了解自己，即时针对具体情况调整学习管理策略。

制约翻转课堂在大学教学中应用的关键在于，教师是否具备将结构化的知识转化成立体、真实的问题或任务，同时设计出合理的学习指导方案，引导学生通过问题或任务掌握相关知识和技能；教师能否开发出相应的学习资源（如微课），是否具备良好的研讨组织能力，从作业和讨论中发现问题、解决问题，引导学生完成对知识的总结、内化与升华。对此，云端翻转课堂与社交媒体的融合不失为解铃之方：可以支撑教师进行多样互动，取当下之长补传统之短，借鉴他人成功经验，促使自己角色全方位调整。传统意义上，教师需要进行的内容讲授模式与教材编写内容；现如今很大程度上被云端翻转课堂颠覆、通过社交媒体冲量优质。这一模式尤其适合口译这种技能密集与职业凸显的课程授课。

云端翻转课堂的模式中，设计的学习活动、讲解视频、测试题等学习材料都有较高的通用性，教师可以选择他人学习资源提供给学生课前自主学习，将主要教学精力投放在分析学习者的学习进展和课堂指导、交流等工作上。随着 MOOC 等的发展，未来教师可使用在线课程资源作为基础，甚至连内容讲授都可交由教学视频去完成，仅需扮演好教学指导者和交流活动组织者的角色。借力社交媒体的云端翻转课堂对教师的教学分工和角色演变会产生巨大影响，引爆院际、校际乃至国际间协同创新，“教学”乃至“学校”这些概念或许都将被迫重构。

云端资源的建设和社交媒体平台的搭建，是教师有效掌握参与者学习方式、喜好、学习特点等个性化信息的过程；也是即时获取学生反馈、建议、评价的途径和窗口。如能定期或不定期挖掘数据，教师的自我评估便有了更为直观的依据。

如何更为有效借助社交媒体，优化师生之间互动，从而完美实现云端翻转课堂的教学互动？

首先，建立和谐的师生关系在开放式的口译教学中非常重要。它包括教师发送信息、学生反馈信息、学生发送信息和教师反馈信息四个环节。这不仅有助于学生全身心地投入课上与课下的口译训练，与教师积极配合，还可通过情感作用鼓励学生进行口译训练中成败归因分析，全方位提高自主学习能力。

其次，选用适当的社交媒体。社交媒体的选定一定要注重结合学生的使用现状，侧重认可度、使用频率、开放性等因素。尽量做到低成本、易操作、便沟通、无障碍、浓趣味、富信息、高绩效，确保社交媒体的教育功能落到实处，其推助口译教学的特点切实奏效，进而提高口译师生的使用兴趣并优化口译师生的教学成果。

最后，要充分挖掘社交媒体的教育功能。在口译教学过程中，应努力改变学生被动接受的状态，提升在课堂内外的主体地位。教师应充分利用社交媒体的教育功能，设计并实现积极的双向交流，让学生充分理解口译训练的实质，从单纯的语言培训项目中解脱出来，真正学会怎样学习口译，实现“教育的最终目的，就是培养一个独立的学习者”(束定芳，2004)。

云端翻转课堂与社交媒体融合推助下的口译教学，能够多维度触发师生互动与沟通，全方位孵化师生教学改革与创新，充分借力社交媒体口译教学特点，确保师生琴瑟合、笙箫起，将云端翻转课堂与社交媒体的融合物尽其用，实现新模式口译教学长江后浪推前浪的进步节奏。

第四节　“国际会议翻译”再思考

在教学实践中，笔者结合口译教学的特点，依据“输出驱动假设”理论，以本校所开设“国际会议翻译”课程开展教学试点，师生合作，共同精选各种优质外语学习资源(视频、音频、文本等)；通过社交媒体，全面实现学生与授课教师在教学理念、方法和手段上的协同创新。课程过程中的学生自我评估、互评和教师专业评估，充分印证了以输出为驱动的教育理念对于口译等技能课程教学的效果，文秋芳(2008)认为：“以输出为驱动明显缩短了输入到输出的距离，缩短了表述性知识转化为程序性知识的周期，使学生容易产生成就感，调动其学习积极性，提高学习效率。”

根据文秋芳(2013)实施输出驱动教学的基本流程与教学方法如下图所示(其中，方框标示的是教师需要完成的任务，椭圆标示的是学生需要完成的任务，单项箭头表明教师和学生完成各项任务的顺序与流程)：

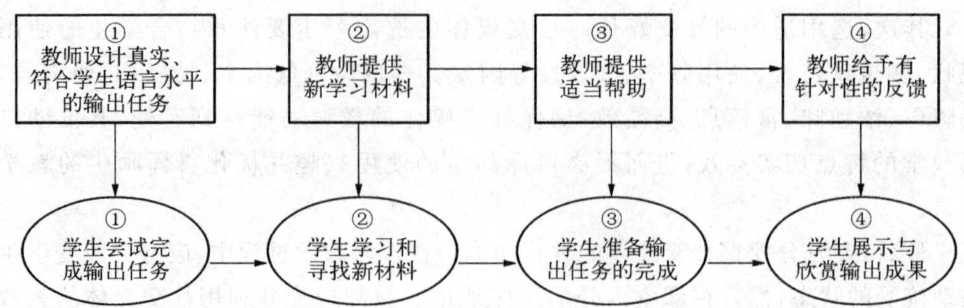

在本课程的教学设计中，教学主体借助云技术，将学习资源、学生自我评测、讨论、课堂活动储存云端，便于师生随时登录或下载；利用社交媒体的即时通讯功能，向参与项目各专业学生推送学习指令和参考资料。以 25 名同学的班级为例，每 5 人一组，除导入、点评及考核外，实践课程 25 课时，每节课安排一次模拟国际会议。每次会议，安排 1 名大会主席、2 名主旨演讲嘉宾、2 名译员。整个学期，每小组分别准备 5 次会议，涵盖不同领域，每名成员分别担任 1 次大会主席、2 次主旨演讲嘉宾或发言者、2 次译员。全程路演国际会议组织环节，包括会议主题通知、邀请、海报设计、后勤安排，真实再现会议现场，并视频记录实况，这些“可见、可测、可量的产出任务”，便于学生们在“课程完成时，让他们自己分析、评价自己的进步。”（文秋芳，2014）

课程伊始，任课教师根据专业背景和外语水平层次，合理分配小组，明确各成员任务，并选出小组协调人。之后，师生共同设计整个学期的任务，明确翻转课堂形式，熟悉不同角色分工，要求每位同学都必须完成所有角色的工作量。设计过程中，需要突出口译技能中的内在联系和系统性的模块化整合。在课程开始之前，做一次小组的模拟发布会，熟悉会议流程，并邀请主要评估小组参与，这样在会议阶段的评估便有了针对性。

表 6－1　2014—2015 学年第一学期“国际会议翻译”课堂视频统计数据

Conference	Length	Difficulty	Speed	Field
The 2012 U. S. Presidential Debate,	35:47:00	Average	Fast	Politics
Welcome Dinner by President Hu	31:15:00	Average	Average	Diplomacy
UN Climate Summit 2014	36:07:00	Average	Slow	Environment
Scotland Referendum	37:43:00	Average	Average	Politics

续表

Conference	Length	Difficulty	Speed	Field
Lockheed Martin Launch Conference	31:41:00	Difficult	Average	Business
China-US Business Leaders Roundtable	23:53	Average	Average	Business
Annual Meeting of World Bank	28:09:00	Average	Average	Economy
Press Conference of Premier Wen	28:29:00	Average	Slow	Politics
HeForShe Campaign	37:11:00	Easy	Slow	Humanrights
UK First Prime Ministerial Debate	42:29:00	Average	Average	Politics
Blue Hall Forum	28:31:00	Average	Average	Diplomacy
Int'l Business Leaders Advisory Council	24:41:00	Average	Average	Business
Sino-US Conference at the APEC	33:36:00	Average	Slow	Diplomacy
Defense Ministry Regular Press Conference	58:33:00	Average	Average	Military Affairs
General Debate of UN General Assembly	49:53:00	Average	Average	Politics
African Finance Conference	40:27:00	Difficult	Average	Economy
Why the World Needs WikiLeaks	34:25:00	Average	Average	Science
Being Young Forum	54:02:00	Average	Slow	Education
Data Visualization	33:13:00	Difficult	Average	Science
CSIS Conference	37:41:00	Average	Average	Science
Li Na Retirement Press Conference	27:31:00	Average	Average	Sports
The 6th Cohesion Forum	35:43:00	Average	Slow	Economy
International Day for Tolerance	29:45:00	Average	Average	Human rights
Huawei—A Better Connected World	29:17:00	Average	Average	Science
Greenpeace Annual Meeting	38:30:00	Average	Average	Environment

教学流程中，所有教学信息及指令均通过社交媒体推送每位同学手机、电脑或其他终端。教师每一单元课程开始前将所有学习任务、背景资料、教学视频、音频及相关文本，上传云盘；学生课前则需准备阶段学习进度、小组交流信息、学习重点难点，通过社交媒体反馈教师，练习活动音频、视频等上传云盘，并在 Excel 表格上

登记分类信息，便于教师了解课后学习情况。课程学习中，全体学生需将自己的练习或推荐学习文本、音频、视频资源上传云盘，并按照统一表格填写分类信息，便于其他同学检索，从而完成共享优质资源的初始搭建规范。师生共同管理云盘，可以最大程度上丰富学习资源，充分实现师生互动融合。

教学任务执行过程中，教师下达具体教学任务，学习小组根据要求和分工，完成各项英语能力展示，教师参与、答疑、协作探究并帮助解决可能出现的问题；各听众小组则需要对照包括会议主持人、演讲嘉宾和译员详细的综合评估表，侧重该组某一方面表现打分，每位同学负责关注 2 个角色评估，在相应表格记录评估依据，给出相应建议，并与评估对象开展课后交流；在评价阶段，讲者和译员进行一对一的结对训练，随后互换角色。这种方式如高段位棋手的复盘，对彼此都是极大的促进。课程结束前，设置主要问题诊断讨论环节。

教学活动全程摄像，单元课程结束后立即上传云盘；整个学期的教学内容保存在云盘并使用移动硬盘本地备份，为教学科研提供第一手资料，同时也可为下一轮教学提供课程设计依据和参考资料。单元课程结束后，全体学生需在规定时间根据会议视频及综合表现，各小组成员在做会议记录的同时，对照评估表格，完成互评，以书面形式上传云盘，供教师和其他同学评阅。课堂评估记录和师生评判，一则成为教学评估的依据，评选出每周、月、学期的最佳学习小组和个人，纳入学期成绩综合评定指标；二则成为推动教师对照教学计划和目标，及时调整教学计划、内容和方法的主要理据。

笔者在本校模拟国际会议翻译的教学实践中采取“引进来”和“走出去”两种途径。“引进来”：课程面向全校同学开放，并邀请理工科专业的教师加入口译课堂，与口译专业的学生互动。将建筑、城市规划、机械、动力、航空航天、国际政治的专业英语课程与外语学院的口译课程做适当的结合，让文科背景的同学在面对专业性强的翻译题材时能有一定的感官认识和知识储备。“走出去”：让翻译专业的学生参加各类专业讲座，自主学习其他专业的公开课程，使他们能对陌生学科形成直观的初步框架性认识，扩充自己的专业学科知识储备。同样，理工类学科同学，也需要在口笔译方面加强训练，将理工科和语言类学生结集成团队，相互学习，可以取得双赢的教学效果(吴丝、刘芹，2011)。

大学生应该以自学为主，在研讨式教学、课外学习中得到较好发展，云端翻转课堂和社交媒体的融合，完全符合这种教学理念。学生、教师之间通过这一平台，有效拓展学习时空，实时互动交流，开展双向学习效果评估。翻转课堂不仅要求学生在课前深入学习，课堂上充分利用时间，提高效率；而且在组织教学活动团队合作精神，培养了各自实际动手能力，增强了班级凝聚力。新技术的使用，给课堂教学带来了革新。教师更多地使用教学课件，并将音频视频图表、3D动画嵌入课件，给学生带来丰富的教学信息，并且能够帮助学生在认知过程中间，更好地吸收和掌握各项知识。本案例教学实践证明了翻转课堂的应用前景，并首次提出了大学教学中“云端翻转课堂”的基本操作流程。将云端翻转课堂与现代社交媒体网络结合，可有效改善目前大学外语教学中实践时间不足的问题，并同时尊重差异性。

注：本书提及的部分软件，可能会因为用户所在地区受到限制，但都可以通过技术手段加以解决。

[1] Angelelli, C. V. Revisiting the Interpreter's Role: A Study of Conference, Court, and Medical Interpreters in Canada, Mexico and the United States[M]. Amsterdam: John Benjamins, 2004.

[2] Arjona, E. "Issues in the Design of Curricula for the Professional Education of Translators and Interpreters," in McIntire(ed.)(1984), pp. 1 - 35.

[3] Chen, J. Authenticity in accreditation tests for interpreters in China[J]. The Interpreter and Translator Trainer, 2009(2): 257 - 273.

[4] Cole, Peter & Chan, Loma. Teaching Principles and Practice M Sydney [M]. Englewood Cliff: Prentice Hal. 1987.

[5] Corder, S. P. Applied linguistics and language teaching[A]. In Allen & Corder (eds). The Edinburgh Course in Applied Linguistics [C]. London: OUP, 1978(2): 10.

[6] Dan Berrett. How 'Flipping' the Classroom Can Improve the Traditional Lecture. February 19, 2012[EB/OL]. http: //chronicle. com/article/How-Flipping-the-Classroom/130857/(2015 年 8 月 28 日检索)

[7] Cunningsworth, A. Choosing Your Coursebook [M]. Shanghai: Shanghai Foreign Language Education Press, 2002.

[8] Feuerstein, R., Y. Rand & M. Hoffman. The Dynamic Assessment of Retarded Performers [M]. Glenview, Illinois: Scott Foresman, 1979.

[9] De Laet, F. Mock conference: A challenge for trainer and trainee[A]. In V. Pellatt, K. Griffiths & S. C. Wu(eds.). Teaching and Testing Interpreting and Translating[C]. Berlin: Peter Lang, 2010: 251 - 260.

[10] Gethin, A. and Gunnemark, E. V. The Art and Science of Learning Languages[M]. Oxford: Intellect, 1996.

[11] Gile, D. Basic Concepts and Models for Interpreter and Translator Training [M]. Amsterdam/Philadelphia: John Benjamins Publishing Co. 1995.

[12] Gile, D. Basic Concepts and Models for Interpreter and Translator Training (Rev. ed.) [M]. Amsterdam: John Benjamins, 2009.

[13] Gillies, A. Conference Interpreting: A Students' Companion[M]. 1st edn., Cracow: Tertium, 2001.

[14] Gillies, A. Conference Interpreting: A Student's Practice Book[M]. London and New York: Routledge, 2013.

[15] Guichot de Fortis, C. (2009) A Few Thoughts on 'B' Language. Online. Available http://interpreter.free.fr/language/BlanguagesDEFORTIS.thm(2015年8月17日检索)

[16] Guichot de Fortis, C. A Few Thoughts on 'B' Languages[M]. Online. Available http://interpreters.free.fr/language/BlanguagesDEFORTIS.htm (accessed 10 December 2014).

[17] Hamp-Lyons, L. & W. Condon. Assessing the Portfolio: Principles for Practice, Theory, and Research [M]. NJ: Hampton Press, Inc., 2000.

[18] Hatim, B. & Mason, I. The Translator as Communicator[M]. London: Routledge. 1997.

[19] Holec H. Autonomy and Foreign Language Learning[M]. Oxford: Pergamon Press, 1981: 256.

[20] Hutchinson, T., & Waters. A. English for special purpose [M]. Cambridge University Press, 1987.

[21] Jacot, M. T., J. Noren & Z. L. Berge. The flipped classroom in training and development: Fad or the future? [J] Performance Improvement, 2014(10): 23-27.

[22] Jacot, Melanie T., Noren, Jason & Berge, Zane L. The Flipped Classroom in Training and Development: Fad or the Future? [J]. Performance Improvement, 2014 (10): 23-27.

[23] Kiewra K. A. and Benton S. L. The relationship between information-processing ability and note-taking[J]. Contemporary Educational Psychology, 1988(13): 33-44.

[24] Kim, D. J., Yue, K-B., Perkins Hall, et al. Global Diffusion of the Internet XV Web 2.0 Technologies, Principles, and Applications: A Conceptual Framework from Technology Push and Demand Pull Perspective[J]. Communications of the Association for Information Systems, 2009 (1): 657-672.

[25] Kiraly D. C. A Social Constructivist Approach to Translation Education: Empowerment from Theory to Practice[M]. UK/Northampton MA: St. Jerome Publishing, 2000.

[26] Kolb, D. A. Experiential Learning: Experience as the Source of Learning and Development[M]. Englewood Cliffs, NJ: Prentice Hall, 1984.

[27] Lederer M. Translation: The Interpretive Model [M]. Manchester: St. Jerome Publishing, 2003.

[28] Lave, J. & Wenger, E. Situated Learning: Legitimate Peripheral Participation[M]. Cambridge University Press, 1991.

[29] Lederer, M. Interpreter pour traduire[M], Paris: Didier Erudition, 2001.

[30] Lomb, K. 2008. Polyglot — How I learn Languages, Berkeley: TESL - EJ[M]. Available: http:// www. tesl-ej. org/ books/ lomb-2nd-Ed. pdf (accessed 10 December 2014).

[31] Martín, A. & Abril Martí, M. I. Didáctica de la interpretación: algunas consideraciones sobre la evaluación [Teaching interpreting: Some notes on its assessment][J]. Puentes, 2002(1): 81 - 94.

[32] McNulty, R. Old Flames and New Beacons: The Luminosity of Online Learning[J]. Techniques: Connection Education and Careers, 2013(1): 40 - 43.

[33] Moser-Mercer, B. Quality in interpreting: Some methodological issues [J]. The Interpreters' Newsletter, 1996(7): 43 - 56.

[34] Pochhacker, F. Introducing Interpreting Studies[M]. London: Routledge. 2004.

[35] Sandrelli, Annalisa and de Manuel Jerez, Jesus (2007) "The Impact of Information and Communication Technology on Interpreter Training: State-of-the-Art and Future Prospects"[J]. The Interpreter and Translator Trainer Volume 1, Number 2, 269 - 303.

[36] Seleskovitch D & Lederer M. 口笔译概论[M]. 北京：北京语言学院出版社，1991.

[37] Seleskovitch D & Lederer M. 口译训练指南[M]. 北京：中国对外翻译出版有限公司，2011.

[38] Schjoldager, A. 'Assessment of simultaneous interpreting', in Dollerup, C. and Appel, V. (eds), Teaching Translation and Interpreting 2. Insights, Aims, Visions [M]. Amsterdam: Benjamins, 1996, pp. 133 - 142.

[39] Sink, D. L. Instructional Design Models and Learning Theories[A]. In E. Biech (Ed.). The ASTD Handbook for Workplace Learning Professionals. Alexandria, VA: ASTD Press, 2008.

[40] Tarone, E. & G. Yule. Focus on the Language Learner [M]. Shanghai: Shanghai Foreign Language Education Press, 2000.

[41] Szabo, C. Interpreting: From Preparation to Performance. Recipes for Practitioners and Teachers[M]. Budapest: British Council, 2003.

[42] Vission, L. From Russian into English-An Introduction to Simultaneous Interpretation, 2nd edn, Newburyport: Focus Publishing, 1999.

[43] Tuck, Bill. The Flipped Classroom[J]. Education Next, 2012 (winter): 82 - 83.

[44] Visson, L. From Russian into English - An Introduction to Simultaneous Interpretation [M]. 2nd edn. , Newburyport: Focus Publishing, 1999.

[45] Vygotsky, L. S. Mind in Society: The Development of Higher Psychological Processes [M]. London: Harvard University Press, 1978.

[46] Walker, David. Dekalog, at Interpreter Training Resources[M]. Online. Available: http:// interpreters. free. fr/ language/ dekalog. htm (accessed 10 December 2014) 2005.

[47] Weber, W. 'Improved ways of teaching consecutive interpretation', in Gran, L. and Dodds, J. (eds), The Theoretical and Practical Aspects of Teaching Conference Interpreting[M]. Udline: Campanotto Editore, 1989, pp. 161 - 166.

[48] 鲍刚.口译理论概述[M].北京：旅游教育出版社,1998.

[49] 蔡基刚.中国大学生英语写作在线同伴反馈和教师反馈对比研究[J].外语界,2011(2): 65 - 72.

[50] 鲍刚.口译理论基础[M].北京：中国对外翻译出版公司,2005.

[51] 蔡小红.口译课效果评估初探[J].《现代外语》,1992(2): 23 - 26.

[52] 蔡小红.口译研究新探——新方法、新观点、新倾向[C].香港：香港开益出版社,2002.

[53] 蔡小红.论口译的质量与效果评估[J].外语与外语教学,2003(3): 41 - 48.

[54] 蔡小红.口译质量评估研究的历史回顾[J].中国翻译,2004(3): 49 - 54.

[55] 蔡小红.口译评估[M].北京：中国对外翻译出版公司,2007.

[56] 蔡小红.论口译教学训练评估[J].中国翻译,2005(6): 58 - 61.

[57] 蔡小红.口译互动式教学模式绩效研究[J].中国翻译,2008(4): 45 - 48.

[58] 陈春燕.务实乃翻译教学之本：鲍川运教授专访纪实[J].中国翻译,2013(2): 63 - 66.

[59] 曹荣平.形成性评估及其在口译教学中的应用探析[J].翻译教学,2013(1): 45 - 50.

[60] 陈坚林.试论立体式教材与立体式教学方法[J].外语电化教学,2011(6): 3 - 7.

[61] 陈劲、阳银娟.协同创新的理论基础与内涵[J].科学学研究,2012(2): 161 - 164.

[62] 陈菁.交际法原则指导下的口译测试的具体操作[J].中国翻译,2003(1): 69 - 73.

[63] 陈铁城.口译体会[J].湖北外事,1988(6).

[64] 陈菁.从 Bachman 交际法语言测试理论模式看口译测试中的重要因素[J].中国翻译,2002(1): 51 - 53.

[65] 陈燕,李天龙.社交与教育功能视角下的微信传播[J].现代教育技术,2015(7): 120 - 125.

[66] 陈延军. 口译师资培训讲座"2014年暑期全国高等院校翻译专业师资培训讲座",2014.

[67] 邓丽君. 论口译测试模式和口译测试量化评估[J]. 咸宁学院学报,2007(2): 80-83.

[68] 方雪晴. 非英语专业学生课外网络自主学习情况的调查与分析[J]. 山东外语教学,2009(5): 60-64.

[69] 冯欢. 论高校口译教学多元化评估体系的构建——以天津医科大学英语专业口译教学实践为例[J]. 长春教育学院学报,2015(11): 85-86.

[70] 程洋洋. 翻转课堂中过程性教学评价指标体系的构建与应用研究[MA]. 云南大学,2015.

[71] 高彬,柴明颎. 试论会议口译人才培养的层次和相关课程设置[J]. 外语电化教学,2007(8): 58-62.

[72] 高彬,徐珺. 口译教材与口译人才培养契合之实证研——基于我国三大出版社的教材统计析(1990—2011)[J]. 外语界,2012(5): 42-48.

[73] 韩宝成. 动态评价理论、模式及其在外语教育中的应用[J]. 外语教学与研究,2009(6).

[74] 顾世民. 虚拟学习环境下大学英语辅助教学模式研究——合作学习和自主学习的集成框架索[J]. 外语电化教学,2011(6): 59-65.

[75] 韩宝成,常海潮. 中外外语能力标准对比研究[J]. 中国外语,2011(4): 39-46,54.

[76] 胡东平,施卓廷,周浩. 归因论视角下的大学英语自主学习影响因素实证研究[J]. 外语与外语教学,2009(10): 34-37.

[77] 黄和斌. 外语教学理论与实践研究[M]. 昆明: 云南大学出版社,2010.

[78] 何克抗. 建构主义——革新传统教学的理论基础[J]. 电化教育研究,1997(3): 3-9.

[79] 胡庚申. 近年我国口译研究综述[J]. 中国翻译,1990(4): 1-6.

[80] 康晓芸. 论口译教学中的测试评估[J]. 林区教学,2010(4): 42-43.

[81] 柯克尔. 从口译实践到口译教学[J] 中国翻译 2003(3): 51-53.

[82] 教育部高等学校翻译专业教学协作组. 高等学校翻译专业本科教学要求(试行)[M]. 北京: 外语教学与研究出版社,2012.

[83] 李越然. 充分发挥口译的社会功能[J]. 中国翻译,1987(2): 6-10.

[84] 李馨. 翻转课堂的教学质量评价体系研究[J]. 电化教育研究,2015(3): 96-100.

[85] 李游子. 口译学习指标和测试评估[J]. 广东外语外贸大学,2003(9): 9-12.

[86] 林郁如. 新编英汉口译教程[M]. 上海: 上海外语教育出版社,1999.

[87] 刘和平,许明. 探究全球化时代的口译人才培养模式——第九届全国口译大会暨国际研讨会述评[J]. 中国翻译,2012(5): 53-59.

[88] 刘和平. 口译培训的定位与专业建设[J]. 广东外语外贸大学学报,2007(3): 8-11,23.

[89] 刘辉. 信息技术与外语课程整合: 基于学科研究的大学外语教学思考——2012全国大学外语课程及教学改革学术研讨会启示[J]. 外语电化教学,2012(2): 76-80.

[90] 刘和平. 口译技巧——思维科学与口译推理教学法[M]. 北京: 中国对外翻译出版公司,

2001.

[91] 刘建伟,李忠康.基于 Blog 与 QQ 相结合的教学平台设计与应用—以“学科教学论”为例[J].中国电化教育,2011(5):133-136.

[92] 刘梦莲.计算机辅助口译自主学习环境创设研究[J].现代远距离教育,2010(6):60-63.

[93] 刘梦莲.基于网络的口译自主学习支持应用研究[J].电脑与电信,2013(7):23-26.

[94] 刘梦莲.计算机辅助口译自主学习理论模型建构[J].外语电化教学,2011(9):38-42.

[95] 刘梦莲、蔡小红.从认知视角探讨法语口译学习网站的开发[J].外语艺术教育研究,2009(2):40-43.

[96] 刘芹,吴丝.基于性格特质的科技英语口译自主学习能力研究[J].外语电化教学,2012(6):60-65.

[97] 刘敏华,张嘉倩,吴绍铨.口译训练学校之评估做法:台湾与中英美十一校之比较[EB/OL].2008,[2009-02].http://ej,nict,gov,tw/ CTR/ct r010111,pdf.

[98] 刘寅齐.大数据驱动的全日制专业学位研究生英语自主学习模式探索[J].中国外语,2014(5):19-24.

[99] 刘银燕.英语专业本科口译教学结业测试设计与评估方法探索[J].外语研究,2009(4):74-78.

[100] 刘宇慧,刘晓燕.元认知学习策略与自主学习能力关系的实证研究[J].外国语文,2010(3):119-121.

[101] 刘育红.录像评分≠现场评分:一项关于口译教学评估模式的实证研究[J].外语教学,2014(9):103-108.

[102] 卢信朝.中国口译教学:现状、问题及对策[J].山东外语教学,2006(3):50-54.

[103] 骆兰,薛艳,唐国强.论高校课堂教学质量评估指标体系的构建[J].高教探索,2006(6):55-56.

[104] 庞维国.自主学习:学与教的原理和策略[M].上海:华东师范大学出版社,2003.

[105] 钱伟.口译的灵活度[J].外语与翻译,1996(4).

[106] 肯·贝恩.如何成为卓越的大学教师[M].明廷雄,彭汉良,译.北京:北京大学出版社,2007.

[107] 彭素强.构建开放式英语教学体系:五个开放[J].湖北师范学院学报,2009(4):139-142.

[108] 钱瑗.介绍一份教材评估一览表[J].外语界,1995(1):17-19.

[109] 仇保燕.记忆规律在教学中的应用,北京:人民教育出版社,1983.

[110] 任文.翻译教学的发展与 TOT 计划的实施[J].中国翻译,2009(2):48-52.

[111] 塞莱丝科维奇,D. M.勒代雷.口译推理教学法[M].巴黎:Didier Erudition 出版社,1989.

[112] 塞莱丝科维奇,D. M.勒代雷.口译理论实践与教学[M].北京:旅游教育出版社,1990.

[113] 束定芳.外语教学改革:问题与对策[M].上海:上海外语教育出版社,2004.

[114] 塞莱丝科维奇,D.M.勒代雷.口译训练指南[M].北京:中国对外翻译出版公司,2007.
[115] 史虹涛.大学英语翻转课堂与多元评价体系研究[J].新课程研究,2015(7):71-72.
[116] 陶友兰.基于语料库的翻译专业口译教材建设[J].外语界,2010(4):2-8.
[117] 万宏瑜.基于形成性评估的口译教师反馈[J].中国翻译,2013(4)45-49.
[118] 王斌华,穆雷.国外专业口译教学的调研报告——兼谈对我国翻译专业办学的启示[J].外语界,2012(5):24-33.
[119] 王斌华.口译能力评估和译员能力评估[J].外语界,2007(3):44-50.
[120] 王虹,俞宝红.英语本科口译模拟功能评估模式实证研究[J].无锡商业职业技术学院学报,2010(3):91-92.
[121] 王华.写作档案袋评价过程中不同评价主体的探索研究[J].外语界,2011(2):90-96.
[122] 王立弟.翻译中的知识图式[J].中国翻译,2001(2):19-25.
[123] 王斌华.口译能力的评估模式及测试设计再探——以全国英语口译大赛为例[J].外语界,2011(1):66-71.
[124] 王洪林.基于翻转课堂的口译教学行动研究[J].中国翻译,2015(1):59-62.
[125] 王金波,王燕.口译的特点与口译教材:问题与前景[J].外语界,2006(5):41-47.
[126] 王胜利.目前中国大学英语教材评估的困境与出路——兼评坎宁斯沃思的教材评估标准[J].中国大学教学,2006(5):57-60.
[127] 王甦,汪圣安.认知心理学[M].北京:北京大学出版社,1992.
[128] 王永花.翻转课堂教学模式的学习评价研究[J].教学与管理,2015(5):86-88.
[129] 文秋芳.输出驱动假设与英语专业技能课程改革[J].外语界,2008(2):2-9.
[130] 夏纪梅.现代外语课程设计理论与实践[M].上海:上海外语教育出版社,2003.
[131] 文秋芳.输出驱动假设在大学英语教学中的应用:思考与建议[J].外语界,2013(6):14-22.
[132] 文秋芳."输出驱动-输入促成假设":构建大学外语课堂教学理论的尝试[J].中国外语教育,2014(2):3-12.
[133] 项国雄.从传统教材到电子教材[J].信息技术教育,2005(5):8-10.
[134] 肖庚生.大学生社会支持感、班级归属感与英语自主学习能力的关系研究[J].外语界,2011(4):2-11.
[135] 肖桂芳.我国口译教学评估的现状与探讨[J].江西理工大学学报,2007(10):77-80.
[136] 徐锦芬,唐芳,刘泽华.培养大学新生英语自主学习能力的"三维一体"教学模式——大学英语教学模式改革实验研究[J].外语教学,2010(6):60-64.
[137] 徐锦芬,吴卫平.学生自主英语学习能力模糊综合评价[J].高等工程教育研究,2004(3):84-86.
[138] 徐锦芬.大学外语自主学习理论与实践[M].北京:中国社会科学出版社,2007.

[139] 徐文彬.试论口译质量评估的“阶梯式”模式[J].惠州学院学报(社会科学版),2008(1):32-35.

[140] 许文胜.全媒体口译定制教材中的协同创新[J].翻译论坛,2014(1):44-47.

[141] 许文胜.大数据时代 iBooks 口译教材的研制与应用[J].中国翻译,2015(3):63-66.

[142] 徐小贞.中国高职英语专业教育理论研究[M].北京:外语教学与研究出版社,2006.

[143] 杨承淑.口译教学研究:理论与实践[M].北京:中国对外翻译出版公司,2005.

[144] 杨莉.基于译员调查的口译术语记忆机制与教学启发[J].大学英语(学术版),2014(1):291-295.

[145] 杨洪刚,宁玉文等.基于 SNS 的网络学习共同体构建研究[J].现代教育技术,2010(5):93-96.

[146] 杨惠中.制定亚洲统一的英语语言能力等级量表[J].中国外语,2007(3):34-37,64.

[147] 张立.元认知意识培训——学习者自主学习能力提高的重要前提[J].外语界,2009(4):56-60.

[148] 张琳琳.大学外语课堂形成性评估策略的探究[J].中国校外教育旬刊,2014(z1).

[149] 阳志清.关键词记忆法的认知心理分析[J].西安外国语学院学报,2006(4):52-54.

[150] 袁婷婷.翻转课堂研究综述[J].课程整合,2014(3):7-8.

[151] 张维为.英汉同声传译[M].北京:中国对外翻译出版公司,1999.

[152] 张燕.移动学习的内涵阐释及发展途径[J].重庆广播电视大学学报,2009(4):11-13,17.

[153] 赵中宝.促学评估的典范[J].外语界,2010(4):91-95.

[154] 仲伟合.译员的知识结构和口译课程设置[J].中国翻译,2003(4):64.

[155] 仲伟合.高等学校翻译专业本科教学要求[J].中国翻译,2011(3):20-24.

[156] 仲伟合.英语口译教程(上)[M].北京:高等教育出版社,2006.

[157] 仲伟合.专业口译教学的原则与方法[J].广东外语外贸大学学报,2007(3):5-7,31.

[158] 周维.本科翻译专业口译教学的测试与评估现状及体系构建研究[J].外语测试与教学,2013(2):40-44.